全国中医药行业高等教育"十四五"创新教材

润物无声育英才

——医药经济与管理类专业课程思政教学案例集

（供保险学、公共事业管理、市场营销、国际商务、
物流管理等专业用）

主 编 官翠玲 苏波 杨联

全国百佳图书出版单位
中国中医药出版社
·北京·

图书在版编目（CIP）数据

润物无声育英才：医药经济与管理类专业课程思政教学案例集 / 官翠玲，苏波，杨联主编 . —北京：中国中医药出版社，2023.10

全国中医药行业高等教育"十四五"创新教材

ISBN 978-7-5132-8212-3

Ⅰ . ①润… Ⅱ . ①官… ②苏… ③杨… Ⅲ . ①中医学院—思想政治教育—教案（教育）—中国 Ⅳ . ① G641

中国国家版本馆 CIP 数据核字（2023）第 101834 号

中国中医药出版社出版

北京经济技术开发区科创十三街 31 号院二区 8 号楼

邮政编码　100176

传真　010－64405721

北京联兴盛业印刷股份有限公司印刷

各地新华书店经销

开本 787×1092　1/16　印张 17.25　字数 385 千字

2023 年 10 月第 1 版　2023 年 10 月第 1 次印刷

书号　ISBN 978－7－5132－8212－3

定价　69.00 元

网址　www.cptcm.com

服 务 热 线　010-64405510

购 书 热 线　010-89535836

维 权 打 假　010-64405753

微信服务号　zgzyycbs

微商城网址　https://kdt.im/LIdUGr

官 方 微 博　http://e.weibo.com/cptcm

天猫旗舰店网址　http://zgzyycbs.tmall.com

如有印装质量问题请与本社出版部联系（010－64405510）

全国中医药行业高等教育"十四五"创新教材

《润物无声育英才——医药经济与管理类专业课程
思政教学案例集》编委会

序 言

习近平总书记在"全国高校思想政治工作会议"上强调,要用好课堂教学这个主渠道,思想政治理论课要坚持在改进中加强,提升思想政治教育亲和力和针对性,满足学生成长发展需求和期待,其他各门课都要守好一段渠、种好责任田,使各类课程与思想政治理论课同向同行,形成协同效应。课程思政是以课程为主要载体,强调挖掘各学科课程的思想政治教育元素,将思政元素贯穿于课程教学全过程,力求实现知识传授与价值引领、教书与育人的统一,形成"全员、全过程、全方位、全课程"育人大格局。2020年5月,教育部发布《高等学校课程思政建设指导纲要》(简称《纲要》)。《纲要》阐明了课程思政的价值,并对各专业课程思政的建设提出了指导意见,对于经济学、管理学、法学类专业课程,要"帮助学生了解相关专业和行业领域的国家战略、法律法规和相关政策,引导学生深入社会实践、关注现实问题,培育学生经世济民、诚信服务、德法兼修的职业素养"。

思政教育的责任主体不仅包括思政课教师、思政管理干部等,而且也必须把专业课教师纳入进来。要提高教师对课程思政重要性和必要性的认识,充分提升教师开展课程思政的自觉性;不断加强专业课教师的课程思政能力,实现专业课教学内容科学性和思想性的融合;不断建立健全优质资源共享机制,推动构建课程思政建设交流平台。

通过教师的精心备课,课堂是全面的、丰富的、有趣的,让融入专业课的思政元素潜在地作用于学生的人生观、价值观和世界观,长久地影响学生的言行举止。只有深入梳理教学内容、挖掘思政元素,让思政元素和专业知识相互映射、融合、扩散,才能既凸显知识性,又彰显价值性,不断拓展专业课程的广度、深度和温度,在潜移默化中坚定青年学生的文化自信和爱国情怀。

湖北中医药大学管理学院自开展课程思政建设以来,加强顶层设计和统筹协调，注重理论知识的纵向贯通和横向联通，结合本校中医药背景，深入挖掘经济与管理类课程思政的优势和特点，构建一体化、层次化、精细化的课程思政体系，培养了一批深受学生喜爱的教学名师，涌现了一批优秀的课程思政教学设计案例。

为有效推进中医药院校经济与管理类课程思政建设，提升教师课程思政能力，调动教师课程思政建设的积极性，充分发挥经济与管理类专业课程的育人功能，助力学生在经济与管理类专业课堂上的思政学习与理解，形成《润物无声育英才——医药经济与管理类专业课程思政教学案例集》（以下称《案例集》），并予以出版。

《案例集》汇集了学院教师及教学管理人员完成的课程思政案例，涵盖经济与管理类主要的专业课程，每篇案例主要分为课程简介与案例简介，案例简介包括教学与育人目标、教学策略与方法、课程思政教学理念与设计、课程思政实施成效、课程思政实施反思等几个部分，挖掘经济与管理类人才培养中思政教育的优秀典型案例，开发具有代表性、可推广性强、价值引领突出的课程思政案例。旨在引导中医药院校经济与管理类专业教师充分发挥经济与管理类课程育人功能，深入挖掘经济与管理类课程蕴含的思想政治教育元素，促进经济与管理类专业课与思想政治理论课同向同行，实现育人与育才的有机统一，以更高质量、更高水平地完成好立德树人的根本任务。

希望本教材能够发挥启发和借鉴作用，使广大医药院校经济与管理类专业教师在实践中不断深化对课程思政建设的认识，在改革中不断丰富课程思政建设成果。

湖北中医药大学纪委书记　胡少萍

2023 年 5 月

编写说明

《润物无声育英才——医药经济与管理类专业课程思政教学案例集》是湖北中医药大学管理学院课程思政研究中心和湖北省高等学校人文社会科学重点研究基地——中医药发展研究中心的集体成果，40 位老师参与研究撰写，共计撰写 63 篇案例。本教材既是湖北中医药大学管理学院持续推动课程思政教学模式改革创新、提升教师课程思政教学能力的集中展现，也是湖北中医药大学管理学院两个国家级一流本科专业建设点（市场营销、公共事业管理）的建设成果，也是湖北省教育科学规划 2021 年度重点课题"医药经济管理类一流本科专业建设研究与实践"（课题批准号 2021GA033）、湖北高等学校省级教学研究生 2021 年度课题"TBL 教学法与课程思政在'中国对外贸易'课堂教学中的整合应用研究与实践"（课题编号 2021343）、湖北省高等学校省级教学研究 2020 年度课题"课程思政视域下经济管理类课程'金课'建设的路径研究"（课题编号 2020535）、湖北中医药大学教育教学研究 2019 年度重点课题"物流管理专业课程'课程思政'体系构建研究"（课题编号 2019A10）、湖北中医药大学教育教学研究 2021 年度课题"本科院校专业教师课程思政能力路径探索——基于国际商务专业"（课题编号 2021A07）等课题的阶段性成果之一。

本教材能够比较顺利杀青，得益于许多学者的积极支持。首先，要衷心感谢湖北中医药大学纪委书记、监察专员胡少萍，撰写了本书序言，提出了一些宝贵的意见和建议。其次，要衷心感谢湖北中医药大学管理学院的徐寒、曾凡益、郑好、张思颖、龚光雯、张冰影等老师，积极参与校对、统稿；最后，要衷心感谢中国中医药出版社的邹宁茜编辑，为本书的修改、编辑、出版，付出了辛勤的劳动。

需要说明的是，本教材在撰写过程中参考和借鉴了国内外研究者的大量研究成果，限于研究体例未能一一说明，在此一并致以真诚的谢意。由于水平有限，本教材若有不足之处，恳请有关专家学者及读者提出宝贵意见，以便再版时修订提高。

本书编委会

2022 年 10 月 18 日于黄家湖畔

目 录

第一章　市场营销 ▷▷▷▷

"医药市场营销学"课程思政教学设计
——以市场营销管理哲学为例

课程类型：专业课程　　　　　　**学科门类：管理学**

一、课程简介

"医药市场营销学"是工商管理类的重要专业课程之一。本课程一方面从宏观的角度介绍市场营销的基本理论、战略、方法等；另一方面根据高等教育的目标，突出实践操作环节，是理论与实践紧密结合的综合性的市场营销专业课程。同时由于行业的特点和市场的特殊性，本课程也对医药行业进行深度分析，对中国的医药行业营销做比较全面的介绍。授课内容主要包括医药市场营销与医药市场营销学、医药市场营销管理哲学、医药市场营销环境、医药市场购买行为分析、医药市场营销调研和需求预测、医药企业总体战略、医药企业竞争战略、医药企业目标市场营销战略、医药产品策略、医药产品的定价策略、医药产品的分销策略、医药产品的促销策略、医药国际市场营销、医药市场营销的发展与延伸等 14 个营销专题。帮助学生了解市场营销的理论、发展、实践及行业等，引导学生了解我国医药行业的营销现状及面临的问题。注重培养学生的批判性思维和探索性思维，促使学生将所学的知识融会贯通并加以运用，能对行业现状、政策和措施进行思考，逐渐提高自己的相关见解。

二、案例简介

以"医药市场营销学"课程第二章医药市场营销管理哲学为例。课程设计从"2020年新型冠状病毒肺炎疫情下制药企业的反应"案例引入，引领学生思考在突发传染性疾病的时代背景下，医药企业如何承担社会责任、保护人民生命和健康；通过课堂讲授市场营销管理哲学的定义、发展历程、类别、适用条件、特点及缺陷等基本内容，利用案例教学及互动讨论分析不同企业在新型冠状病毒肺炎疫情期间的不同反应，启发学生应该树立正确的市场营销管理哲学；通过 TBL 教学法指导学生开展市场营销管理哲学专题研究，培养学生的表达能力、团队协作能力。

（一）教学与育人目标

1. 知识学习目标

（1）了解医药市场营销管理哲学的定义、发展历程、特点、问题、前景，以及中国医药企业的市场营销管理哲学面临的困境等热点问题。

（2）了解中国医药企业的市场营销管理哲学并能结合实例分析。

2. 能力提升目标

（1）引导学生思考在当今新医改时代背景下，如何提升我国医药企业的社会责任，培养学生的思辨能力、分析能力等。

（2）利用案例教学、互动讨论以及 TBL 教学法，培养学生的表达能力、团队协作能力。

3. 思政育人目标

（1）结合新医改和当前国家"健康中国"战略，引领学生思考和感悟我国医药企业的社会效益和经济效益。将"医者仁心""企业社会责任"等精神内核融入案例，帮助学生树立正确的企业利益观，了解企业营销哲学和企业价值观。

（2）培养学生的大局意识、宏观意识，用企业责任指引思想。通过 TBL 教学法与课程思政的整合教学模式应用，全面提升学生的团队协作能力、人际交往能力、思辨能力和人文素养，以此全面提升学生职业素养。

（二）教学策略与方法

采用理论课和实践课相结合的办法。理论课主要通过案例教学法、对比分析法和互动讨论法将课程思政融入知识中。通过案例的介绍，使课堂内容能够引发学生兴趣而提高其学习积极主动性，拉近理论与现实距离，增强学生对思政理念的参与度与接受度。实践课通过设置富含"思政"元素的研究专题，开展以问题为导向的 TBL 教学。整个课堂通过知识体系、思维能力和情感共鸣三位一体的创新教学，巧妙地将三者融入授课过程中，培养学生的批判性思维、探索性思维。

（三）课程思政教学理念与设计

1. 课前导入及相关思政元素

首先以"2020 年新型冠状病毒肺炎疫情下制药企业的反应"案例切入本章所学知识点。"2020 年，当新型冠状病毒肺炎汹涌来临的时候，不同的医药企业由于营销哲学不同，交出了不一样的答卷。2020 年 1 月 31 日，中国科学院上海药物所和武汉病毒所在未开展临床试验的情况下，仅通过初步体外试验就宣布双黄连口服液可抑制新型冠状病毒。刹那间，电商平台上的双黄连口服液被一抢而空，连同样名为双黄连口服液，但却为兽用药的几款产品也在当天晚上迎来销量激增，让人哭笑不得。甚至还有网友吐槽：据说双黄莲蓉月饼也脱销了？这是一个双黄连吗？"

通过此案例导入，一方面将急功近利、想趁疫情发国难财的企业的种种表现展现出来，警示学生医药企业不能忘了企业的初心。另一方面也通过展示有责任、有担当的企业，教育学生医药企业的社会责任永远高于商业利益。

【思政元素】企业社会责任、医者仁心与商业利益。

当今商业社会，人们往往在商言商。但是在突如其来的疫情面前，企业应该如何选择社会责任和商业利益，却是考验企业市场营销管理哲学的关键时刻。一些企业利字当头选择了商业利益，想方设法趁着疫情推销药品，谋取商业利益；另一些企业急国家之所急，尽自己所能，为国家、为社会生产急需的医药产品。企业是社会公民，关键时刻应该承担企业的社会责任，不能只图商业利益。

2. 课程内容及相关思政元素

（1）中国传统文化中的商业哲学

由古至今介绍中国传统文化中的"义""利"观。所谓"义"，是指一定的行为道德；所谓"利"，是指个人利益。讨论行为道德与个人利益之间的关系问题，就是"义利之辩"。在先秦，孔子提出"君子喻于义，小人喻于利"，认为义利是矛盾的，解决义利的方法是重义轻利。孟子认为，追求正义是人们行为的唯一目的，而对利的任何关注，都有损于人们道德行为的纯洁性和高尚性，所以，利是一种有害的念头，必须在思想上加以排除。荀子主张"性恶论"。他认为个人的利欲和社会的道德要求是完全相反的，个人的利欲只能是恶，而应首先规范的是善。所以，在义利关系问题上，他认为义利不相容，它们的关系只能是一个战胜另一个的关系。"义利之辩"，是现实生活中义和利既矛盾又统一的关系在思想中的反映。各种不同的观点，体现了先秦各个阶级或阶层的不同的利益和当时社会政治经济发展的水平。不过，这些观点也有相通的地方，即一般都认为，在义利关系中，义是主要的，个人利益应该遵循和服从义。由于义利之辩的文化思想发展下来，所以到了宋明时期，构成中国文化的商业道德，便有"贸易不欺三尺子，公平义取四方财"的说法。即使专事求利求财的商业行为，也要心存"不欺"和"公平"的义利之辩。可以说这是孔孟文化思想在商业道德上的教育成果。明清时期的十大商帮中，以晋帮和徽帮最为著名。晋商和徽商的成功，很大程度上是他们坚持舍利取义、先义后利的结果。

【思政元素】义与利。

"观今宜鉴古，无古不成今。"中华经济发展历史源远流长，中国传统文化讲究"忠、孝、仁、义、爱、恭、宽、信、勉、惠"，而"义"一直占据非常重要的地位。很多时候，人们认为义利相通、知行合一。我国历代的先贤和商人经过几千年的实践和思考，得出的舍利取义、先义后利的经营思想和哲学，值得我们继承和发扬光大。

（2）TBL教学法：历代医药名企的经营哲学专题报告

通过TBL教学法指导学生开展历代医药名企的经营哲学专题研究报告，主要包括

"中国著名的百年老药店""中国著名百年老药店的慈善行动""中国著名百年老药店在突发事件中的行动"等专题内容。

【思政元素】百年老药店的义与利。

中国历史上传承下来的百年老药店，历经风雨，经久不衰，与他们奉行的经营哲学密切相关。通过选取著名百年老药店的慈善义举，让学生深刻理解企业经营哲学对企业命运的影响。

（四）课程思政实施成效

1. 教学成果

教师在进行知识传授的过程中，坚持引导学生深入了解医药行业营销新趋势，加深学生对行业及医药政策的了解，以期提高教学质量和学生满意度。在全面推进高校课程思政建设以来，对课程思想政治资源进行了充分挖掘，努力完善课程的育人作用。

本门课程考试及格率超过98%。在课程学习期间，多名学生参与相关的创业大赛，获得较好成绩。

2. 特色与创新

（1）采用课程思政与TBL教学法整合教学模式，通过"课前导入（激发兴趣）—课堂讲解（深入理解）—TBL专题研究报告（分析实践）"的教学方式，提升学生的思辨能力、协作能力、交际能力和人文素养。

（2）在课程中结合医药背景，将培养医学人文情怀与经世济民情怀结合起来，激发学生对中医药的兴趣，引导学生关注"中医药文化"的传承与发展，热爱并传播中医药文化。

（五）课程思政实施反思

1. 教学设计视角

本案例在医药市场营销管理哲学这一章的整个教学中，采用课程思政与TBL教学法的整合教学模式，穿插各个维度的"思政元素"，将"先义后利""舍利取义""医者仁心""企业社会责任"等精神内核融入案例。此部分内容涉及价值观取向，非常重要，但是不容易考核学生真正的接受程度。此外，专题研究报告的丰富度、深度以及与中医药的结合度还有待进一步提升。

2. 学生评价视角

本课程授课前后对学生进行调查，学生普遍感受到自己在知识、能力尤其是情感上的提升，并对我国著名百年老药店有了更多的认识。在学习过程中能处处感受到"思政元素"，尤其是2020年新型冠状病毒肺炎疫情期间的案例，情感上比较容易接受。但在准备TBL专题研究报告过程中，不同小组成员的学习能力存在不一致的情况，导致一部分学生对报告准备不太充分，使得最终的实践专题研究报告的实际效果有些打折扣。

（张维纯）

"服务营销学"课程思政教学设计
——以服务员工管理为例

课程类型：专业课程　　　　　**学科门类：管理学**

一、课程简介

"服务营销学"是工商管理类专业的核心课程，开设对象为市场营销、国际商务等本科专业二、三年级的学生。

服务营销是企业在充分认识顾客需求的前提下，为充分满足顾客需求，在营销过程中所采取的一系列活动。目前，服务已经成为世界发达国家经济的主导，实际上，所有企业都已把服务视为当前与未来维护顾客的关键所在，甚至过去一贯依靠有形产品生存的制造业也认识到服务为它们提供了一种为数极少的、持久的竞争优势。

"服务营销学"课程以顾客价值感知、价值锁定、价值创造与交付以及价值提升为主线，系统地阐述服务营销与传统的市场营销之间的区别和联系，论述服务营销的相关理论，重点总结和探索企业，特别是医药企业从事服务营销与管理的核心问题及流程，系统地介绍服务中的顾客行为、顾客需求的管理以及关系营销在服务营销中的有效运用等问题。同时，课程还紧紧抓住服务营销中的三个独特要素——有形展示、服务人员和服务流程展开讨论，进而结合中国企业的实际情况，分别阐述服务产品、服务定价、服务渠道、服务沟通与服务展示、服务质量、服务失败以及服务补救等重要问题。

二、案例简介

"服务员工管理"属于"服务营销学"课程体系的重要内容之一。对于大多数服务来说，服务员工和服务是不可分割的部分，很多服务的完成依赖于顾客与服务员工的直接接触，这种接触能直接影响顾客对服务质量的感知。在现实生活中，顾客购买服务，在某种程度上其实是"买"人的服务。因此，对于服务企业而言，员工素质往往对服务质量产生十分重要的影响。在这样的情况下，对服务员工的管理是服务企业一项非常重要的任务，进行企业内部营销，即向现有员工和潜在员工进行营销显得尤为关键。本案例主题是关于"服务员工管理"的课程思政教学设计。

（一）教学与育人目标

"服务员工管理"章节的教学与育人目标由知识学习目标、能力提升目标和思政育人目标3个方面构成。

1. 知识学习目标

（1）了解服务员工的重要性及角色。

（2）理解内部营销的含义与重要性。

（3）理解服务利润链理论。

（4）掌握服务人员管理的策略。

2. 能力提升目标

（1）通过线上与线下、课内与课外相结合的教学模式，培养学生资料收集与整理、自主阅读、辩证思考和相互协作的能力。

（2）通过教师对相关知识的讲解和师生对课程案例的分析，提高学生分析问题、独立思考、解决问题的能力，为本专业的深入学习和实践打下良好的基础。

3. 思政育人目标

（1）通过课前自主学习、师生讨论、课堂展示、课后实践等教学方式，引导学生将"服务营销学"课程理论融入实践，体现"服务营销学"课程思政育人的普遍性、社会性和前沿性，将价值观的塑造与培育融入教学之中。

（2）通过经典课程案例的分析，引导学生树立正确的职业价值观，并进一步增强学生的职业认同感、使命感和社会责任感，树立诚实守信、合法经营、专业服务的意识，培养契合国家发展需求和引领社会进步的专业医药营销人才。

（二）教学策略与方法

"服务营销学"课程采用"线上与线下、课内与课外"相结合的混合式教学模式。课程教学以教学与育人目标为导向，以学生为中心，以教师启发式讲授为主，辅之以案例教学和学生课堂讨论。通过课件展示和教学板书，以连贯的逻辑顺序对知识点进行讲解，引导学生进行探究和讨论，再结合课外阅读升华所学知识，层层递进，在此过程中潜移默化、言传身教地将思政教育和专业教育相结合，达到协同育人的最终目的。在教学过程中，紧紧围绕立德树人根本任务，通过课堂教学、课外活动、科研工作和师生交流等多元教学方法，将"立德树人"润物无声地贯穿于全过程，最终实现育人目标。

（三）课程思政教学理念与设计

1. 课前导入及相关思政元素

通过课前导入案例"海底捞的内部营销之道"，激发学生对日常生活中熟悉情境的兴趣与思考。结合导入案例，请学生思考海底捞在员工管理中采用了哪些措施，并进一步引导学生思考海底捞为什么要进行员工管理，即进行员工管理的积极意义。同时，基于我校医药课程特色与人才培养定位，鼓励学生思考海底捞的员工管理措施在医药营销行业的可借鉴之处有哪些？

【思政元素】 服务意识、思辨能力与职业认同。

导入案例旨在让学生思考服务企业中服务人员的重要性，对服务人员影响顾客满意度和企业利润、服务人员行为直接影响服务质量等观点进行了解，进而引入服务利润链理论的相关知识，从而更好地讲解该知识点。服务利润链理论认为，服务组织内部的服务质量影响着员工的满意度，进而影响着员工的忠诚度和生产力，从而直接决定服务组织外部服务质量好坏，而外部服务质量的好坏则会进一步影响顾客的满意度和忠诚度。该理论揭示：服务员工是创造企业利润的起点，能否管理好顾客接触人员，并为其提供优质的内部服务，进而提高接触人员的满意度和忠诚度，决定了企业的盈利水平和发展潜力。

对于企业的管理者而言，在开展企业服务活动过程中，要充分重视企业员工的重要性。而对于从事服务行业的营销人员而言，要充分地肯定和认可自身价值，树立职业认同感、使命感和责任感，从而在未来的职业生涯中以更加积极、饱满的态度面对服务对象（顾客），为企业赢得更多的收益。

2. 课程内容及相关思政元素

内部营销是指在服务意识的驱动下，通过一种积极的、有目标的方法为创造顾客导向的企业绩效做准备，并在组织内部采取各种积极的、具有营销特征的活动和过程。在这种过程中，处于不同部门和环节中的员工内部关系得以巩固，并共同地以高度的服务导向为外部顾客和利益相关者提供最优质的服务。

通过讨论时事新闻"药店没审处方拿错药，法院调解赔九万"，请学生结合本专业知识思考药店管理的问题所在，并通过情景模拟，引导学生从管理者的视角分析如何改善这一问题。在此过程中，进一步理解和掌握内部营销的内涵与重要性。

【思政元素】内部营销意识、职业规范与社会责任感。

"药店没审处方拿错药，法院调解赔九万"案例重点强调的是药店销售人员由于疏忽未按照处方药审核规定销售药物，导致药品销售错误造成患者死亡的恶性事件。

未来，本专业部分学生可能选择在连锁药店进行实习和就业，在此过程中，不可避免地会遇到类似问题。因此，我们不仅要引导学生在从事医药销售工作时保持高度的专业判断能力、时刻严谨处事，按照医药销售的基本要求与规范从事相关工作、承担社会责任，展示医药营销人员的职业素养，而且我们还要从长远的职业发展着眼，引导学生转换视角，站在服务员工管理者的视角思考如何避免此类事件的发生，树立内部营销意识，助力学生更好地发展。

（四）课程思政实施成效

1. 教学成果

在教学过程中，以"服务营销学"专业知识为依托，对服务行业热点事件、经典事件进行讨论和分析，激发了学生的探知好奇心，更多地关注社会热点问题，学生课堂参与话题讨论的积极性大幅提高，人文素养得以提升。结合学生课程作业和考试卷面成绩，学生答题的深度和高度明显提高，对于思考题的分析有独到的见解，并能找到有效的依据支撑自己的观点，有理有据，条理清晰。

2. 特色与创新

通过课程思政教学改革，教师在专业基础知识传授的过程中更加流畅自然，学生在掌握服务营销理论知识的同时，能积极参与师生的合作研习，实现高效的教学相长。"服务营销学"课程思政建设的特色与创新体现在以下 3 个方面。

（1）导引设疑，辩证思考服务营销

在课程知识正式讲授前，通过导入相关案例，激发学生兴趣，引导学生独立思考和分析，学生不仅掌握了服务人员管理的基本内涵与要点、内部营销的重要性等基本理论知识，还进一步提高了对服务营销课程理论的认识与理解能力。

（2）互动释疑，主动探究服务营销

本课程通过学生课前自主查阅相关资料、课堂师生互动讨论案例、课后复盘教学内容，最终形成"服务营销学"课程教学的有效模式，推动学生对服务营销相关理论与知识的思考，不仅掌握基本理论知识，还养成主动探究、勤于思考的良好学习习惯。

（3）拓展迁移，持续关注服务营销

本案例的价值引领在于培养学生对市场营销工作，特别是医药市场营销工作的认同感、使命感和责任感。通过对服务营销理论的学习与思考，学生能正确看待自己的价值，培养管理思维，从而为职业生涯奠定良好的基础。与此同时，教师在此过程中，能进一步提升获取前沿知识的能力，并促进教学水平的提高。

（五）课程思政实施反思

1. 教学设计视角

本案例在整个教学过程中巧妙穿插"思政元素"，在激励学生树立正确的职业价值观的同时增强学生对从事医药营销工作的职业认同感。在课程知识的讲解过程中，帮助学生辩证地思考和学习理论知识。但是，如何在教学的过程中持续、高效地引导学生进行价值观塑造需要我们持续学习和不断完善。

此外，本案例采用"激发兴趣—辩证思考—深入理解"步步推进的课堂教学模式，在知识的讲授过程中注重理论与实际相联系，兼顾教学内容的深化，教学成效显著。然而，对于不同学习与接受能力的学生而言，如何做到相关知识的分层次、分重点教学，从而形成更有针对性的教学方式，还有待进一步思考。

2. 学生评价视角

高校一切教育活动的根本目的在于培养更高质量的行业人才，课程思政建设的最终效果在于学生的体验和感悟。因此，课程思政改革的效果如何，最终应以学生的满意度和获得感为检验标准。本章结束后，教师通过问卷星平台向学生们收集无记名问卷，以了解课程教学的实际情况和学生对于课程知识讲授的疑惑与建议，学生对课程的整体满意度达 98% 以上。

其中一位学习过该课程的同学说："在还没有学习本章节课程时，我对自己从事医药营销工作总是犹犹豫豫的、不够自信，总觉得自己在医药营销中的存在感不强。但是，在课程学习结束以后，我认为自己在医药营销工作的作用非常重要，我要发挥好联系医药组织与患者的作用，通过自己的专业服务，让更多的患者享受更好的疗效。"可见，理论教学中融入课程思政极为重要，未来，我们还要进一步思考如何更早、更自然、更贴切地将思政元素融入教学，以帮助更多的学生，实现学生的全面多元化发展。

（官翠玲　陈阳）

"广告学"课程思政教学设计
——以广告的功能为例

课程类型：专业课程　　　　　学科门类：管理学

一、课程简介

"广告学"是市场营销专业的核心课程，属于必修考试科目。"广告学"课程，力求立足中国当代广告，同时介绍世界广告的最新发展情况和最新理论动向，以适应新时期学生的学习需要和广告界从业者的参考需要。及时把广告学最新研究和发展成果引入教学活动，强调广告学原理的基础性与先进性、经典性与现代性内容的有机结合。基于以上课程指导思想和定位，本课程注重将广告学理论与广告实务相结合，特别是和医药行业结合，从"广告学"课程的特点出发，融广告、营销、传播与消费者的知识于一体，强调学生综合能力培养与素质提高，课内课外相结合，全面提高学生实践能力。

二、案例简介

以"广告学"课程第四讲广告的功能为例。课程设计从"医药行业的虚假广告"案例引入，引领学生思考我国医药行业虚假广告泛滥的原因及对社会的负面影响；通过课堂讲授广告的社会功能，了解广告道德伦理框架；利用案例教学及互动讨论分析中国和其他国家对于虚假广告的规定，并通过 TBL 教学法指导学生开展广告对社会影响的专题研究，培养学生表达能力、团队协作能力；通过医药行业和保健品行业虚假广告的相关新闻和数据，给学生展示中国对于医药行业虚假广告的监管历程，加强学生对虚假广告的识别能力，推动我国医药行业广告正规化。

（一）教学与育人目标

1. 知识学习目标

（1）了解广告消费者的影响；了解潜意识广告，广告中的低俗格调及广告对儿童的影响。

（2）理解欺骗性广告和虚夸广告的区别；能判断广告创意的负面社会影响。

2. 能力提升目标

（1）引导学生思考在广告对社会诸多正面和负面影响下，如何创作符合伦理学要求的广告，培养学生的思辨能力、分析能力等。

（2）利用案例教学、互动讨论以及 TBL 教学法，培养学生的表达能力、团队协作能力。

3. 思政育人目标

（1）用医药行业中的虚假广告案例及案件数量的变化，结合我国《广告法》中对于虚假广告的相关规定，说明我国对于广告管理的发展历程，引导学生正确认识我国对于广告管理逐渐走向规范。

（2）培养学生的辩证思维、发展意识。通过 TBL 教学法与课程思政的整合教学模式应用，全面提升学生的团队协作能力、人际交往能力、思辨能力和人文素养，以此全面提升学生职业素养。

（二）教学策略与方法

采用理论课和实践课相结合的办法。理论课主要通过案例教学法、对比分析法和互动讨论法将课程思政融入知识中，使课堂内容能够引发学生兴趣而提高学习积极主动性，拉近理论与现实距离，增强学生对思政理念的参与度与接受度。实践课设置富含"思政"元素的研究专题，开展以问题为导向的 TBL 教学。将知识体系、思维能力和情感共鸣三位一体的创新教学巧妙融入授课过程中，培养学生的批判性思维、探索性思维，引导学生树立正确的发展观，了解医药行业广告监管的现状和问题。在案例中引入医药行业中的虚假广告案例及案件数量的变化，提高学生对我国医药行业监管的认识及认同。

将教学新模式和新理念有机整合，在最大程度上体现 TBL 教学法与课程思政整合后"1+1>2"的育人效果。实现学生在专业知识上具有勤学慎思、刻苦钻研的学习精神；在专业能力上具有分析、沟通和团队协作能力；在专业素养上具有行业伦理、服务社会的爱国情怀。

（三）课程思政教学理念与设计

1. 课前导入及相关思政元素

首先以教科书上《人民日报》关于广告报道的态度以及电影《大腕》中的片段，说明广告对社会具有普遍的影响力，但它到底具有什么样的社会影响力——正面还是负面的，却一直没有统一的观点。在批评者眼里，广告对社会消极作用更多，因为它造成了社会目前的状态——虚荣势力、头脑发热、自私自利、不良竞争、物欲横流……与此相反，支持者认为，广告通过反映社会状况来与社会保持和谐。

通过这些调查和评价的案例引导学生思考广告对社会的影响到底是正面还是负面的，并说明广告只是反映社会的一面镜子。

【思政元素】思辨能力、创新意识和增强我国广告行业发展信心。

广告对社会的作用有消极的，也有积极的，其中，从调查来看，批评者居多，但是就如大卫·奥格威所说，广告"何罪之有"？广告促进产品流通，增加经济活力，还给文化艺术增加了很多优秀的艺术作品。广告作品的质量取决于广告主和广告创意者的价值观，只有符合社会主流价值观的作品才能流行，同时作为广告从业者，更应该做到行业自律，创造出更多引领社会思考、代表社会主流方向的作品。该案例引导学生建立作为从业者的职业道德，同时目前作为观者和发声者也要自觉抵制低俗广告。

2. 课程内容及相关思政元素

（1）广告影响社会的七个方面

通过介绍虚假现象、潜意识广告现象、低俗格调现象、儿童广告、广告与消费主义、广告语刻板印象、广告与流行这七个现象的概念及内涵，举例说明这些现象的表现形式，让学生认识到广告对社会的影响巨大。通过医药行业中的虚假广告现象及国家的管理，让学生认识到医药行业很容易出现法律及道德伦理上的问题，引导学生遵守行业广告法规定，并用广告伦理的价值框架评价广告。

【思政元素】医药行业广告人必须遵守行业广告法规定，并用广告伦理的价值框架评价广告。

（2）TBL教学法：在公众眼里，广告活动如何影响社会和文化

通过TBL教学法指导学生开展广告活动如何影响社会和文化的专题研究报告。对身边各种职业和年龄人进行调查（你对广告怎么看？），分类正面和负面的观点，分析调查结果，提炼定性观点。最后通过广告伦理模型分析传者和受者的社会责任。

【思政元素】无论是传者还是受者，都有维护广告行业伦理的责任。

（四）课程思政实施成效

1. 教学成果

本人在进行知识传授的过程中坚持致力于教学改革的研究，以期提高教学质量和学生满意度。在教育部全面推进高校课程思政建设以来，对自己所授课程的课程思想政治资源进行了充分挖掘，努力完善每门课程的育人作用。针对"广告学"这门课程，本人开展了授课方式和授课工具改革的相关研究，并获得2021年省级教学研究课题资助。

本门课程考试及格率达到100%。在课程学习期间，多名学生参与国家"挑战杯"比赛和行业营销策划比赛，并取得多项省级和校级奖励。

2. 特色与创新

（1）采用TBL教学法与课程思政的整合教学模式，通过"课前导入（激发兴趣）—课堂讲解（深入理解）—TBL专题研究报告（分析实践）"，全面提升学生的团队协作能力、人际交往能力、思辨能力和人文素养。

（2）在课程中结合我校医药背景，将培养医药人文情怀与承担社会责任的情怀有机结合起来，激发学生对医药行业的兴趣，加强学生对虚假广告的识别能力，推动我国医药行业广告正规化。

（五）课程思政实施反思

1. 教学设计视角

本案例在广告的功能这一章的整个教学中，采用 TBL 教学法与课程思政的整合教学模式，巧妙穿插各个维度的思政元素，将"行业伦理""社会责任""消费者责任"等精神内核融入案例。但对于接受能力不同的学生来说，怎样才能做到分层次和分重点的教学，如何能针对不同学生进行知识学习的定制化教学还有待进一步思考。此外，专题研究报告主题的丰富度、深度以及与中医药的结合度还有待进一步提升。

2. 学生评价视角

本课程授课前后对学生进行了两次随堂问卷调查，学生普遍感受到了自己在知识、能力和情感上的提升，并对我国医药广告行业有了基本认识。他们在学习过程中能处处感受到思政元素，却并不感觉生硬，情感上比较容易接受。

在进行 TBL 教学时，学生的专业素养和团队合作能力参差不齐，对专题研究的态度存在较大差异，但普遍表现出提出问题和思辨的能力不够。另外，中医药行业广告综合性正面案例较少，加大了对课程选择案例的难度，学生对于广告行业的一些偏见和社会报道也影响了学生接收观点的态度。"广告学"课程思政还有待与社会进步和行业发展齐头并进。

（程潇）

"营销策划"课程思政教学设计
——以企业形象策划为例

课程类型：专业课程　　　　　　**学科门类：管理学**

一、课程简介

"营销策划"是市场营销专业的核心课程，属于必修考试科目。课程力求立足中国当代营销策划市场，同时介绍医药营销策划业的最新发展情况和最新理论动向，以适应新时期学生的学习需要和营销策划从业者的参考需要。及时把营销策划学最新研究和发展成果引入教学活动，强调营销策划原理的基础性与先进性、经典性与现代性内容的有机结合。基于以上课程指导思想和定位，本课程注重将营销学理论与营销实务相结合，从"营销策划"课程的特点出发，融营销、广告、医药文化传播与消费者的知识于一体，强调学生综合能力培养与素质提高，课内课外相结合，全面提高学生实践能力。

二、案例简介

以"营销策划"课程第九讲企业形象策划为例。课程设计从"中国最早的 CIS 策划——太阳神"案例引入，引领学生思考企业形象策划对医药企业品牌发展的重要性，并尝试通过企业形象解读企业文化；通过课堂讲授企业形象策划的构成及其关系，导入模式及时机，MI、BI、VI 的策划内容，利用案例教学及互动讨论分析中国特色的企业形象策划应遵循的策划路径，并通过 TBL 教学法指导学生开展学生创新创业企业形象策划活动，培养学生创新能力、表达能力、团队协作能力；通过分析医药企业形象策划优秀案例，给学生展示中医药企业形象策划，加强中医药文化自信，促进中医药创新创业项目推进和落地。

（一）教学与育人目标

1. 知识学习目标

（1）掌握企业形象策划的构成及其关系。

（2）理解企业形象策划是用 BI 贯彻 MI，不能只做 VI。

（3）了解导入模式及时机；MI、BI、VI 的策划内容。

2. 能力提升目标

（1）掌握用 CIS 系统分析策划品牌。如何使中国企业形象策划接地气，体现中国文化特色，培养学生创意能力、思辨能力、分析能力等。

（2）利用案例教学、互动讨论以及 TBL 教学法，培养学生表达能力、团队协作能力。

3. 思政育人目标

（1）结合《"健康中国 2030"规划纲要》《"十四五"中医药发展规划》等政策中关于中医药文化的战略规划，引领学生思考和感悟我国的文化传承在医药企业形象策划中的应用。将"大国胸怀""健康中国""中医药振兴"等精神内核融入案例，帮助学生树立正确的策划观念；了解健康中国背景下医药企业文化建设的现状，提高学生对我国传统文化认同度，从国家担当、国家自信、文化自信的角度加强课程思政在学生中的渗透性。

（2）培养学生的大局意识、行业意识，用爱国精神指引思想。通过 TBL 教学法与课程思政的整合教学模式应用，全面提升学生的团队协作能力、人际交往能力、思辨能力和人文素养，以此全面提升学生职业素养。

（3）结合我校医药背景，将培养医学人文情怀与创新创业理念有机结合起来，激发学生对中医药文化的兴趣，增强中医药文化自信，热爱并传播中医药文化，推动中医药企业形象策划发展进程。

（二）教学策略与方法

采用理论课和实践课相结合的办法。理论课主要通过案例教学法、对比分析法和互动讨论法将课程思政融入知识中，使课堂内容能够引发学生兴趣而提高学习积极主动性，拉近理论与现实的距离，增强学生对思政理念的参与度与接受度。实践课设置富含"思政"元素的研究专题，开展以问题为导向的 TBL 教学。将知识体系、思维能力和情感共鸣三位一体的创新教学巧妙融入授课过程中，培养学生批判性思维、探索性思维和创造性思维，引导学生树立正确的企业形象策划观，了解医药企业形象策划的现状和问题。在案例中引入由中华中医药学会主办的"2020 年中医药健康文化精品（动漫）遴选活动方案"，通过模拟参赛的形式让学生进行中医药企业形象 IP 策划，提高学生对我国中医药文化的认同。

将教学新模式和新理念有机整合，在最大程度上体现 TBL 教学法与课程思政整合后"1+1>2"的育人效果。实现学生在专业知识上具有勤学慎思、刻苦钻研的学习精神；在专业能力上具有分析、沟通和团队协作能力；在专业素养上具有经世济民、服务社会的爱国情怀。

（三）课程思政教学理念与设计

1. 课前导入及相关思政元素

首先以"中国最早的 CIS 策划——太阳神"案例切入本章所学知识点。太阳神是中国最早引入 CIS 策划的企业，也是医药保健品企业。该企业设计的形象识别系统将理念识别、行为识别和视觉识别进行了很好的统一。

通过此案例导入，一方面通过经典的医药保健品企业案例说明我国企业引入 CIS 的历史，另一方面通过介绍优秀设计案例，引导学生分析理念识别、行为识别和视觉识别系统的应用。

【思政元素】思辨能力、创新意识和增强文化自信。

企业 CIS 虽然是从西方引进的企业管理理念，但是在中国得到了很好的应用和发展，并且进行了本土化。特别是早期医药保健品行业，是较早引入 CIS 的行业，为我国企业现代化管理进行了试水和探索。

但同时此案例也引导学生发现，早期的 CIS 案例带有很强的西方文化元素，当时中国企业的 CIS 必须通过这些元素打造国际化形象，符合当时营销策划的风潮。但是这些企业很多空有形象设计，却无中国文化的内核，导致 CIS 策划流于表面，比如案例中的"太阳神"，就在短暂红火后迅速没落。中国的企业和品牌要得到可持续发展，必须根植于中国本土环境和中国文化，全面统一企业理念、企业行为和企业形象；另外，如果企业战略是走向世界，那么在 CIS 中进行中国文化元素的挖掘是不可或缺的。

2. 课程内容及相关思政元素

（1）视觉识别与理念识别和行为识别的统一

企业形象识别 CI（corporate identity）指企业有意识、有计划地将自己企业的各种特征向社会公众主动地展示与传播，使公众在市场环境中对某一个特定的企业有一个标准化、差别化的印象和认识，以便更好地识别并留下特定的印象。CIS 是企业各种特征的集合，包括视觉识别、行为识别和理念识别，是企业的具现化。三者是三位一体的协同关系。视觉识别是理念识别的具象化，行为识别是理念识别的具体体现。

【思政元素】民族自信与文化认同。

2017 年年底国家卫生和计划生育委员会（现国家卫生健康委员会）发布的《中医诊所备案管理暂行办法》《中医诊所基本标准》条款比较概略。

①设计混杂，不利识别，不利监管。

②各自为政，传播无力。

③识别混淆，市场服务混乱。

综上所述，为备案中医诊所提供一套科学合理的 VI 系统规范就显得尤为重要。通过科学的设计，将中国传统文化元素融入诊所管理理念、对内对外宣传和诊所整体布局设计中，可以达到以下目的。对诊所而言：①提高品牌知名度；②塑造诊所形象；③培养员工精神。对行业而言：①统一识别，便于管理；②提高知名度获取品牌增值；③弘扬传播中医药文化理念。

（2）TBL 教学法：童心童声中医药项目的 CIS 策划

"童心童声中医药"是湖北中医药大学学生团队策划的一个面向中小学生的中医药职业体验项目。目前开展服务：喜马拉雅平台——"童心童声中医药"音频节目；中医药进校园项目。传播平台：喜马拉雅，微信公众号，B 站（哔哩哔哩网站），抖音。问题：品牌传播力度不够，缺乏传播"抓手"。学生需要理念识别抽提品牌核心 USP；视觉识别打造品牌形象 IP，围绕形象进行完整的故事创作；行为识别，设计整合营销传播方案，选择多种平台媒体，有规律地投放文章、周边和物料；形成盈利模式。

【思政元素】中医药文化认同。

通过策划活动，让学生认识到中医药品牌的策划要点、难点，通过 TBL 教学，以目标管理的方式模拟商业策划活动。

（四）课程思政实施成效

1. 教学成果

本人在进行知识传授的过程中坚持致力于教学改革的研究，以期提高教学质量和学生满意度。在教育部全面推进高校课程思政建设以来，对所授课程的课程思想政治资源进行了充分挖掘，努力完善每门课程的育人作用。针对"营销策划"这门课程，本人主持了 2012 年校级课题"中医药大学品牌塑造与 CIS 策划方案拟订"，2020 年度湖北省高等学校省级教学研究项目"基于通用胜任力的课堂互动技术使用及评价研究——以弹幕辅助教学为例"。

本门课程考试及格率达到95%。在课程学习期间，多名学生参与多项省级、校级营销策划大赛，并获取多项省级、校级奖励。

2. 特色与创新

（1）采用TBL教学法与课程思政的整合教学模式，通过"课前导入（激发兴趣）—课堂讲解（深入理解）—TBL专题研究报告（分析实践）"，全面提升学生的团队协作能力、人际交往能力、思辨能力和人文素养。

（2）将学生创新创业项目作为实践案例，既锻炼了学生的综合策划能力，又为学生创业团队提供了策划思路和点子。

（五）课程思政实施反思

1. 教学设计视角

本案例在企业形象策划这一章的整个教学中，采用TBL教学法与课程思政的整合教学模式，巧妙穿插各个维度的"思政元素"，将"文化认同""中医药文化传播"等精神内核融入案例。但对于接受能力不同的学生怎样才能做到分层次和分重点教学，如何能针对不同学生进行知识学习的定制化教学还有待进一步思考。此外，专题研究报告主题的丰富度、深度以及与中医药的结合度还有待进一步提升。

2. 学生评价视角

本课程授课前后对学生进行了两次问卷调查，学生普遍感受到了自己在知识、能力和情感上的提升，并对我国中医药品牌营销策划有了基本认识。在学习过程中能处处感受到"思政元素"，却并不感觉生硬，情感上比较容易接受。

但在准备TBL专题研究报告过程中，学生对于团队策划这种方式接受度不一，特别是对于比较难的策划案例，"搭便车"的现象还普遍存在，以后要改革小组评价方式，提高学生参与度。

（程潇）

"公共关系学"课程思政教学设计
——以公共关系的类型为例

课程类型：专业课程　　　　　学科门类：管理学

一、课程简介

"公共关系学"是一门兼具应用性、综合性、交叉性和边缘性的独立学科，主要研究公共关系活动现象及其内在规律。公共关系是社会组织运用传播手段实现与公众之间的双向交流，使双方达到相互了解、相互适应和相互信任的一种管理活动，以营造一种内求团结、外求发展的积极氛围。本课程围绕知识、能力和价值三大课程目标，以线下面授为主，根据需求导向进行整体规划，确定课程目标与教学内容、教学方法的关系，确定课程考核与成绩评定方式，依据学术前沿动态与社会热点随时进行理论更新与案例跟进。作为涵盖内容广泛、社会性强的课程，紧扣人才培养需要，及时更新教学内容，正确处理基础性与前沿性、基本理论与国家规范的关系。

二、案例简介

以"公共关系学"第六章公共关系的类型为例。课程设计从经典公共关系案例导入，引领学生思考和认识不同类型的公共关系，重点掌握公共关系各职能的评价要素、方法、内容和特点，从而能够熟练运用公共关系的职能开展公共关系活动，特别是在组织出现危机时的公共关系管理。利用案例分析和行业报告解读公共关系的含义和分类，以及通过互动讨论和翻转课堂方式重点分析公共关系的特点，学生通过"课前自学—识别问题、课中拓展—分析问题、课后延伸—解决问题"深刻认识到公共关系的特点。

（一）教学与育人目标

1. 知识学习目标

（1）了解公共关系的词源和工作定义。

（2）培育学生公共关系人员职业伦理操守。

（3）锻炼学生缘事析理、自觉分析的能力。

2. 能力提升目标

（1）初步掌握公共关系业务开展的基本原则、方法。

（2）通过"案例＋讨论＋理论讲解"的方法，实现社会主义核心价值观的国际认同。

3. 思政育人目标

（1）培育学生公共关系人员职业伦理操守。提炼道德情操中的诚实无欺元素，培养学生"说真话"的思想，加强透明公开的作风，拥有诚实无欺的品格。

（2）锻炼学生缘事析理、自觉分析的能力。能够通过专题案例透视社会现象本质，探索存在的问题以及问题存在原因，发扬批判精神进行理性分析，拥有明辨是非的态度。

（3）锻炼学生的科学思维能力。通过分组情景模拟新闻发布会，引导学生结合案例逻辑演绎，自觉思考，形成比较稳定的、具有普适性的认识图式。

（二）教学策略与方法

本案例运用课堂讲授、提问启发式、课堂分组讨论、案例教学法等教学手段，对公共关系从我做起、双向沟通、透明公开、诚实无欺、互惠互利、不断创新六大原则进行讲授与分析。结合防疫战疫主题，对透明公开原则、诚实无欺原则进行案例讲解与分析。对政府机构而言，透明公开是获取公众信任的前提条件，是各项政策得以实施的基础。同时，良好的公共关系是建立在组织与公众相互信任基础上的，而信任的前提是双方以诚相待、实事求是。另外，将知识体系、思维能力和情感共鸣三位一体的创新教学巧妙融入授课过程中，培养学生批判性思维、探索性思维和创造性思维。

（三）课程思政教学理念与设计

1. 课前导入及相关思政元素

通过疫情期间的一些社区关系案例切入，围绕"制度自信""科学思维能力"两个思政目标展开，从隐性和显性两方面对学生学习效果进行观察与评估，提升学生获得感。

本案例重在培养学生树立制度自信、提高科学思维能力，可以通过观察，研判学生理论理解的深度，探索学生科学思考能力和逻辑演绎能力。

【思政元素】不畏艰难、锲而不舍的中国力量和中国精神。

通过社区公共关系案例了解，社区是由处于同一地区的普通居民及有关组织之间发生各种相互作用而构成的有机体，一个社区一般由居民、地方政府机构、工商企业、各类社团组织构成。社区关系指社会组织机构与所在地的地方政府、社会团体和其他社会组织以及当地居民之间的邻里关系。良好的社区关系是建立在相互了解的基础上的。

2. 课程内容及相关思政元素

公共关系的工作定义。首先大家讨论：你认为什么是公共关系？然后根据学生发言内容，讲解关于公共关系的众多说法，最终引出公共关系的工作定义，并强调定义内容中对职业伦理规范和真实原则的重视，同时列举正、反案例各一个来说明。

公共关系的类型：对象型公共关系。重点通过讲解"丰田霸道广告风波"公关案例，让学生认识公共关系沟通活动中要注意公关对象的文化习俗等，而自己作为公关对象则要坚守民族气节、展现民族自信和文化自信。

公共关系的准则。重点通过讲解"同仁堂——苦甜'非典'方，亏本赚形象"公关案例，让学生了解到我国民族企业在公共关系活动中体现出的社会利益和使命担当的公关属性，从而把握公共关系的准则。

【思政元素】通过对国内外案例的讲解，进一步加强学生的民族自信和文化自信。

（四）课程思政实施成效

1. 教学成果

课程教学坚持"两重一强一促"，以提高教学质量和学生满意度，满足"双一流"建设要求。在教育部全面推进高校课程思政建设以来，对课程思想政治资源进行了充分挖掘，努力完善专业课程的育人作用。经过课程学习，学生更多关注社会热点问题，课堂参与话题讨论的深度和广度大幅提高，人文素养得以提升，专业自信和职业自信明显增强。

2. 特色与创新

教学方法整合化，遵循有效性和针对性原则，整合线上学生自主式、探索式学习方法和线下启发研讨式教学、问题导向与解决式的小组教学，以及"以训为纲""以赛促学"等不同教学方法。

（五）课程思政实施反思

1. 教学设计视角

通过对课程思政案例教学情况的反思，发现教学内容上可以更多地结合热点事件进行探讨；在教学方法上与学生开展更多互动。只有自身对教学方法与教学内容常进行总结，才能够促进学生的参与，提高学生的接受程度。

后期，教师将不断更新课程思政教学内容，为后续教学积累宝贵教学经验，不断总结提升课程思政教学效果。

2. 学生评价视角

本课程授课前后对比，学生普遍感受到了自己在知识、能力和情感上的提升。在学习过程中能处处感受到"思政元素"，却并不感觉生硬，情感上比较容易接受。通过课程的学习，培育学生公共关系人员职业伦理操守，树立学生在面对媒体时的制度自信和文化自信。

学生学习目标和知识接受程度存在差异，并非所有学生都能高质量完成相应的内容，所以需要进一步提升教学质量。此外，如何将所学到的理论专业知识和能力融会贯通，真正用以提升自身全面职业素养，还有待进一步实践。

（潘小毅 曾凡益）

"国际市场营销学"课程思政教学设计
——以国际竞争战略为例

课程类型：专业课程　　　　学科门类：管理学

一、课程简介

"国际市场营销学"是一门应用性较强的管理学课程，是市场营销专业的专业课程，也是国际贸易和国际金融专业的专业基础课程。本门课程主要介绍企业在国际市场中开展营销活动的基本理论、基本知识和基本技巧。把基础市场营销学原理与国际市场营销实务紧密结合，系统阐述了企业在市场营销观念的指导下，分析国际市场环境变化、进入国际市场和制定国际市场营销组合的基本理论和方法，以及进行国际技术、服务市场营销的基本策略和技巧。本课程将市场营销学原理与国际市场营销工作融为一体，注意反映世界经济发展的新趋势，把握国际市场最新动态，系统地讲授开拓国际市场的理论、技术与方法。其主要内容是介绍国际市场营销学理论基础，熟悉国际市场营销的流程和内容（包括国际市场营销环境分析，国际市场信息系统与市场调研，国际目标市场选择，国际市场营销战略和策略，国际营销的组织与控制）。专业学生需掌握基于以上理论基础的实践应用，包括各类营销分析方法及国际市场营销策略的制定和实施。

二、案例简介

以"国际市场营销学"课程第十章国际竞争战略为例。课程设计从"世界 500 强及品牌价值排行榜"案例引入，引领学生思考世界一流公司的竞争优势及后工业化强国的产业优势；利用案例教学及互动讨论分析德国的汽车产业、美国的科技公司竞争优势的保持。通过 PBL 教学法抛出问题，引导学生思考为什么在激烈的国际竞争中，这些产业的竞争优势没有发生国家间的转移。继而通过课堂讲授国际竞争战略的"国家钻石模型"，在帮助学生掌握四因素分析法的基础上，再次提出问题，由学生分组设计和开展我国中医药产业竞争优势专题研究，让学生分析我国树立中医药产业优势的路径，同时培养学生的科研能力和团队协作能力。在教学过程中，通过中医药产业发展的相关新闻和数据，给学生展示其医疗服务与产品的价值及影响力，增强学生的中医药文化自信，推动中医药高校学子传承和发展中医药事业的使命感。

（一）教学与育人目标

1. 知识学习目标

（1）了解国际竞争环境，跨国公司在中国的竞争态势，中国企业走向海外的竞争环境。

（2）掌握国家钻石模型的理论内容并能结合案例进行分析。

2. 能力提升目标

（1）引导学生思考在当今经济形势下，企业面临更为复杂的超强竞争环境态势下，我国企业和相应的产业如何提升自身实力及竞争优势，培养学生理论与实践相结合的分析能力。

（2）利用案例教学、互动讨论以及 PBL 教学法，培养学生的专业思维能力、表达能力和团队协作能力。

3. 思政育人目标

（1）中医药是中华民族之瑰宝，也是中国向世界展示科技文化软实力的重要载体，有着不可替代的作用和价值。要引领学生思考和感悟中医药学科的历史发展及社会价值，正确认识中医药产业的发展优势及新时代赋予中医药学子们的历史使命；提高学生对我国传统文化的认同度，从国家自信、文化自信的角度加强课程思政在学生中的渗透性。

（2）培养学生系统观。通过 PBL 教学法与课程思政的整合教学模式应用，全面提升学生的专业思维、思考能力，继而提升学生职业素养。

（3）结合我校医药背景，激发学生对中医药历史文化的兴趣，增强中医药文化自信，热爱并传播中医药文化，用青春学子的才干、激情践行"中国梦"；激发民族使命感，用所学理论与专业技能推动中医药产业国际化进程。

（二）教学策略与方法

采用理论课和实践课相结合的办法。理论课主要通过案例教学法、对比分析法和互动讨论法将课程思政融入专业知识中，使课堂内容能够引发学生兴趣，激发其思考进而提高学习主动性，拉近理论与现实的距离；同时潜移默化地增强学生对思政理念的参与度与接受度。实践课设置富含"思政"元素的研究专题，开展以问题为导向的 PBL 教学。将知识体系、思维能力和情感共鸣三位一体的创新教学巧妙融入授课过程中，培养学生探索性思维，引导学生在国际化视野下正确认识中医药的价值和优势，并思考如何促进我国中医药产业的发展。在案例中引入中医药产业的新闻和数据，提高学生对我国中医药事业的认识及认同。

将教学新模式和新理念有机整合，在最大程度上体现 PBL 教学法与课程思政整合后"1+1>2"的育人效果。实现学生在专业知识上具有勤学慎思、刻苦钻研的学习精神；在专业能力上具有分析、沟通和团队协作能力；在专业素养上具有促进经济发展，实现民族伟大复兴的爱国情怀。

（三）课程思政教学理念与设计

1. 课前导入及相关思政元素

首先以"世界 500 强及品牌价值排行榜"案例切入开始本章学习。"世界 500 强"一直是用以衡量一国企业实力的权威榜单，近些年中国企业在世界 500 强榜单上表现优异，无论是进入榜单前 10 名的中国企业数量，还是进入 500 强总榜的企业数量，在国际上具有明显优势，完全符合我国作为世界第二大经济体的国际形象。但通过品牌价值排行榜，我们可以感受到中国企业的数量不占优势，传统的工业强国在此榜单上仍占据领导地位。通过分析两个排行榜不同的评价体系，我们可以感知到品牌价值排行榜更能评价企业的发展质量。而由品牌价值排行榜也能推导出一些传统的科技和工业强国，在全球保持了持续的产业竞争优势，那么这一现象可以用迈克尔·波特的"国家钻石模型"来分析。

通过此案例导入，一方面以我国企业在世界 500 强的评比中傲人成绩和品牌价值排行榜上的落选做比对分析，激发学生兴趣，引起学生思考作为专业人士需要考量企业发展的质量和塑造企业长久的竞争优势。帮助学生理解一个企业、一国产业保持长久竞争优势的重要性，以及建立这种优势需要的条件和要素；继而再次激发学生思考，我国中医药产业在国际市场有自己的价值和优势，但应该怎样明确并维持这样的竞争优势，要结合国家钻石模型的四大要素开展相应的工作。

【思政元素】分析能力、历史使命和增强中医药文化自信。

中国作为世界第二大经济体，近些年在国际市场上，有国际知名度和影响力的中国企业数量在增长，越来越多的中国企业在全球化竞争中展示出实力。但只有建立持续的竞争优势，才能使企业良性发展，进而推动国家经济实力的提升。通过分析著名的中国企业——华为、格力等，继而延伸到中国的中医药产业，为学生讲述中医药的价值和社会意义，引导学生感知在新的时代，促进中医药文化传播及产业发展的重要历史使命，增强学生的中医药文化自信。

2. 课程内容及相关思政元素

（1）国家钻石模型的理论内容，哪些要素能促进产业优势的保持

分析国家钻石模型的四大因素，特别是要素条件里的高级要素，引导学生感知专业人才的培养是长期的，优质的人力资源质量有益于竞争优势的保持。发挥专业技能可以克服先天要素的不足，甚至能创造新的竞争优势，所以要有创新意识和迎难而上的决心。引导学生认识到自己应该踏实奋进，发挥专业技能为国家富强及民族振兴贡献自己的力量。

【思政元素】中医药文化自信以及青年学子的使命。

结合国家钻石模型里的四个要素，特别是需要时间去培育的高级要素，帮助学生认识到作为中医药高校的学子，身为经济管理和中医药结合的交叉学科专业人士，更要认识到自己肩负的使命：需在新时代传承发扬中医药，促进中医药产业国际化，运用专业知识为推动中医药产业国际化进程而奋斗。

（2）PBL教学法：中医药产业优势专题研究报告

通过PBL教学法指导学生开展中医药产业优势研究报告，不限制特定的研究内容。根据提出问题—学生查找资料—分组讨论—教师总结的四个步骤，教师提出问题—根据国家钻石模型，分析我国中医药产业的优势或者是该产业需要塑造和提升的优势；找出中医药产业国际化的问题，并尝试给出建议。

【思政元素】践行"中国梦"；激发学生的爱国情怀、家国意识和民族使命感。

当今的大学生是国家栋梁，是中华民族伟大复兴中不可或缺的主力军，需引导学生从内心产生民族自豪感与为此努力的责任感。当产业有竞争优势并且能持续保持时，就会在积极参与全球化的进程中掌握主动权并能为国家经济发展做出相应的贡献。鼓励中医药高校的学子们结合自己所学，顺应时代发展潮流来思考中医药产业发展的问题，并为之做出自己的一份贡献。通过学生们自己对问题的挖掘、形势的分析判断、发展战略的思考，使其充分认识到中医药产业发展的重要性和必要性，并认识到自己的历史使命。

（四）课程思政实施成效

1. 教学成果

在这个文化繁荣的时代，互联网的快速发展，使得信息和文化的传播速度极快，外来文化的冲击和社会上对中医药的偏见误解都会在一定程度上阻碍中医药行业发展。这就需要中医药学子们在平时的学习中树立文化自信以抵御不正确声音的侵袭，要学会用正确的立场、观点和方法针对问题进行具体分析。

本人在进行知识传授的过程中坚持致力于教学改革的研究，以期提高教学质量和学生满意度。在教育部全面推进高校课程思政建设以来，对自己所授课程的思想政治资源进行了充分挖掘，润物细无声地发挥课堂育人的作用。

本门课程考试及格率达到 100%。总体上，学生对授课教师和教学效果是比较满意的。绝大多数同学认为教师师德师风良好、课程设计新颖有趣、课堂气氛活跃、学生参与度高。而且思政元素的插入并不生硬，跟专业知识自然贴合也能引人深思，有很强的启迪作用。

在课程学习期间，多名学生在教师的指导下以中医药文化传播及中医药产品创新为研究主题发表了相关文章及参加高级别创新创业大赛，获得省级以上奖励。

2. 特色与创新

（1）采用 PBL 教学法与课程思政的整合教学模式，通过"设定情境、提出问题（激发兴趣）—制订实施方案（促进自主学习）—项目实施（专题研究报告）—评价与反思（知识点总结）"，全面提升学生的团队协作能力、分析与解决问题能力、思辨能力和职业素养。

（2）在课程中结合我校医药背景，将培养管理类学生的跨学科思维和医学人文情怀有机结合起来，激发学生对中医药历史文化的兴趣，引导学生关注"中医药文化"的传承与发展，热爱并传播中医药文化，推动中医药产业国际化进程。

（五）课程思政实施反思

1. 教学设计视角

本案例是应用在国际竞争战略这一教学内容中，由教师创造性地引入了常见和不常见但非常专业的两个企业排行榜，通过对比分析激发学生思考。采用 PBL 教学法与课程思政的整合教学模式，巧妙通过问题提出、学生思考并穿插各个维度的"思政元素"，将"爱国情怀""历史使命""职业素养""中医药文化自信"等精神内核融入教学过程中。但对于接受能力不同的学生怎样才能做到分层次和分重点地教学，涉及具有研究性质的专题报告如何有效激发学生的研究兴趣，还需要在后续的教学过程中进行更有效的设计。专题研究报告主题的丰富度、深度还有待进一步提升。

2. 学生评价视角

本课程授课前后对学生进行了两次访谈，学生普遍感受到了自己在知识、能力和情感上的提升，并对我国中医药产业的国际化问题有了基本认识，对于中医药产业发展比较乐观。在学习过程中能处处感受到"思政元素",却并不生硬,情感上比较容易接受。

但在准备 PBL 专题研究报告过程中,由于小组成员中部分同学的学习目标和知识接受程度可能存在不一致的情况,会导致并非所有同学都能高质量地完成相应的内容,从而使得最终的实践专题研究报告的实际效果打折扣。此外,如何将所学到的理论专业知识和能力融会贯通,真正用以提升自身全面职业素养,还有待进一步实践。

(燕妮)

"消费者行为学"课程思政教学设计

——以自我概念与产品的象征性为例

课程类型:专业课程　　　　学科门类:管理学

一、课程简介

"消费者行为学"是市场营销专业的专业基础课,该课程是研究消费者心理及行为的应用性学科,是市场营销学和心理学的一个重要分支。作为一个独立的学科,消费者行为学成为一门新的综合性学科,了解和把握消费者行为及其变化规律,成为企业营销决策及制定营销策略的基础。教学内容分为三大模块:模块一是消费者的购买决策过程及在这个过程中施加影响的各类要素;模块二主要应用心理学原理分析消费者动机、认知、情感、学习、态度的形成及作用机制,帮助学习者在理解消费行为研究总体框架的同时,掌握各种心理现象的形成及作用机制,以便在营销实践中明确消费行为的研究内容;模块三主要应用社会学、社会心理学的基本原理分析群体、文化、创新等外在因素对消费行为的影响机制,帮助学生理解、掌握和利用这些外在因素制定相应的营销策略。通过本课程的学习,使学生掌握消费者一般心理活动规律和个性心理特征,把握消费者行为学的基本理论,学习分析影响消费者心理与行为的社会环境、文化因素、产品要素及其他相关因素。通过结合实际案例的分析,加深学生对理论的理解与领会,学会把握消费者的心理与行为发展变化的规律,加强对消费者心理与行为的预测与引导,制定合理科学的营销战略与策略,提高自身营销能力与水平,以取得较好的营销效果。

二、案例简介

"消费者行为学"是市场营销专业的主要专业课,课程体系中包含价值观、学习、自我认知等内容,是思想性与人文性的有机统一,很多章节内容与健全人格的专业培养目标不谋而合。本次教学以"消费者行为学"课程第十章消费者的自我概念为核心知识点进行思政设计。从当下社会上的各类名人(明星、企业家、中医药名家)的成长案例导入,引领学生思考在自我概念多样性的基础上,我们应该怎样正确地认知我是谁,以及我要成为怎样的人,塑造健全人格。继而再导入市场上产品象征性的案例,引导学生思考可以怎样提炼商品的象征性来促成顾客消费，帮助学生从营销的角度来考虑，在进行品牌个性塑造时应脱离低级趣味的、世俗的、物质性的象征意义宣传，更多地提炼健康的消费理念，塑造正面积极的品牌个性来迎合消费者的自我概念，并教育消费者形成健康、健全的消费观。教学全程应用 CBL 教学法，培养学生的思辨能力和职业素养；同时通过中医药名家的大医精诚、医者仁心的案例输出，达成立德树人的教育目标。

（一）教学与育人目标

1. 知识学习目标
（1）了解消费者自我概念的含义及类型，怎样进行消费者自我概念的测量。
（2）掌握消费者自我概念与产品象征性的结合应用，能结合具体案例分析品牌应如何提炼并向目标群体传递产品的象征性。

2. 能力提升目标
（1）引导学生思考在当今市场上物质主义、拜金主义、享乐主义的不良风气影响下，如何塑造自身健全人格，培育健康消费观。培养学生的思辨能力、分析能力等。
（2）利用案例教学、互动讨论以及 CBL 教学法，培养学生理论与实践相结合的专业能力。

3. 思政育人目标
（1）社会上一些不良消费的示范效应，家长对孩子的溺爱，造成了在年轻群体中也存在着一些不健康的消费心理和消费习惯。结合当下年轻群体关注的各领域知名人士的人格特性分析，将"社会责任感""勤奋专注""踏实进取""健康向上"等精神内核融入案例，帮助学生树立正确的价值观。结合专业知识，在培养学生专业应用能力时，以产品象征性的世俗化和物质化要素，与健康向上的要素，进行鲜明的比对分析，提高学生对社会正面价值取向的认同，从健全人格、社会正向发展的角度加强课程思政在学生中的渗透性。
（2）培养学生的营销伦理观、职业素养。在营销过程中关注消费者教育，帮助其摒弃浮华与浮躁，做到理性务实消费。通过 CBL 教学法与课程思政的整合教学模式应用，全面提升学生的思辨能力和人文素养，以此有效提升学生职业素养。
（3）结合我校医药背景，将培养医学人文情怀与经世济民的情怀有机结合起来，激发学生对中医药历史文化的兴趣，增强中医药文化自信，能够用现代市场化的观点去促进中医药事业的发展。

（二）教学策略与方法

主要采用案例教学的授课方法。理论课主要通过案例教学法、对比分析法和互动讨论法将课程思政融入专业知识中，使课堂内容能够激发学生兴趣进而提高其学习积极主动性。增强理论的专业应用性，促使学生自发提高对思政理念的参与度与接受度。全程应用 CBL 教学法，以典型案例为基础，以问题为索引（发现问题、分析解决问题），以相关专业知识为支撑，以整合互动为手段，实现以学生为中心的教学过程。使学生真正掌握知识，会应用所学知识，提升学生的专业能力。

　　将教学新模式和新理念有机整合，在最大程度上体现 CBL 教学法与课程思政整合后"1+1＞2"的育人效果。实现学生在专业知识上具有善于思考，理论与实践结合的学习精神；在专业素养上做到在今后的从业生涯中，要关注商业伦理，引导社会建立良好的消费风气。

（三）课程思政教学理念与设计

1. 课前导入及相关思政元素

　　首先以"'他和她'的自我概念"案例切入本章所学第一个知识点——自我概念的含义及构成。人的自我概念的构成要素是多样的，会影响一个人如何评价自己以及想成为怎样的人。结合社会上具有高知名度的名人，包括有着靓丽外表却知法犯法的明星，专注于数学世界不修边幅的"北大韦神"，沉浸在医学科研中挖掘出青蒿素的屠呦呦。通过身旁这些在各个领域取得过杰出业绩的人的事例，引导学生思考什么样的人格才是健全的、有魅力的、值得尊敬的，以及我要努力让自己将来成为一个怎样的人。

　　通过此案例导入，一方面从专业知识的视角，使学生明白自我概念的分析和应用对产品营销的重要性；另一方面引导学生思考，作为社会中的一个个体，受到社会中诸多观点和行为的影响，怎么对自己形成正确的认识，并且激励自己成长为一个怎样的人，是非常重要的一个选择过程。

　　【思政元素】思辨能力、健全人格。

　　蔡元培先生说过："盖国民而无完全人格，欲国家之隆盛，非但不可得，且有衰之之虑焉。"青年学生是祖国的未来，民族的希望。青年学生的健康发展事关国家前途与命运，因此培养青年学生的完全人格是当前教育事业的重中之重。

　　当前我国青年学生的思想政治状况总体保持着积极的状态，但是在这个多元化的社会中，一些青年学生的理想信念变得模糊、诚信意识逐渐淡薄、社会责任感慢慢缺失、价值观取向等出现错误。所以，结合一个专业知识，以社会学的视角，以真实的案例作为佐证，引导学生深思：到底怎样的品德、个性、习惯是值得去学习、去塑造的，而成为什么样的人才能实现自己的价值，才能为社会发展做出贡献。

　　再通过电视剧《功勋》里屠呦呦发掘青蒿素抗疟功效的事例：一方面给学生展示中医药学科的科学性和价值，增强学生对于中医药文化的自信心和自豪感，引导学生主动传承与发展中医药文化，为推动中医药事业发展而奋斗；另一方面教导学生必须具备严谨、认真的工作态度，通过"修己、自省、自制"的方法来陶冶自我，塑造理想自我。

2. 课程内容及相关思政元素

（1）自我概念与产品象征性的结合应用

　　消费者倾向于选择与自我概念相一致的产品。于是各大品牌提炼品牌个性来迎合消费者的自我概念。在这个营销过程中，营销者要摒弃低俗的、物质化的价值观引导，避免诱导消费者走上拜金主义、享乐主义的消费道路，而应提炼更为积极的产品核心利益和价值。包括品牌"健康""友情""亲情""独立""创新"这样的核心要素，激发消费者共鸣，引导社会正面消费风尚。

【思政元素】践行社会主义核心价值观。

营销能教育消费者，引导需求，同时营销推广手法能潜移默化地传递价值观。作为营销的从业者，要在营销过程中，宣传健康消费观和社会主义核心价值观，在社会上建立正面积极的消费风俗。而我们的专业学生，以后是专业营销者的同时，也是一个消费者，所以要提高自己的思辨能力，丰富自己的精神世界，树立科学正确的世界观、人生观和价值观，自觉抵制拜金主义和享乐主义等错误思想的腐蚀。

（2）CBL教学法：对案例的互动讨论和深入思考

通过CBL教学法指导学生开展案例分析与讨论，包括"超能"系列广告强调的女性自主与独立，同仁堂"炮制虽繁必不敢省人工，品味虽贵必不敢减物力"的古训，促使学生感知营销传播过程中，向社会大众传递出的价值观和企业的社会责任感。

【思政元素】营销善意价值观。

一个伟大的公司必定是充满善意的公司，否则，它不可能获得长足发展。所以，一个伟大的公司向世界营销的不仅仅是产品，还有价值观。一个优质的公司不仅要创造经济价值，还要创造社会价值。所以我们的学生作为今后的营销从业者，要有这样的使命感，获取专业知识，培育健全人格。在职业生涯中，用专业给消费者带来商品价值，同时引导消费者建立健康、科学、理性的消费观，促使社会形成健康的消费风俗。

（四）课程思政实施成效

1. 教学成果

本人在授课过程中一直坚持立德育人，采取合理的教学方法潜移默化地对青年学生进行思政教育，并结合社会热点挖掘相应案例，激发学生的学习兴趣。本门课程教学评价一直优异，学生评价长期处于学院前列。本次课程作为公开课在学院讲授，课上学生专注、讨论热烈，课后获得领导、同仁和学生的一致好评。

2. 特色与创新

（1）采用CBL教学法与课程思政的整合教学模式，通过"案例导入（激发兴趣）—分组讨论（深入理解）—解决疑问（分析实践）—教师总结（知识点的巩固与扩展）"，全面提升学生的思考分析能力、理论应用与实践的能力。

（2）在课程中结合我校医药背景，将中医药学的历史沉淀和现代中医药学科研究的科学精神传递给学生，激发学生对中医药历史文化的兴趣，引导学生关注"中医药文化"的传承与发展，热爱中医药事业。

（五）课程思政实施反思

1. 教学设计视角

本次教学的案例选择，是教师将社会热点和专业知识进行有效融合，采用 CBL 教学法与课程思政的整合教学模式，巧妙穿插各个维度的"思政元素"，将"健全人格""社会主义核心价值观""营销价值观""中医药学科的科学性和创新性"等精神内核融入案例。但是教学效果主要停留在课堂的理解和吸收，学生是否内化并转化为后续的行为，应该是一个长期引导的过程。

2. 学生评价视角

本课程授课前后对学生进行了访谈，学生普遍感受到了此次课程对自己观念上的冲击，认识到要摆脱贫瘠的心理世界、浅薄的物质追求对自己的影响。在学习过程中能处处感受到"思政元素"，却并不感觉生硬，情感上很容易接受。而且思政元素跟营销专业知识自然贴合，是让自己印象深刻的一次课堂。希望授课老师多多发掘这样的思政元素，在后续的课程里都能轻松自然地呈现。这就需要教师持续地用心去思考、去准备和设计教学内容和教学过程。

（燕妮）

"医疗服务营销学"课程思政教学设计
——以医疗服务市场竞争为例

课程类型：专业课程　　　　　学科门类：管理学

一、课程简介

"医疗服务营销学"是一门适合于医药类普通高等学校市场营销、卫生事业管理等专业本科生的课程。以现代市场学与营销学的基本原理作为理论基础，结合国内外医疗服务市场营销策略研究的方法，基于医疗市场、医疗服务以及医疗产品的特殊性，并联系我国医疗卫生市场改革和发展的实际，通过对医疗服务市场中市场机制作用的把握和宏观及微观环境的分析，系统地阐述了医疗服务市场营销的基本理论、营销策略及实施方法。其主要内容包括市场学总论、医疗服务的特性及内容、医疗服务市场及环境分析、市场调查与预测、市场细分及目标市场的选择与定位、市场需求分析、营销渠道策略、产品组合策略、服务价格策略和市场竞争策略。通过本门课程的学习，使学生了解医疗服务营销的基本策略手段、医疗服务行业前景、发展趋势和就业机会，促进学生专业素质的全面发展。

二、案例简介

以"医疗服务营销学"课程第十一讲医疗服务市场竞争为例。课程设计从"刘习明——'全国劳动模范''中国好人''全国最美志愿者'和'中国优秀医院院长'称号"案例引入，通过科学阐释我国建设富强民主文明和谐的社会主义现代化强国战略，关注中国医疗市场改革实践，探求医疗改革开拓创新、求真务实的工匠精神，增强诚实守信、公平竞争的职业操守，把握以"工匠精神、诚实守信、公平竞争"为准则的营销组合策略的实施。

（一）教学与育人目标

1. 知识学习目标

（1）了解市场竞争的概念，掌握医疗服务市场竞争的内容。

（2）理解并掌握四种竞争主体的含义及各自的竞争策略。

2. 能力提升目标

（1）通过对医疗服务市场竞争内容的学习，训练系统分析的能力。

（2）通过互动讨论教学法，培养学生的表达能力、团队协作能力。

（3）通过案例分析，使学生具备逻辑分析能力，树立正确的职业道德观念。

3. 思政育人目标

（1）基于医疗服务的特殊性，强调医疗机构诚实守信和公平竞争的职业操守。

（2）培养学生的大局观。通过小组讨论与课程思政的整合教学模式应用，全面提升团队协作能力、思辨能力和人文素养，以此全面提升学生职业素养。

（3）通过介绍医德高尚的医务人员事迹，给学生正面引导，培养高尚情操。

（二）教学策略与方法

本节课主要通过理论知识讲解、主题分享和案例讨论将课程思政融入知识中，构建理论与实践相结合的教学模式；充分发挥课程思政的育人功能，提高学生对思政理念的参与度与接受度。主题分享与案例讨论，培养学生批判性思维、探索性思维，以及成员在团队建设中的作用和报告人的责任感，引导学生树立正确的职业道德观，提高学生对我国医疗卫生事业的认识及认同。

（三）课程思政教学理念与设计

1. 课前导入及相关思政元素

医疗服务竞争内容分析中，以"刘习明——'全国劳动模范''中国好人''全国最美志愿者'和'中国优秀医院院长'称号"案例阐释医务人员的高尚职业操守在医疗服务市场竞争中的重要性。"在我国目前注册的两万三千多家民营医院中，只有一位院长同时获得了'全国劳动模范''中国好人''全国最美志愿者'和'中国优秀医院院长'称号。他叫刘习明，我国不孕不育领域首批拓荒者，湖南省政协委员，长沙市药学会会长，长沙生殖医学医院、宁儿妇产医院、湘西宁儿妇产医院院长。2021 年 11 月 5 日，'德耀中华——第八届全国道德模范颁奖仪式'在京举行。刘习明又被授予第八届全国诚实守信道德模范荣誉称号。万里挑一，为什么会是他？"

【思政元素】吃苦耐劳、钻研创新、诚实守信、公平竞争。

通过此案例导入，一方面介绍医务人员诊疗技术对服务营销的重要性，引导学生思考当前的市场竞争中，人员竞争无时无刻不存在，技术过硬才能在竞争中脱颖而出，体现吃苦耐劳、钻研创新的重要性。另一方面介绍医院的疑难病例研讨制、消灭"红包"制、"一对一意见反馈"制、医药费减免制等一系列"以患者为中心"的做法，提升学生对医院和医务工作者的认同，有利于促进医患关系的良好健康发展，同时也能够引导学生思考良好的职业操守和高尚的情操在职业生涯中的重要性。

2. 课程内容及相关思政元素
（1）医疗服务市场竞争的内容

随着我国医疗市场的改革，社会办医数量和规模不断增长，医疗服务市场竞争越来越激烈。竞争的内容主要集中于人员竞争、服务竞争和价格竞争。其中，人员竞争是市场竞争的核心部分。

【思政元素】吃苦耐劳、钻研创新。

医疗服务具有区别于普通商品与服务的特性，是人们维持生命、解除疾病痛苦、促进健康的基本需要。因此，患者疾病的改善和治愈依赖于医务人员的技术能力和水平，需要不断地钻研治疗疾病的有效方法和手段。

（2）案例结合小组讨论

通过引入案例材料，抛出 2 个问题：医疗服务人员竞争体现在哪些方面？你认为医疗机构如何提升人员竞争力呢？小组 5 分钟讨论，讨论结束，小组代表发言，进行成果总结。

【思政元素】诚实守信、公平竞争。

市场中医疗机构参差不齐，良莠不一。在网络化时代，消费者监督变得越来越容易实施，医疗机构的正面和负面消息对医院发展有巨大影响。如一些机构经常性实施惠民活动，具有良好的口碑；有一些医疗机构虚假宣传引诱消费者过度治疗，虚构病情等欺骗消费者，损害消费者权益，这些不正当竞争手段给医院带来了不可挽回的损失。

（四）课程思政实施成效

1. 教学成果

案例教学拓展逻辑思维，学习基本知识点，主要包括市场竞争的重要性、竞争的主要内容以及人员竞争的核心地位，使学生了解提升自我竞争能力的重要性，同时通过正面的医务人员形象，树立了榜样，消除了少部分学生对医务工作者的误解，加深了学生对医务工作者的职业认同感。

分组讨论巩固知识，有效吸引学生注意力并提高课堂参与度。课程思政教学方式实施以来，学生积极与老师探讨思政元素和思政改进方向，有利于教师不断挖掘思政元素，有针对性地进行课程思政。

小组实践作业形成成果并进行汇报，有效锻炼学生实践能力，并且从汇报内容来看，学生的团队协作能力得到了加强，"搭便车"的现象基本消失。

2. 特色与创新

（1）采用课堂讲解、案例讨论与课程思政的整合教学模式，通过"课堂知识点讲解（理解概念）—案例导入（启发思考）—小组讨论（思维与协作训练）—代表汇报（责任感）"，全面提升学生的团队协作能力、思辨能力和人文素养。

（2）在课程中结合医疗服务的特殊性，将培养医学人文情怀与经世济民的情怀有机结合起来；通过介绍医德高尚的医务人员事迹，给学生正面引导，培养学生对医务工作者职业认同感，有利于建立良好的医患关系，促进我国医疗卫生事业的健康发展。

（五）课程思政实施反思

1. 教学设计视角

一方面，线上线下混合式教学已经成为今后教育的必然趋势，也对高校教师提出了更高的要求。尤其是课程思政理念的提出，如何将混合式教学方法更好地运用到该门课程是一个需要解决的问题，需要下足工夫，做好教学设计。另一方面，思政元素设计存在较为单一的问题，需要进一步挖掘思政元素，丰富思政内容；同时和班级的其他授课教师进行沟通和交流，尽量做到思政元素不重复，增加思政的新鲜度。

2. 学生评价视角

课后访谈学生，普遍反馈，在学习过程中能处处感受到"思政元素"，情感上比较容易接受，但思政元素的多样化需要进一步挖掘和探索。此外，如何将所学专业知识和能力融会贯通，真正用以提升自身全面职业素养，还有待进一步实践。今后应继续积极申报与专业相关的研究课题，鼓励学生广泛参与调查与研究，确保专业课程的育人功能，使课堂教学既有深度又有特色。

（王云丽）

"市场调查与预测"课程思政教学设计
——以撰写市场调查报告为例

课程类型：专业课程　　　　学科门类：管理学

一、课程简介

"市场调查与预测"是湖北中医药大学市场营销专业和国际商务专业学生必修的专业课。开设对象为大学三年级学生，共54学时。主要内容有市场调查和市场预测的基本理论和基本知识，市场调查问卷和市场调查方案的设计，市场调查数据和资料的搜集、整理和分析，各种市场预测方法进行市场预测，市场调查分析和预测报告的写作。教学目的是注重培养学生的市场调研设计能力、数据获取处理能力、市场预测分析与预测建模应用能力、市场调研报告和市场预测报告写作能力，为学生从事市场调查、市场预测、信息管理、市场研究等提供基本知识和基本技能，知识传授与能力培养相结合，着重培养学生的市场调研和市场预测能力。

二、案例简介

以"市场调查与预测"课程第七章撰写市场调查报告为例。本次课的教学遵循学生主体、教师主导的教学理念，以真实任务为载体，采用任务驱动、问题引导、小组合作等方法，将课程思政与专业培养相融合，以"基于任务进行决策的科学精神和精益求精的工匠精神"作为课程思政教学主线，在完成学习任务的过程中培养学生"发现、分析、解决问题"的能力，培育学生终身受益的优良品格和追求卓越的职业精神，将立德树人落到实处。

（一）教学与育人目标

1. 知识学习目标
（1）了解市场调研的概念。
（2）理解市场调研的重要性。
（3）熟记设计调研方案的原理。
（4）能够撰写市场调研报告。

2. 能力提升目标
（1）学会运用各种调研方法。
（2）懂得组建团队并做好管理。
（3）合理利用资源、掌握时间管理的技巧。
（4）学会撰写调研方案和报告、设计调查问卷等。

3. 思政育人目标

（1）学会用科学的方法去解决问题。

（2）培养学生的团队合作意识。

（3）培养学生求真务实的处事态度。

（4）引导学生践行社会主义核心价值观等。

（二）教学策略与方法

课程思政的教学方法包括讲授、分析对比和沉浸式教学等。为了培养学生团队协作意识而开展的"学生课前分组调研、课上小组讨论与小组共同探究式学习"等沉浸式教学贯穿于教学的全过程。思政元素与教学内容的主要融合手段有画龙点睛、隐性渗透、专题嵌入等。

（三）课程思政教学理念与设计

1. 课前导入及相关思政元素

学习情境的选择直接关系到学生学习的效果。根据以往经验，教师选择典型工作任务时应注意始终以职业能力的养成为导向，尽可能设置真实的学习情境，让学生在执行工作任务的过程中体会市场调查的工作方法与技巧，任务的难度和工作量要适中偏上，让学生有一定的挑战难度又能保证其能在有限时间内通过个人及团队的努力完成任务。因此，在选择典型工作任务提炼成学习情境的过程中，本人首先了解市场调研公司常有的真实项目，如客户满意度调查、新产品开发、包装测试、广告效果调查、用户习惯与态度（U&A）调查等。但由于该课程的总课时只有 54 学时，故选择的任务不能多，以2 个为限，且结合市场营销专业和国际商务专业学生将来可能会碰到的 2 个主要调查项目，本人选择了客户满意度调查及用户习惯与态度调查。

两个学习任务中，客户满意度调查的问卷可借助李克特量表法，问卷的答案相对简单，故作为入门级任务，用于让学生从中掌握调查方案的基本结构、问卷的基本结构、问卷的问题设计、访问的技巧、基础数据录入及统计等知识与技能。至于用户习惯与态度调查的任务则因为问卷内容涉及面比较多，用于引导学生多方面思考问题、加大访问技巧深度、处理较为复杂的开放性调查数据，故作为升级任务比较合适。

【思政元素】理论联系实际。

调查项目的选择体现了理论联系实际。

2. 课程内容及相关思政元素

（1）模拟情境，由教师扮演市场调研公司的客户，向学生团队发放任务，引导学生通过向教师询问，正确理解客户需求，界定需要调研的问题，明确调查的目标、对象及范围。

（2）在工作页中提供 2 ～ 3 个优秀的调查方案及问卷案例，引导学生从两个案例中归纳出调查方案或问卷的组成部分，另外也提供一些错误的问卷表达给学生分析，让学生体会问卷设计常见误区，从而掌握设计调查方案和问卷。

（3）利用课堂的时间，组织学生团队交叉扮演调查者和被调查者，体验观察与访问的过程，从中学会如何与人沟通，并敏锐地捕捉市场信息。课后，学生自行调查，并提供调查时的相片及调查记录。

（4）课堂上通过演示，教导学生借助较为简单的 EXCEL 表格对市场资料进行审核、整理及分析。课后学生把自己负责调查的那部分数据录入 EXCEL 表格中，以此培养学生掌握资料整理、数据分析的方法以及严谨的工作态度。

（5）各团队共同根据调查情况和分析结果，整理形成一份书面报告，并派代表上台汇报，以此锻炼学生的语言表达能力。

（6）最后，小组间、教师对各组的调查报告进行评分，检测调查结果是否准确、建议是否科学、结论是否能在实际工作中运用及反馈。

【思政元素】

（1）社会主义核心价值观元素。把 24 字社会主义核心价值观所体现的深层内涵融入课程教学过程中，引导学生厚植爱国主义情怀，传播正能量。在潜移默化中引导学生树立正确的世界观、人生观、价值观。又如"市场调查与预测"讲述概率内容时，可以将随机事件、赌博必输等引入教学，培养学生科学的认知，只有敬业、诚信才是正道。

（2）中华优秀文化元素。把推动中华优秀文化元素、讲好中国故事等融入课程教学，如中国共产党党史，中国优秀古诗词，非物质文化遗产的由来和制作等引入课堂，弘扬爱国主义精神，感受社会主义制度的优越性。如"市场调查与预测"可以把毛主席名言"没有调查没有发言权"引入到对市场调查重要性的认识中，可以把"桃花依旧笑春风"引入到对指数的讲解中，让学生感受中华传统文化的魅力。

（3）职业素养元素。在教育过程中还要引入对职业的敬畏心。责任心和职业道德的内容，使课程教学的过程成为引导学生学习知识和养成品行的过程。如"市场调查与预测"可以将幸存者偏差理论引入教学中，教育学生培养科学的态度，实事求是的精神。

（4）法律法规元素。在依法治国的时代，学生必须掌握一定的法律知识，树立正确的法律观念。如新颁布的《民法典》适用于个人的一切生活活动中，因此可以将与课业内容相关的一些法律知识贯穿其中。

（5）理论观点和方法论元素。把理论观点和方法论元素融入专业授课内容，培养学生理论与实践相结合、科学利用学习工具和媒介的能力和辩证思维能力。如"市场调查与预测"通过数据指标的横向纵向指标对比，反映事物存在的差距以及改进的措施，又比如与时俱进引入疫情调查，了解疫情的变化趋势和控制举措，以及看全球疫情蔓延趋势，引入命运共同体理念等。

（6）创新思维元素。开展创新思维教育，大胆质疑权威，弘扬新时代北斗精神；如"市场调查与预测"EXCEL 应用、信息技术应用、大数据应用、微信小程序问卷星应用等，都是对创新思维的体现。

（7）工匠精神元素。高等院校必须要培养学生的工匠精神。教育学生对技术做到熟练精湛，对工作高度负责，要有严谨求实的科学态度，对所做的事情和生产的产品要精雕细琢。如"市场调查与预测"中引入"只要功夫深，铁杵磨成针"，引入毛泽东同志说："世界上怕就怕认真二字，共产党就最讲认真。"

（四）课程思政实施成效

1. 教学成果

本人在进行知识传授的过程中坚持致力于教学改革的研究，以期提高教学质量和学生满意度。在教育部全面推进高校课程思政建设以来，对自己所授课程的课程思想政治资源进行了充分挖掘，努力完善每门课程的育人作用。2019 年和 2020 年分别获得湖北中医药大学课程思政教学竞赛二等奖和三等奖。主持 2018 年湖北省教育科学规划课题，发表教学类论文多篇。本门课程考试及格率达到 100%。在课程学习期间，多名学生参与多项经济管理类相关知识技能竞赛，并获得多项国家级奖励。

2. 特色与创新

本次课的教学遵循学生主体、教师主导的教学理念，以真实任务为载体，采用任务驱动、问题引导、小组合作等方法，将课程思政与专业培养相融合，以"基于任务进行决策的科学精神和精益求精的工匠精神"作为课程思政教学主线，在完成学习任务的过程中培养学生"发现、分析、解决问题"的能力，培育学生终身受益的优良品格和追求卓越的职业精神，将立德树人落到实处。

（五）课程思政实施反思

1. 教学设计视角

实践是马克思主义哲学首要的概念，是马克思主义哲学创新与实现伟大变革的出发点和源泉。正是从人的现实生活和实践出发，马克思主义哲学才得以产生，得以超越传统哲学，实现伟大变革。只有在学习和生活中不断思考，深入体会理论和实践的相互关系，坚持做到从实践出发、以实践为基点来认识社会，才能科学把握马克思主义哲学的精神实质和现实意义，并最终提升自己的马克思主义思想理论水平。

工匠精神，既是一种做事的态度，也是一种从业追求；既是一种执着也是一份责任。培育学生依据科学的数据分析来决策的思维方式和在做事时精益求精、追求卓越的执着精神，这是网络营销课程的需要、时代的需要，更是建设社会主义强国的需要。

2. 学生评价视角

本课程授课前后对学生进行了两次问卷调查，学生普遍感受到了自己在知识、能力和情感上的提升。在学习过程中能处处感受到"思政元素"，却并不感觉生硬，情感上比较容易接受。但在分组讨论过程中，由于不同小组成员的学习目标和知识接受程度可能存在不一致的情况，会导致一部分学生对讨论准备不充分，从而使得最终的讨论结果的实际效果打折扣。此外，如何将所学到的每门课的专业知识和能力融会贯通，真正用以提升自身全面职业素养，还有待进一步实践。

（李俊）

"网络营销"课程思政教学设计
——以为电商网站设置 SEO 关键词为例

课程类型：专业课程　　　　学科门类：管理学

一、课程简介

"网络营销"是市场营销管理的一门分支学科，是市场营销专业学生必修的专业课。开设对象为大学三年级学生，共 36 学时。主要内容有网络营销概述，网络营销的传播方式，网上市场调查，网上开店，网店的推广，网络时代的产品与定价策略，网络时代的分销体系，电子化客户关系营销等。教学目的是让学生了解、认知目前市场经济体制中营销活动的基本理论内容和知识体系，结合所学市场营销专业，重点研究如何通过互联网络开展新型的营销活动。能准确、系统地理解、掌握基于互联网的市场营销学的基本概念、基本原理，并使学生能根据目前网络市场发展规模和特征，针对不同市场环境、不同产品和网络消费者进行一系列网络营销活动的分析和策划，培养学生自我分析问题、解决问题，自我创新、创业能力。同时通过一系列网络营销技能训练，提高学生的应用实践能力。

二、案例简介

以"网络营销"课程第四章第七节为电商网站设置 SEO 关键词为例。本次课的教学遵循学生主体、教师主导的教学理念，以真实任务为载体，采用任务驱动、问题引导、小组合作等方法，将课程思政与专业培养相融合，以"基于数据分析进行决策的科学精神和精益求精的工匠精神"作为课程思政教学主线，在完成学习任务的过程中培养学生"发现、分析、解决问题"的能力，培育学生终身受益的优良品格和追求卓越的职业精神，将立德树人落到实处。

（一）教学与育人目标

1. 知识学习目标
掌握"关键词分析五步法"。
（1）"想"——依据行业核心词进行拓展想词。
（2）"看"——查看商业伙伴的关键词，分析关键词与网站、与产品特点之间的关系，确定优化重点。
（3）"选"——通过数据分析，找到流行度"高"的关键词。

（4）"筛"——通过数据分析，筛去竞争力"弱"的关键词。

（5）"布"——布局关键词，设置网站首页关键词。

2. 能力提升目标

（1）严谨专注。对关键词的取舍保持严谨的态度，保持科学的头脑，依据科学的数据分析进行行动决策。

（2）精益求精。始终保持对"挖掘出优化效果好的关键词"的追求，不断优化选词，尽全力提升客户电商网站的关键词搜索排名。

3. 思政育人目标

本次课的思政目标是通过对学生开展社会主义道德教育（职业道德）和真善美教育（科学精神），在提高学生认知和技能水平的同时，培育学生"团结拼搏、友爱协作、实事求是、尊重他人"等终身受益的优良品格和"依据科学的数据分析进行决策、精益求精追求卓越"的职业精神，将立德树人落到实处。

（二）教学策略与方法

课程思政的教学方法包括讲授、分析对比和沉浸式教学等。为了培养学生团队协作意识而开展的"学生课前分组调研、课上小组讨论与小组共同探究式学习"等沉浸式教学贯穿于教学的全过程。思政元素与教学内容的主要融合手段有画龙点睛、隐性渗透、专题嵌入等。

（三）课程思政教学理念与设计

1. 课前导入及相关思政元素

工匠精神是一种严谨认真、精益求精、追求完美、勇于创新的精神，包括高超的技艺和精湛的技能，严谨细致、专注负责的工作态度，精雕细琢、精益求精的工作理念，以及对职业的认同感、责任感。中华人民共和国成立以来，我们党在带领人民进行社会主义现代化建设的进程中，始终坚持弘扬工匠精神。党的十八大以来，习近平总书记多次强调要弘扬工匠精神。党的十九大报告提出"弘扬劳模精神和工匠精神"。在新时代大力弘扬工匠精神，对于推动经济高质量发展、实现"两个一百年"奋斗目标具有重要意义。

本次课把科学精神与工匠精神融入完成工作任务的每一个环节，培育学生敬畏职业、追求完美的职业精神。

（1）严谨专注。对关键词的取舍保持严谨的态度，保持科学的头脑，依据科学的数据分析进行行动决策。

（2）精益求精。始终保持对"挖掘出优化效果好的关键词"的追求，不断优化选词，尽全力提升客户电商网站的关键词搜索排名。

【**思政元素**】工匠精神。

本次课把科学精神、工匠精神融入完成工作任务的每一个环节，培育学生敬畏职业、追求完美的职业精神。

2. 课程内容及相关思政元素

（1）布置任务和分析任务

在任务布置阶段，教师播放视频，创设学习情境：安比逊电子商务有限公司是家小微企业，主营湖北中药材，产品网站上线后，流量一直不高，企业希望解决这个问题。

要想科学地优化网站关键词，就必须搞清楚"关键词与网站搜索排名之间的关系"。为了培养学生严谨的科学精神，遇到问题时，能以理性的思维去思考，用科学的分析工具协助开展定量分析，教师引导学生使用大数据分析工具"百度统计"，查看并分析企业网站的流量来源，发现访问网站的关键词主要是品牌名称；结合课前自主学习，学生自主分析得出：网站需要实施关键词优化，以确保搜索"中药材"等关键词的用户，能在搜索结果靠前的位置看到企业网站的链接。

【思政元素】严谨的科学精神。

培养学生严谨的科学精神，遇到问题时，能以理性的思维去思考，用科学的分析工具协助开展定量分析。

（2）知识准备和任务实施

为了使学生理解"关键词与搜索排名之间的关系"，教师通过问题引领，引发学生思考；利用动画揭示"搜索引擎根据关键词，对网页进行预排序的过程"，引导学生根据预排序过程绘制思维导图；经过教师分析、讲解，小组学生对排序过程相互讲解，学生明确"关键词优化的核心就是要找到匹配度高的关键词"。

理解工作原理后，教师带领学生按"关键词分析五步法"的"想"——依据行业核心词进行拓展想词；"看"——查看商业伙伴的关键词，分析关键词与网站、与产品特点之间的关系，确定优化重点；"选"——通过数据分析，找到流行度"高"的关键词；"筛"——通过数据分析，筛去竞争力"弱"的关键词；"布"——布局关键词，设置网站首页关键词。

在"想"的阶段，教师引导学生根据网站主题，以核心关键词"中药材"进行思维拓展，列出 8 个词语。针对学生提交与网站主题无关的"热词"，教师播放动画强调要用"辩证思维"，即从整体、本质上去看待事物。尽管"热词"能暂时给网站带来一定的流量，但与网站主题无关的"热词"带来的访客，不是潜在客户，跳失率高、转化率极低，有时还可能造成访客的反感，给网站带来负面影响。通过辩证思维的教育，进一步巩固学生科学精神的建立。

由于用户的搜索习惯并非一成不变，且市场是动态变化的，因此关键词的设置不可能一蹴而就，需要以"精益求精"的工匠精神，使用科学的数据工具，对每个词语进行甄别。教师通过层层设问，引导学生结合课前的调研活动，分析出"优化效果"取决于"关键词流行度"与"关键词竞争力"两个因素。

"工匠精神"的灵魂在于执着专注和追求完美。在"选"与"筛"的阶段，教师指导学生使用大数据工具"百度指数"，查看并分析海量网民在"百度"中以"中药材"为核心的搜索行为，开展关键词挖掘，选出流行度高的词；再使用"百度沙箱"分析关键词竞争力，将竞争力弱的词筛掉。

学生利用仿真软件检测词语的优化效果，在工匠精神的感召下，没有达到"优秀"级别的小组自发地重复着"想、看、选、筛"四个步骤，认真、细致地甄别和挑选关键词，最终，使挖掘出的关键词都满足"优化效果好"的条件。

【**思政元素**】辩证思维、科学精神、工匠精神。

教师播放动画强调要用"辩证思维"，即从整体、本质上去看待事物。通过辩证思维的教育，进一步巩固学生科学精神的建立。以科学的精神，精益求精的工匠精神挖掘"优化效果好"的关键词。

（四）课程思政实施成效

1. 教学成果

本人在进行知识传授的过程中坚持致力于教学改革的研究，以期提高教学质量和学生满意度。在教育部全面推进高校课程思政建设以来，对自己所授课程的课程思想政治资源进行了充分挖掘，努力完善每门课程的育人作用。2019 年和 2020 年分别获得湖北中医药大学课程思政教学竞赛二等奖和三等奖。主持 2018 年湖北省教育科学规划课题，发表教学类论文多篇。本门课程考试及格率达到 100%。在课程学习期间，多名学生参与多项经济管理类相关知识技能竞赛，并获得多项国家级奖励。

2. 特色与创新

本次课的教学遵循学生主体、教师主导的教学理念，以真实任务为载体，采用任务驱动、问题引导、小组合作等方法，将课程思政与专业培养相融合，以"基于数据分析进行决策的科学精神和精益求精的工匠精神"作为课程思政教学主线，在完成学习任务的过程中培养学生"发现、分析、解决问题"的能力，培育学生终身受益的优良品格和追求卓越的职业精神，将立德树人落到实处。

（五）课程思政实施反思

1. 教学设计视角

实践是马克思主义哲学首要的概念，是马克思主义哲学创新与实现伟大变革的出发点和源泉。正是从人的现实生活和实践出发，马克思主义哲学才得以产生，得以超越传统哲学，实现伟大变革。只有在学习和生活中不断思考，深入体会理论和实践的相互关系，坚持做到从实践出发、以实践为基点来认识社会，才能科学把握马克思主义哲学的精神实质和现实意义，并最终提升自己的马克思主义思想理论水平。

工匠精神，既是一种做事的态度，也是一种从业追求；既是一种执着也是一份责任。培育学生依据科学的数据分析来决策的思维方式和在做事时精益求精、追求卓越的执着精神，这是"网络营销"课程的需要、时代的需要，更是建设社会主义强国的需要。

2. 学生评价视角

本课程授课前后对学生进行了两次问卷调查，学生普遍感受到了自己在知识、能力和情感上的提升。在学习过程中能处处感受到"思政元素"，却并不感觉生硬，情感上比较容易接受。但在分组讨论过程中，由于不同小组成员的学习目标和知识接受程度可能存在不一致的情况，会导致一部分学生对讨论准备不充分，从而使得最终的讨论结果的实际效果打折扣。此外，如何将所学到的每门课的专业知识和能力融会贯通，真正用以提升自身全面职业素养，还有待进一步实践。

（李俊）

"销售管理"课程思政教学设计
——以销售人员的报酬与激励为例

课程类型：专业课程　　　　　学科门类：管理学

一、课程简介

"销售管理"是经济学管理学专业的专业核心课程。开设对象为市场营销专业本科四年级的学生。"销售管理"是以企业销售竞争能力的培养为中心论题，以销售目标管理为主线，从分析销售在企业营销活动中的地位与作用入手，其主要内容：企业销售活动的计划、销售组织的建立、销售区域设计、销售人员的激励、销售网络建设、销售模式与技巧、客户管理、促销管理、销售竞争、销售绩效的评估与销售控制等基本内容。在"销售管理"课程教学过程中，要求学生正确认识销售管理课程的性质、任务及其研究的对象；全面了解该课程的体系、结构，对销售管理有一个总体的认识；掌握销售管理的基本职能、基本概念、基本原理和基本方法。了解销售管理学科发展的新理论与新思想；紧密联系实际，学会分析案例，解决实际问题，把学科理论的学习融入对经济活动实践的研究和认识之中，切实提高分析问题、解决问题的能力，真正掌握"销售管理"课程的核心内容。

二、案例简介

以"销售管理"课程第五章销售人员的报酬与激励为例。激励是领导职能的重要内容之一，重点研究人的需求和动机，是针对主导性需要采取激励手段从而实现预期目标的理论，在心理学、教育学及实际企业运营中都有广泛的应用。本案例是关于激励中"马斯洛需要层次理论"的课程思政教学设计。

（一）教学与育人目标

1. 知识学习目标

（1）掌握激励的概念和人的需要的心理发展过程。

（2）熟练掌握人性假设和马斯洛需要层次理论。

2. 能力提升目标

（1）通过课前案例引入激励思想，培养学生分析问题、解决问题的能力。

（2）通过深入分析人的需要的心理过程，增强学生自我激励的能力。

（3）通过对马斯洛需要层次理论的分析、评价和讨论，增强学生逻辑思维能力、自主思考能力和理论联系实践的能力。

3. 思政育人目标

（1）通过课前案例海尔集团"赛马不相马"，使学生认识到人的潜力是无限的，教育学生无论在学习中还是今后的生活中都要有积极向上、永不放弃的精神。

（2）通过分析人的行为与需要之间的辩证关系，引导学生认识需要的重要性，启发其树立正确的人生目标。

（3）通过介绍几种人性假设理论，启发学生进行人性思考，并引导其在人际交往中多运用人性假设的积极面，以善意与人交往；在今后的工作中，学会运用人性化的管理方法。

（4）通过深入分析马斯洛需要层次理论的贡献和缺陷，引导学生认真比较、分析、探索接触到的信息，汲取正确的知识，养成批判性思维。

（5）通过将需要层次理论拓展应用到生活、工作和政府治理中，使学生认识到管理学的实践性，提高学生理论与实践相联系的能力。

（二）教学策略与方法

本节课主要以"案例式""启发式"和"讨论式"相结合的教学方式，展开"马斯洛需要层次理论"教学活动，采用讲授法、案例法、讨论法、启发法等多元并举的教学方法，构建层层递进、潜移默化的课程思政教学模式。

（三）课程思政教学理念与设计

1. 课前导入及相关思政元素

首先以我国知名企业海尔集团的经典激励制度"赛马不相马"案例切入本章所学知识点。韩愈曰："世有伯乐，然后有千里马。"海尔的张瑞敏建立了激励员工的伯乐机制，即机会人人均等，不论是何资历、学历，谁能表现突出就能得到升迁。通过这个机制海尔获得了一大批年轻有为的骨干力量。

【思政元素】人的潜能是无限的，永不放弃的精神。

开篇通过海尔集团的案例让学生体会到，在好的激励机制下人的潜能是无限的，要想成功就需要坚定的信念和不懈的努力，以及永不放弃的精神。在工作和生活中我们无法回避挫折，但要坚信挫折是对人生的考验，我们要发挥永不放弃的精神。接着通过提问引导学生对激励与人的需要之间的关系产生浓厚兴趣，增强学生的自我认知能力。

2. 课程内容及相关思政元素

（1）激励概念及需要和行为之间的心理过程

激励是激发人的动机，使人有一股内在的动力，并朝着所期望的目标前进的心理活动过程。其心理过程为需要引发动机，动机导致行为发生。

注意同一种需要会引发不同的行为，同理同一种行为也可能是不同的需要引发的。并且在多种需要下，占据主导地位的需要才会引发最大的激励作用。

【思政元素】树立正确的人生目标。

根据人的需要和行为之间关系的心理过程分析告诫学生，成长过程中树立正确的人生目标是非常重要的。但同样的目标可能导致不同的行为，因此如何实现目标同样重要。"做正确的事"和"正确地做事"两个维度都要把握好才行。此外，通过回应提问引出后续教学重点内容，让学生认识到研究人的需要的重要性，增强其自我激励能力。

（2）马斯洛的需要层次理论

马斯洛需要层次理论的内容分为五个层次：生理的需要、安全的需要、社交的需要、自尊的需要、自我实现的需要。前三种为低级需要，后两种为高级需要。它们是由低到高依次排列，低级需要满足后，就会产生高一级的需要，高级需要是人们前进的持久动力。

课堂及课后讨论：组织学生进行自我实现需要讨论，并发挥"学习通"线上网络平台的作用，鼓励学生课后通过线上平台的讨论区进行积极互动。

【思政元素】树立正确的价值观和人生观，树立为人民服务的伟大理想和目标。

金钱可以买到生理、安全或是社交方面的满足，但涉及自尊、认可及自我实现时，金钱的作用会明显减弱。由此告诫学生，人的需要多种多样，引导学生不要停留在低层次的需要上，要有积极进取和拼搏精神，要有坚定的信念和正确的方向，树立为人民服务的伟大理想和目标才是推动学生前进的最持久动力。在课堂讨论阶段，进一步引导学生树立正确的价值观和人生观。

（四）课程思政实施成效

1. 教学成果

本人在进行知识传授的过程中坚持致力于教学改革的研究，以期提高教学质量和学生满意度。在教育部全面推进高校课程思政建设以来，对自己所授课程的课程思想政治资源进行了充分挖掘，努力完善每门课程的育人作用。2019 年和 2020 年分别获得湖北中医药大学课程思政教学竞赛二等奖和三等奖。主持 2018 年湖北省教育科学规划课题，发表教学类论文多篇。本门课程考试及格率达到 100%。在课程学习期间，多名学生参与多项经济管理类相关知识技能竞赛，并获得多项国家级奖励。

2. 特色与创新

（1）课堂讲授知识联系实际，通过将需要层次理论拓展应用到生活、工作和政府治理中，使学生认识到管理学的实践性，提高学生理论与实践相联系的能力。

（2）以"案例式""启发式"和"讨论式"相结合的教学方式，展开"马斯洛需要层次理论"教学活动，采用讲授法、案例法、讨论法、启发法等多元并举的教学方法，构建层层递进、潜移默化的课程思政教学模式。

（五）课程思政实施反思

1. 教学设计视角

本案例采用"激发兴趣—深入理解—实际运用"步步推进的课堂教学方式，教学中注重理论与实际相联系，兼顾教学内容深化，教学成效较为显著。以案例提问驱动学生思考问题，自主讨论探究，系统培养学生分析问题、解决问题的能力，提高学生辩证思维能力和综合运用能力。但是，如何能使所学知识真正指导学生未来的工作实际，还需要进一步探究。

2. 学生评价视角

本案例在整个教学中处处穿插"思政元素"，激励学生树立正确的人生理想，激发学生的爱国热情，帮助学生辩证地学习知识。从实际教学反馈来看，学生反映很好，获得了较为显著的教学成效。

（李俊）

第二章　公共事业管理 ▷▷▷▷

"公共管理学"课程思政教学设计
——以公共管理监督为例

课程类型：专业课程　　　　学科门类：管理学

一、课程简介

"公共管理学"是公共管理类专业的核心基础课程，是研究以政府为核心的各种公共组织管理公共事务的活动及其规律的学问。它既是一门国家的艺术，又是一门公共事务管理之学。本课程涵盖公共管理主体、公共管理价值与规范、公共资源管理、风险与公共危机管理、公共管理技术与方法以及公共管理改革与发展等丰富内容。公共管理知识的传授，承载着"培养学生的国家认知与家国情怀、社会关怀与公共精神、国际视野与创新能力"的公共管理者和领导者的人才培养目标。通过实施课程思政，对于培养认同社会主义制度的、具有担当精神和职业道德的、适应现代社会需要的复合型、创新型人才具有促进作用。

二、案例简介

以"公共管理学"课程第十一讲公共管理监督为例。课程采用"视频＋课堂讲授＋主题讨论"的方法，从反腐电视专题片《国家监察》切入，引领学生思考如何健全我国的公共管理监督机制。通过课堂讲授我国公共权力制约的基本理论、公共管理监督体系、公共管理监督机制的完善等理论知识；利用案例教学及互动讨论分析思考我国公共管理监督机制存在的问题，并结合专题片材料，探讨国家监察制度的改革对我国公共管理监督机制的重要意义。全面展现以习近平同志为核心的党中央以自我革命的勇气，谋划、领导、推动纪检监察体制改革，健全党统一领导、全面覆盖、权威高效的监督体系，探索走出一条党长期执政条件下强化自我监督有效途径的生动实践和显著成效。

（一）教学与育人目标

1. 知识与技能目标

了解公共权力制约的基本理论，我国公共管理监督体系的基本框架和主要内容。思考我国公共管理监督机制存在的问题，掌握完善公共管理监督机制的主要措施。引导学生思考在中国之治的大背景下，党中央如何通过国家监察体制的改革，推进党内监督和国家监察的全覆盖，构建起系统完备、科学规范、运行高效的权力运行制约和监督体系。

2. 思政育人目标

以立德树人为根本目标，打造面向"中国之治"的"专业 + 思政"金课，实现公共管理教育中理论与实践、课程与思政、学术研究与基本国情以及教书与育人四个层面的有机结合，向学生提供学知识、长才能、强信念的正能量。

（1）在学理上引导学生深刻认识树立远大理想，坚定理想信念的必要性和重要性，增强树立远大理想信念的自觉性。

（2）通过国际间制度体制的比较与发展，增强学生们投身专业研究的使命感，鼓励学生把爱国精神转化成为国奉献的实际行动。

（二）教学策略与方法

主要采用以下几种教学方法：一是讲授法。公共管理监督机制的相关理论是抽象和系统的，采用讲授法能够在规定的时间内完成教学内容和保持知识的系统性和完整性。二是启发式教学法。主要采用比照启发、提问启发与联想启发。在教学过程中，通过比拟教学内容的相互联系和区别，清晰地展示事物的本质，加深学生对教学内容的理解和掌握。通过启发提问方法，引导学生发现问题、独立思考、获得知识。而联想启发则通过借助各种联想来启发学生，形成发散性思维，提高学生对事物的深入了解和多角度认识。三是讨论方法的应用。学生以小组为单位，围绕阅读材料和专题片中典型案例的相关理论问题，各抒己见，获得知识，激发学生的学习兴趣，培养合作精神，提高学生学习的独立性。

（三）课程思政教学理念与设计

1. 课前导入及相关思政元素

首先以专题片《国家监察》切入本章所学知识点。"2019 年 10 月 28 日至 31 日，中国共产党第十九届中央委员会第四次全体会议在北京召开，审议通过《中共中央关于坚持和完善中国特色社会主义制度、推进国家治理体系和治理能力现代化若干重大问题的决定》。全会提出，坚持和完善党和国家监督体系，强化对权力运行的制约和监督。"

通过视频中"山西煤炭进出口集团公司原党委书记兼董事长郭海"这件留置第一案导入，引导学生思考监察体制改革前后我国监督体系的变化及改革的重要意义。党的十八大以来，以习近平同志为核心的党中央着眼党和国家长治久安，坚定不移推进全面从严治党、健全党和国家监督体系，形成党和国家监督体系总体框架。深化国家监察体制改革是健全党和国家监督体系的重要组成部分，是推进国家治理体系和治理能力现代化的一项重要改革。党中央高度重视，习近平总书记亲自谋划、领导、推动，主持召开中央政治局会议、中央政治局常委会会议专题研究，做出顶层设计，指引推动改革一步步深入。习近平总书记在中国共产党第十八届中央纪律检查委员会第六次全体会议上强调，要坚持党对党风廉政建设和反腐败工作的统一领导，扩大监察范围，整合监察力量，健全国家监察组织架构，形成全面覆盖国家机关及其公务员的国家监察体系。

【思政元素】中国特色社会主义制度的认同感。

按照党中央部署，北京市、山西省、浙江省率先开展国家监察体制改革试点。2017年1月19日，山西省监察委员会正式挂牌，这是第一个正式挂牌的省级监察委员会。两个多月后，山西省纪律检查委员会、山西省监察委员会（简称山西省纪委监委）查办了留置第一案。郭海，山西煤炭进出口集团公司原党委书记、董事长，2017年3月21日被山西省纪委监委采取留置措施。这个案件，正是因为改革迎来了转机。早在2014年，多个部门就对郭海开始了调查，但近3年停滞不前，风言风语在山西坊间流传。山西省纪委监委工作人员马少飞说，作为一线工作者来讲，我们知道这个瓶颈在哪里，是体制机制导致的。郭海案遭遇的尴尬，具有一定的典型意义。监察体制改革之前，涉及公职人员的违纪违法问题多头办理、各管一段，没有充分实现党对反腐败工作的集中统一领导，导致谁都管却谁都没管住、管到位。监察体制改革后，原来由公安机关管辖的国有公司、企业、事业单位人员涉嫌职务犯罪罪名，以及涉及村民委员会等基层自治组织人员职务侵占、挪用资金等罪名，一并调整为监委管辖，填补了制度上的漏洞，使这种"九龙治水"产生的监督空白、死角问题得到有效解决。

监察体制改革通过体制机制创新，把行政监察部门、预防腐败机构和检察机关反腐败相关职责进行整合，有效解决了过去监察范围过窄、反腐败力量分散、纪法衔接不畅等问题，优化了反腐败资源配置，加强了党的集中统一领导。

2. 课程内容及相关思政元素

（1）公共权力制约的基本理论

播放反腐专题片《零容忍》中公安部原副部长孙立军案例，重点讨论：什么是公共权力？为何要制约公共权力？如何制约公共权力？结合讨论，讲授公共权力制约的基本理论：分权制衡理论、人民主权理论、社会契约理论。

【思政元素】公共精神与家国情怀。

公共权力是公共管理主体管理公共事务所享有的合法资格和相应的强制力，它是用来实现和维护公共利益的。公共权力一旦失去监督就容易产生腐败。党的十八大以来，党中央以"刮骨疗毒、壮士断腕"的决心和勇气，重拳反腐，惩贪去恶。在反腐败高压态势和政策感召之下，越来越多涉嫌违纪和涉嫌职务违法、职务犯罪的党员、监察对象选择主动投案，从一个侧面反映出来监察体制改革的制度优势转化为治理效能，标本兼治的综合效应正在日益凸显。

各级纪检监察机关依规依纪依法开展工作，深化运用"四种形态"，抓早抓小、层层设防、防微杜渐，使党员干部不犯或少犯错误，贯彻了惩前毖后、治病救人的一贯方针，体现了对广大党员干部的最大关心和真正爱护。

深化党的纪律检查体制和国家监察体制改革，坚持和完善党和国家监督体系，是党长期执政条件下强化自我监督、实现自我净化的制度保障，是推进国家治理体系和治理能力现代化的重要组成部分。将公共权力真正关进制度的笼子，保障公共权力真正服务于14亿人民，是中国共产党不变的决心。

（2）我国公共管理监督机制的完善

在掌握我国公共管理监督体制构成的基础上，分析当前公共管理监督机制存在的主要问题，并通过知识链接"新加坡反腐政策：新加坡模式"的阅读材料，思考新加坡反腐模式的构成要素包括哪些？新加坡是如何成功制约公共权力的？比较中新两国反腐模式的异同，并探讨我国公共管理监督机制完善的途径。

【思政元素】政治认同与制度自信。

新加坡作为世界上较清廉的国家之一，其反腐模式主要由六个要素构成：强有力的政治意愿、绩优官僚制、独立的反贪局、腐败零容忍的法律和政策、行政改革以及反腐廉政文化。针对我国公共权力监督中出现的问题，党中央对国家监察制度做出顶层设计，通过体制机制创新，把行政监察部门、预防腐败机构和检察机关反腐败相关职责进行整合，有效解决了过去监察范围过窄、反腐败力量分散、纪法衔接不畅等问题，优化了反腐败资源配置，加强了党的集中统一领导。

2018年3月，中华人民共和国第十三届全国人民代表大会第一次会议表决通过《中华人民共和国宪法修正案》和《中华人民共和国监察法》，决定成立国家监察委员会。至此，国家、省、市、县四级监委全部组建挂牌，这是改革开放40年来政治体制改革和社会主义法治建设的标志性成果之一。在党的统一领导下，党的纪律检查体制改革、国家监察体制改革和纪检监察机构改革相互配套、一体推进，纪委监委合署办公，一套人马、两块牌子，履行纪检监察双重职责，本质上是党的工作机构，是实现党和国家自我监督的政治机关。

我国的监察体制改革，就是要推进党内监督和国家监察的全覆盖，构建起系统完备、科学规范、运行高效的权力运行制约和监督体系。在党和国家监督体系中，党内监督是第一位的，国家监察是党内监督的延伸和拓展。党内监督同国家机关监督、民主监督、司法监督、群众监督、舆论监督贯通起来，形成严密有效的监督网，确保人民赋予的权力始终用来为人民谋幸福。

（四）课程思政实施成效

本课程围绕全面提高人才培养能力这一核心点，围绕政治认同、家国情怀、文化素养、道德修养等重点优化课程思政内容供给，提升教师开展课程思政建设的意识和能力，系统进行中国特色社会主义和中国梦教育。实施成效主要体现在两个方面：一是通过课程思政坚定理想信念，学生通过公共管理基本理论的学习，对习近平新时代中国特色社会主义思想有了更深刻的学理上的理解和领会，增强了对中国特色社会主义制度的认同感与自信；二是通过课程思政厚植爱国主义情怀。本课程的教育教学内容设计坚持以学科专业为依托，教学过程中通过国际间制度比较，增强了学生投身专业研究的使命感，学生们把爱国精神转化成为国奉献的实际行动。

（五）课程思政实施反思

1. 教学设计视角

将思政元素融于教学中，并不是生搬硬套，而是潜移默化地融入，最理想的是使学生觉察不到思政元素的存在，却又深深被其积极地影响着。优秀的课程思政教学设计，一定是顺其自然、入脑入心。良好的思政教育，重在"春风化雨，润物无声"，要渗透于课程教学从内容到方法的全过程，教师的一言一行都要能起到全方位示范引领的作用，在学生心里不断播撒正能量的种子。

2. 学生评价视角

本章节思政案例的应用实现了课堂教学互动的高效，并提升了思想政治教育进入学生精神世界的效能。在教学模式与方法的选取上，让课堂有温度、亲和力和感染力，学生反馈思想政治教育学习过程愉悦，且课堂发挥了较好的育人效果。

（帅李娜）

"组织行为学"课程思政教学设计
——以价值观与态度为例

课程类型：专业课程　　　　学科门类：管理学

一、课程简介

"组织行为学"是管理类专业的专业基础课程。本课程主要从个体、群体和组织三个层次，对组织中人的心理和行为规律进行研究，旨在帮助管理者引导、预测和控制人的行为，发挥和调动人的主动性和创造性，从而更好地实现组织目标。本课程全面贯彻"以学生为中心"的理念，针对青年学生成长特点，聚焦新时代青年思想的引导，着眼学生道德素养的熏陶，注重加强正面引导。

二、案例简介

以"组织行为学"课程中价值观与态度的教学为例。课程采用"视频＋主题讨论"的方式，观看纪录片《大国质量》以及影片《首席执行官》，使学生在了解各国质量管理发展过程及管理成败经验的基础上，引导学生树立质量意识和爱岗敬业的工作态度。

（一）教学与育人目标

1. 知识学习目标

（1）掌握价值观的含义及属性，了解价值观的影响因素。

（2）理解态度的概念、构成和相关理论。

2. 能力提升目标

（1）结合实际，理解价值观对员工行为和绩效的影响。

（2）理解价值观和态度的形成过程，能运用相关理论解释态度与行为之间的关系。

3. 思政育人目标

结合国内外企业质量管理的发展过程和管理经验，帮助学生通过对质量相关问题的认知，体会大国工匠精神的内涵，使学生树立创新意识和质量强国理念，培养学生形成"爱国、敬业、诚信、友善"的社会主义核心价值观。

（二）教学策略与方法

结合相关案例、视频、图片等，通过启发式提问、主题讨论、案例分析等授课形式引出待讨论的问题，将教学内容与课程思政进行有机结合，引导学生通过对海尔、华为等公司管理经验的思考，理解价值观和态度对员工行为及组织绩效的影响，体会"质量意识、严谨求实、爱岗敬业"的重要性，增强民族自豪感，培养爱国主义精神，树立正确的价值观和工作态度。

（三）课程思政教学理念与设计

1. 课前导入及相关思政元素

首先在课前让学生观看《大国质量》纪录片第一集《质量时代》，了解有哪些有名的质量管理学家，梳理日本、美国质量发展历程的特点。

课程开始借用著名质量管理专家朱兰博士的"20世纪是生产率的世纪，21世纪是质量的世纪，质量是和平占领市场最有效的武器"，引出质量的重要性，从而转入对质量观点的分析。接着让学生思考我国历史上有哪些工匠类型，新时代我们更需要工匠精神的原因。我国经济现已由高速增长阶段转向高质量发展阶段，高质量的品牌需要更多的新时代工匠们来打造，引起学生的共鸣。对同学们而言，更需要去培养创造奇迹的能力，塑造自信。

【思政元素】

案例的引出，在介绍质量管理的发展及质量观点的同时，着力强调我国质量过硬的产品以及优秀的企业，强调"科技助力，质量强国"的意识，增强学生们的民族自豪感；通过介绍张瑞敏砸冰箱事件以及海尔的人单合一模式，进行质量意识、敬业奉献、大国工匠精神等方面的思政教育。

2. 课程内容及相关思政元素

（1）质量管理的发展现状

有重点地播放《大国质量》纪录片第一集《质量时代》，总结质量管理的四个发展阶段（20世纪20年代至今，分为质量检验阶段、统计过程控制阶段、全面质量管理阶段以及标准化质量阶段）发展的特点、不足。重点分析日本如何由第二次世界大战的战败国发展到第二大经济体。

【思政元素】

第二次世界大战后的日本大力推行质量管理，日本制造从低劣产品代名词迅速变为高质量、高品质的代名词，日本经济得到大力发展。提升中国制造在世界范围内的形象，实现中华民族的伟大复兴，同样需要推行全面质量管理，需要全员参与。通过案例讲解，理解各国制造业质量蜕变的过程，引导学生用扎实的基础知识、严谨求实的精神对待自己的学业与未来。

（2）质量观点

教学活动中采用"图片＋视频＋讲授"的形式展示案例。播放电影《首席执行官》后，让学生思考"质量是昂贵的，生产高质量的产品需要花费高成本"这一观点正确与否。因为持有该观点，部分企业为了利润的增长，竭力降低成本甚至牺牲质量。而随着质量管理水平的不断发展，质量观点也在不断变化，现在的观点认为质量可以降低成本。返工的低质量产品成本和保修费用是昂贵的，忠诚的客户等于高利润，质量可以造就客户的忠诚度。一个著名的案例就是海尔的崛起。张瑞敏带头砸掉76台有缺陷的冰箱，点燃了海尔的工匠精神，唤起了海尔人的质量意识。

【思政元素】

2020年8月，第十四届中国品牌节在武汉举办，海尔集团凭借物联网时代生态品牌的创新，与阿里、华为、腾讯一起斩获华谱奖中"叱咤全球的国家名片"的称号，还凭借疫情中突出的驰援抗疫的贡献摘得"战疫品牌企业奖"。新时代，我国经济已由高速增长阶段转向高质量发展阶段，高质量的品牌需要更多的新时代工匠们来打造。经营企业和做人、做事均是如此，大学生们应脚踏实地、志存高远。

（四）课程思政实施成效

本讲通过对关于质量的相关概念、质量观点以及企业产品质量不同观念的学习，使学生更好地理解个人价值观及态度的相关知识。本讲中的课程思政教学案例，涉及产品质量、优秀品牌成长蜕变的过程，让学生明白质量的真正内涵，并真正理解质量观点。一是通过高质量产品，如华为手机、海尔冰箱等，激发学生的使命感和责任感，树立"科技助力、质量强国"的意识；二是通过纪录片《大国质量》来展示各国质量管理发展的历程，引导同学们树立质量兴国的理念；三是通过海尔首席执行官张瑞敏砸冰箱事件，来强调质量意识的重要性，并通过海尔的案例使学生认识到民族企业家的责任与担当，培养了学生科学严谨、脚踏实地、爱岗敬业的精神，树立了正确的工作态度。

（五）课程思政实施反思

1. 教学设计视角

案例导入采用案例分析与启发式方法相结合的方式，通过设置疑问点引出本讲的主要内容，并通过课堂讨论、参与式分析，加深学生对质量及其观点的认识，提高学生学习兴趣，引导学生的思考。案例导入时间要适宜，更能提高课程思政的教学效果。讲授课程思政内容时，既要宣讲有关社会主义核心价值观等思政内容，还要注意与专业课程教学内容有机联系起来，使学生在受到专业教育的同时，思想上也得到升华。

2. 学生评价视角

学生认为课程中使用多媒体教学手段，感受更为直观。例如让同学们观看《大国质量》纪录片视频的形式，印象深刻；著名的电影《首席执行官》中凌敏（张瑞敏原型）的原声、工作生活的真实场景，对于学生感受他的勇气与担当、民族气质、卓有成效的领导力、科学严谨及敬业奉献精神等比讲授效果更佳。学生结合实际，更能够体会到价值观及工作态度的重要性。

（李娜）

"公共事业管理概论"课程思政教学设计
——以我国卫生事业发展历程沿革和未来趋势相关知识点为例

课程类型：专业课程　　　　学科门类：管理学

一、课程简介

"公共事业管理概论"是公共事业管理专业的基础理论课程，是本专业核心课程"公共管理"和"卫生事业管理"的前续课程。公共事业管理科学是从公共事业管理实践中发展出来的，公共事业管理是一门综合性较强的课程，通过课程学习，使学生对公共事业管理有一个系统的了解与认知。具体来说，需要明确公共事业管理的基本内容，包括公共事业管理及相关概念的含义、产生的时代背景、理论基础、职能等，在此基础上，进一步学习公共事业管理的过程，包括公共事业政策执行过程、绩效管理、公共权力监控等内容，明确各主体在公共事业管理中所发挥的作用和各自定位，进而借鉴国外的公共事业管理，了解和掌握中国的公共事业管理情况。公共管理作为一种社会组织活动，与思想政治工作也有着十分紧密的联系。随着我国改革开放事业的不断深入，公共管理与思想政治工作迎来了一场深刻的变革，如何探寻两者的优化整合，推进公共管理与思想政治工作的有机融合，在公共管理中开展好思想政治工作成为一项新的研究课题。在我校课程思政推进的过程中，本专业课程目标设计为增强医学院校公共事业管理专业学生的社会主义道路自信、理论自信、制度自信和文化自信。

二、案例简介

以"公共事业管理概论"教材第七章卫生事业管理中有关中国卫生事业发展历程沿革和未来趋势相关知识点为例。课程设计从我国计划经济时代和市场经济时代卫生制度和政策发展的价值对比，引领学生思考我国在中国特色社会主义旗帜下卫生事业发展的重心和方向应该如何改革？通过对比客观功利主义、公平主义和自由主义的价值观念，以及对比不同国家和地区医疗卫生体制的异同，结合公共物品理论分析卫生服务本身特征，引领学生理解当前我国卫生体制改革路线的正确性。利用案例汇报和小组讨论的方式，让学生探索性学习，深刻理解卫生事业的本质特征，以及我国卫生事业发展过程中公共管理手段的重要意义。以期通过教学团队全员参与课程思政，将思政教育与专业教育相结合并贯穿全课程，从政治思想、专业思想和个体心理健康多维度推进本学科的学习。

（一）教育与育人目标

1. 知识学习目标
（1）了解我国不同经济制度时期下，医疗卫生体制发展的历程和沿革。
（2）利用公共物品理论来分析医疗卫生服务的本质特征。
（3）增进学生对我国医疗卫生体制改革路线选择的理论理解。

2. 能力提升目标
（1）引导学生辩证思索对比自由主义和客观功利主义价值观，以及受其影响的卫生制度的异同点。
（2）能运用历史唯物主义观来分析管理活动。

3. 思政育人目标
（1）结合当前国家医疗卫生改革的大方向，引领学生思考和感悟我国各项公共事业发展中改革方向的价值导向，帮助学生树立医疗卫生行业本质是公共事业的理解。了解在国际背景下，我国卫生事业发展的公平主义和客观功利主义价值观导向。
（2）结合我校中医药行业背景，将中医药卫生事业发展方向和我国的大健康事业发展方向有机结合起来，增强学生对中医药事业作用的正确认识。

（二）教学策略与方法

理论结合实际，在与学生的互动讨论中将思政融入课程的知识体系。提升学生对课堂内容的兴趣，从而提高学习积极主动性，拉近理论与现实的距离，以提高学生对思政理念的参与度与接受度。引导学生对不同国家和地区医疗卫生体系和制度异同的辩证思维，提高学生对我国卫生事业发展大方向选择的探索性思维。

（三）课程思政教学理念与设计

我们以医疗类院校的行业领域，公共事业管理中的卫生事业管理为例，来介绍课程思政的案例设计。

1. 课程主旋律思政设计

与课程主旋律相结合的思政设计通常放在课程的概述部分。卫生事业管理学的概述部分需要向学生展示中国卫生事业的全貌，让学生对卫生行业有一个直观、客观且立体的认识。

【思政元素】通过就医案例报道让学生坚定我国卫生改革大方向的正确选择。

本部分选择政府网站报道的真实居民就医案例"健康保障让贫困户看病不再愁"。该案例涉及中国卫生事业发展中一个重要问题：因病致贫，因贫致病。通过案例个体就医流程，向学生展示医疗服务管理、卫生服务质量管理和卫生服务系统绩效评价；通过案例个体就医层次引出卫生服务组织、基层卫生服务体系和公共卫生服务管理；通过案例个体的就医保障阐述卫生政策、医疗保障制度、药品政策和管理。最后论证我国卫生事业的性质是实施具有一定福利性政策的公益性事业。该知识点也恰恰是该专业需要学生掌握的要点。了解卫生事业的全貌，同时要了解卫生行业这一领域的特殊性。在卫生事业管理中，市场化地追求资本的高效运转并不是行业发展的目标，卫生事业管理更重要的目标是提升居民的健康与福祉。

2. 历史发展思政设计

在卫生事业管理学各个章节的讲述过程中，分析国家、地区、领域的具体内容都会展示出空间感。除空间感之外，还需要建立学生的时序感。中国卫生事业的发展成绩不是一蹴而就的，学生会在日常生活中接收到一些中国卫生事业取得的现有成就信息，但这些信息相对零散且偏向主观。因此，需要在课堂上教给学生系统、客观的知识。

【思政元素】说明我国公共卫生服务管理的优势以增加制度认同。

以公共卫生服务管理为例，向学生介绍我国在新型冠状病毒肺炎疫情暴发后取得的抗疫成绩，在信息化时代，学生必然对这一点有所了解，并能产生一定的民族自豪感。应在公共卫生服务管理这一章节的思政设计中引入中国公共卫生服务体系的发展史，向学生展示中国公共卫生服务在不同历史时期的重要事件和特点。在讲述过程中既要维护学生已有的民族自豪感，同时也需要让学生认识到今天的成绩来之不易，并引申到做人、做学问同样如此，需要脚踏实地。

3. 时事政治思政设计

卫生事业管理学的知识点与当前的时事政治结合紧密。因此，在进行课程思政设计时，需要有目的地去筛选一些与知识结合度高、关注度高、对学生专业思想和道德思想引导作用大的内容渗透到知识点的讲述中。

【思政元素】符合我国执政党为民宗旨的卫生资源分配原则。

"公平兼顾效率"是卫生资源分配的重要原则，直接讲述给学生听，学生难以理解透彻。在过去没有课程思政的推动下，经常选择的案例是卫生资源在城市和农村的分配。尽管学生也能理解其中的含义，但是课堂气氛不活跃。在课程思政指导下，重新选择以"新型冠状病毒肺炎疫苗在全球的分配"为例，展示目前新型冠状病毒肺炎疫苗在贫穷国家和发达国家的分配数据和图片，启发学生结合卫生经济学的内容思考疫苗的分配能否市场化？基本原则是什么？不少学生已经注射了疫苗，对这一话题十分感兴趣，课堂气氛更加活跃。该思政案例设计不仅有助于学生理解卫生资源分配的原则，同时也能鼓励学生关注卫生领域的时事动态。

（四）课程思政实施成效

1. 教学成果

通过近几学期"公共事业管理概论"这门课程的教学，本人认识到在当前教学信息化发展的大环境下充分利用多媒体线上资源的重要性。在课程学习期间，多名学生参与线上课程内容多媒体资源的搜集和制作。

2. 特色与创新

（1）线上预习和线下讲解结合的教学模式，通过"课前线上资源导入—线下课堂讲解—专题案例汇报"三步走，提升课程内容设计和知识传递的多元性。

（2）在课程中结合我校医药背景，多引用与中医药行业相关案例和数据，引导学生关注中医药事业的发展趋势，运用所学理论分析中医药卫生服务管理的特点。

（五）课程思政实施反思

1. 教学设计视角

医学院校公共事业管理专业与医学院校其他专业实践性较强的特点不同，该专业以理论课程居多。在专业建成以来，课程教学一直强调理论结合实际。尽管在讲述理论课的过程中，安排了大量案例，力图通过案例生动讲解理论，但是案例的讲述最终依旧回归理论。在课程思政工作推进后，案例回归到理论只是中间环节，最终上升到开阔学生看世界的眼界。思政案例激发了学生正确思考实践问题，从课程思政中获取正能量，将来可以更好地回馈世界以正能量。因此，课程思政的设计能使教学层次拔高，在传递知识的过程中树人树德。

2. 学生评价视角

理想信念会成为学生学习的新动力。学生在学习专业知识的过程中了解公共事业管理对卫生健康领域的重要性、对居民福祉的重要性，可以促进其树立崇高的理想信念。而坚定的理想信念会使其摆脱对专业和未来职业的迷茫与彷徨，增进学生对专业的喜爱，提升其学习积极性与求知欲。在课程思政的推进过程中，教师的教学找到了新的切入点，学生的学习找到了有趣的关注点。双方在课程教学中形成了良好的互动，课堂气氛更加活跃，教学效果更加显著。学生在学习中接受知识、放眼看世界，教师在教学过程中提高教学素质、政治素养，提升教学质量。这种教与学的良性互动是医学院校公共事业管理专业不断发展前进的动力。

（项远今）

"卫生事业管理"课程思政教学设计
——以药品服务管理为例

课程类型：专业课程　　　　　　学科门类：管理学

一、课程简介

卫生事业管理属于公共管理学的一个分支，简称为卫生管理学。卫生事业管理学是综合运用管理学、社会学、流行病学、卫生统计学以及法学等多学科的理论与方法，研究卫生管理活动的方针政策、组织结构、保障制度、运行机制、经验教训、基本特点及其发展规律的一门应用学科。卫生管理学是一门具有综合性、交叉性和应用性特点的公共管理学科，是高等医学院校公共事业管理专业的主干课程之一。"卫生事业管理"课程的主要任务是在公共管理学、卫生经济学等课程的基础上，通过课堂教学等环节，使学生了解卫生管理学的发展历程、掌握我国卫生工作的方针政策、卫生组织体系的构建、世界卫生保健制度的各种模式以及医政管理的主要内容，为今后从事卫生管理工作奠定基础，减少盲目性，增进工作中的科学性和预见性。

二、案例简介

本案例主要内容药品服务管理，是医药卫生管理类专业相关课程，尤其是专业核心课程"卫生事业管理"的重要内容之一。主要内容以保证药品质量、保护和促进公众健康为重点，并考虑与执业药师、药学卫生专业技术资格考试相衔接，结合国家公布、修订的药事法规、政策的新内容，反映行业最新进展，以增加教材的新颖性、系统性和适用性。

（一）教学与育人目标

1. 知识学习目标

（1）了解我国掌握药事管理法律法规体系的发展沿革。

（2）熟悉医院药师的职责与行为准则。

（3）熟悉药品研制、生产、流通、使用等各环节的质量保证和控制，明确药品的安全有效。

（4）基本了解药学的社会性和管理方面的基本知识及经济全球化形势下药事管理的发展趋势。

2. 能力提升目标

（1）训练学生利用药事管理的基本理论和知识分析领域前沿问题。

（2）提升学生对当前我国药事管理相关的法律、法规和政策分析的能力。

3. 思政育人目标

（1）结合当前国家药事管理的相关法规政策发展大方向，引领学生思考和感悟我国药品管理过程中的价值导向，帮助学生树立对药品研制、生产、流通和使用环节安全和质量重要性的理解，以及完善医疗卫生行业法制化建设的重要性。

（2）结合我校中医药行业背景，探讨我国中药事业发展的特色道路，增强学生对中医药事业作用的正确认识。

（二）教学策略与方法

理论结合实际，在与学生的互动讨论中将思政融入课程的知识体系。提升学生对课堂内容的兴趣，从而提高学习积极主动性，拉近理论与现实的距离，以提高学生对思政理念的参与度与接受度。引导学生对我国药事管理体系和制度的思辨理解，提高学生对我国卫生事业前进方向正确选择的认识。

（三）课程思政教学理念与设计

将课程思政写入教学内容需要确立融合知识点与思政元素的方法。随着国家对药品监管和规范的日益重视，药事管理学科也得到了更多发展机遇，药事管理学科是介于药学、法学、社会学、管理学等多学科之间的新兴边缘学科，知识面宽、涉及范围广、应用性强，与药学其他专业课程的性质有较大区别，具有明显的社会科学属性，其研究范围主要涉及我国国家内部药品监管、药物政策、药事立法、医药组织管理、药学人员培养和教育等多个方面，它的目标是通过科学的管理和法律手段，对国内药品研究、生产、经营和使用过程进行组织、指挥、协调和监督，确保药事活动顺利进行。近年来，药事管理在药学学科体系中的重要性日趋突出，教育部颁布的药学专业业务培养要求对学生应获得的知识和能力提出了六大方面要求，其中之一就是要求学生获得"药事管理和药事法规的基本知识"，药事管理学也是药学专业必修课之一。

【思政元素】把药品知识产权保护与当前国际药品研发的垄断结合。

在药品知识产权保护章节的课程教学中，学习相关专业理论知识时，学生掌握药品知识产权保护的基本知识的同时，可将美国和欧盟政客试图扼杀中国经济发展的案例作为知识导入内容，吸引学生参与到相关资料收集中，认识我国医药产业经济发展面对外界因素影响采取的应对策略和取得的成就，促使学生萌发出强烈的爱国情怀，从而在内心深处树立起报效国家、服务社会的责任和担当精神，也为学生在药学相关工作岗位处理药品知识产权问题打下基础。

（四）课程思政实施成效

1. 教学成果

鉴于我国公共管理学科发展的现状，拟着手走内涵发展的道路，依托高等院校具有综合研究型大学的优势，着力提升自身的研究水平，争取在完善药事管理法律体系的理论与实践方面，以及建立药事管理学研究方法学方面有所突破，并形成差别化教学研究特色及优势，为我国药事管理学科的发展做出贡献。

2. 特色与创新

目前本人的"卫生事业管理"课程的教学分为课堂教学和实训课教学。在课堂教学中，教学方法从以往授课教师单一灌输知识的方式变为加入一部分学生参与课堂演示的形式。请学生在课前调研本次课的相关案例或者新闻，通过查阅资料阅读文献，提前做好汇报文件，在课堂上由学生进行案例分析展示。这样不仅可以调动学生自主学习的能动性，也可以让学生提前预习，以任务为驱动，完成学习任务。除了有教师理论知识传授之外，也会有视频教学案例分析等形式，避免理论知识过于生硬、乏味，让学生有更多兴趣参与学习。在实训课教学中，通过实践活动培养学生的创新精神和实践能力。通过实践能更充分地巩固理论知识，也完成了课堂思政教育，树立学生以患者为中心、服务临床医患的正确思想。通过多种教学方法，使课程思政内容贯穿于理论课和实训课的始终。

（五）课程思政实施反思

"卫生事业管理"作为本学科的专业核心课程，必须承担起"守好一段渠、种好责任田"的重要使命。根据"卫生事业管理"课程的特征，其中包含诸多丰富而鲜活的思政案例，以不同的思政角度解读，巧妙地将核心价值观根植于学生身心中。提升思政教育质量，要注重提升高校专业教师的思政意识、提升思政能力，通过系统梳理教学内容，深入细致地挖掘教材中各个章节所蕴藏的多样的思想政治元素，建立思政资源库。

还要注重创新思政教育的方式方法，充分利用日新月异的互联网技术，探索课程思政与微课、慕课、虚拟仿真等教学技术的创新融合。课程思政任重而道远，更应该不断地深化教育教学改革，整合完善教学资源，优化创新教学模式，强化专业育人，将思想政治教育工作贯穿于教育教学的整个过程。最终为祖国培养既具有高超的理论知识又具备崇高的职业道德和素养的复合型的医管人才。

（项远今）

"医学社会学"课程思政教学设计
——以流行病防治中的历史文化影响因素为例

课程类型：专业课程　　　　学科门类：管理学

一、课程简介

医学是自然科学典范下的知识体系。然而，医疗的对象是人，加上疾病的复杂性与风险的不确定性，使医疗逐渐成为强调医病互动的一门艺术，并成为社会科学关注的领域。"医学社会学"是公共事业管理专业选修课程。医学社会学是一门应用性高而且在地性很强的学科，牵涉到个人、专业人员、医疗组织、社会文化、国家体制等方面，各种医疗现象与组织发展有其历史脉络与文化背景，不分阶级贵贱都脱离不了生老病死的问题，无论从医学或是从社会学出发，皆透露着强烈的现实关怀。

自从20世纪70年代以后，社会学对于专业主导的医疗体制提出许多批判，生物医学知识如何构建疾病和健康的概念，直接挑战了专门化知识主导的医疗权威。基于对医疗专业与生物医学模式的批判，医病之间互动的关系，也不同于社会学家帕森斯所描绘的客观中立的医师，将科学知识传递给被动无知的病人的模式。医师与病人之间的关系，其实是带有冲突性质的动态协商过程，双方都力图传达彼此对情境的定义。因此，许多社会学研究采取病患的观点，强调病患本身的就医经验，从知识与权力的角度，剖析医病之间的行动。当前，医界面临了全球性经济衰退，人口老化与新兴科技带来医疗费用高涨的财务困境，加上消费者意识抬头，使医病关系紧张甚至出现对医疗专业的信任危机，开始了以病人为中心的转向，非医疗相关的社会因素越来越受到重视。

二、案例简介

"医学社会学"课程中的诸多知识点都能与思政教育有机融合。本课程分为健康与医疗两大部分，医疗的目的在维护生命与健康，但社会所产生的各种力量，往往比个人自身的决定与医疗行为更能影响我们的健康。本案例主要内容是基于社会学理论观点下的，传染病防治经验的地区间横向比较。主要涵盖流行病学的测量指标、流行病学的学科发展历程、居住环境对于流行病的重要影响和疾病的现代化特点等知识点，并考虑通过当下不同国家地区的新型冠状病毒肺炎疫情防控策略和经验对比，让学生更深刻地理解传染病当前的流行特点和未来人类治病防疫的战略走向。

（一）教学与育人目标

1.知识学习目标

（1）学生能够掌握流行病学的重要测量指标及其应用。

（2）学生能够了解流行病发展历程和当前发展趋势。

2.能力提升目标

（1）训练学生查阅相关流行病数据库和文献的能力。

（2）提升学生对流行病防控与国家政治经济发展关联性的理解。

3.思政育人目标

（1）结合当前新型冠状病毒肺炎疫情国内防控发展大方向，引领学生思考和感悟我国政府在公共卫生和流行病预防控制过程中的价值导向，帮助学生理解人类社会流行病发展变化的阶段划分，深刻认识我国的公共卫生体系建设的重要性。

（2）结合我校中医药行业背景，探讨我国在流行病预防控制中，中医药应该如何发挥其独特作用，增强学生对中医药文化的正确认识。

（二）教学策略与方法

理论结合实际，在与学生的互动讨论中将思政融入"医学社会学"课程的知识体系中。提升学生对课堂内容的兴趣，从而提高学习积极主动性，拉近理论与现实的距离，以提高学生对思政理念的参与度与接受度。引导学生对我国医学社会学问题的思辨理解，提高学生对我国各类医疗卫生行业的问题的正确认识。

（三）课程思政教学理念与设计

以中国人民大学出版社出版的"医学社会学"第二章流行病学为例，从历史文化影响健康行为模式和人类流行病斗争史的相关知识点内容为例。

背景一：在历时近一年半的抗击新型冠状病毒肺炎疫情的斗争后，全球两个大国——中国和美国取得了截然不同的战疫结果：中国在疫情控制的各个层面均取得了非凡的成功；美国政府则在人员和经济上遭遇了巨大失败。拥有14亿人口的中国迄今为止新型冠状病毒肺炎致死人数约4800例，而在只有3.3亿人口的美国，已有超过60万人被病毒夺走生命。

问题一：为什么中美在抗击疫情方面会有这么大的不同？

答案：社会主义制度的优越性，集中力量办大事。

背景二：武汉人民，在封城全体隔离期间，不仅展示了武汉人民的社会担当，还体现了中华民族的优秀传统文化，展现了中华民族在面对困难时，所激发出的凝聚力、民族自信心和向心力。中国人民积极响应国家号召，全民戴口罩，居家隔离，遵守一切国家制定的防疫政策，反观美国人民，无视疫情传播，我行我素。

问题二：为什么我们能做到其他国家做不到的事情？

答案：这中间最大的差别就在于中国人民有着丰厚的文化底蕴，能坚持社会主义核心价值观，拥护党中央的领导。

（四）课程思政实施成效

1. 教学成果

本案例将优秀传统文化对人群健康的影响作为研究对象，围绕立德树人根本任务，充分运用疫情防控"教科书"，从理论上解析文化影响健康模式及特点的难点问题。本案例从理论上提出了"文化对人群健康影响的广泛程度远大于生物和自然因素"这一学术命题，并从教育对健康的影响、科技进步对健康的影响、风俗习惯对健康的影响三个方面对这一问题进行了具体分析。

2. 特色与创新

通过本案例的学习，学生不仅加深了对相关知识的理解，而且感受到了新型冠状病毒肺炎疫情防控过程凸显出的中国精神、中国速度和中国力量，学习到中国人民团结一心、勇于奉献的伟大精神，增强了学生的爱国热情和民族自豪感，树立社会主义核心价值观。

（五）课程思政实施反思

1. 教学设计视角

把思政元素融入课堂，既可以活跃课堂气氛、增强教学的趣味性，又达到了专业知识育人的目的。而运用疫情防控"教科书"，还能够增强学生的民族自豪感。中国人民在抗击疫情方面的伟大成就，使同学们认识到了社会主义核心价值观、中华优秀传统文化所具有的强大精神动力，是凝聚人心、汇聚民力的强大力量，极大地激发了他们的爱国主义情怀，进一步坚定了民族文化自信。本案例具有一定的代表性，把知识传授、能力培养和价值观培养有机结合，有效解决了教学专业内容和思政元素加入的矛盾，达到了课程思政的目的。

2. 学生评价视角

在课程思政的推进过程中，教师的教学找到了新的切入点，学生的学习找到了有趣的关注点。双方在课程教学中形成了良好的互动，课堂气氛更加活跃，教学效果更加显著。学生在学习中接受知识、放眼看世界，教师在教学过程中提高教学素质、政治素养，提升教学质量。这种教与学的良性互动是医学院校公共事业管理专业不断发展前进的动力。

（项远夕）

"人力资源管理"课程思政教学设计
——以人力资源管理的理论基础为例

课程类型：专业课程　　　　　学科门类：管理学

一、课程简介

"人力资源管理"课程是根据最新人力资源管理理论并结合现代管理实践，充分继承中国历史上传统人事管理中的有效经验，而且针对卫生管理专业特点，结合我国卫生事业管理相关理论政策要求和课程思政要求，对新形势下人力资源管理做了全面细致的阐述，全课程包括理论篇、实践篇、创新篇三大部分，以及导论、人力资源管理理论、人力资源基本理念、人力资源战略与规划、工作分析、员工的招聘与录用、员工培训与开发、员工绩效管理、薪酬管理、员工激励、人力资源管理创新、全球化人力资源管理创新等内容。

本课程一方面培养应用型人才，该学科充分结合卫生管理岗位的实际工作内容，经过人力资源管理专家、高校教师和课程设计专家的综合论证，做到了不仅使学生所学知识符合实际岗位的需求，同时也能为学生的职业发展增添后劲，达到厚积薄发的目的；另一方面培养能力型人才，人力资源管理工作的核心不是单纯的知识堆砌和叠加，更重要的是技能和工具的掌握。通过系统学习，学生能够了解人力资源管理的基础理论和知识及卫生管理相关经验，提高人力资源管理者的工作能力。

二、案例简介

以"人力资源管理"课程第二讲人力资源管理的理论基础为例。课程设计以"顺丰总裁的管理之道"案例引入，引领学生思考顺丰作为一家国内快递业差异化经营品牌，其创始人认识人性，用人性指导人力资源管理并取得员工认同；通过课堂讲授人性假设理论、激励理论及人力资源管理的环境；利用案例教学"未来工作最大的激励是什么"这个公共设施改进案例及互动探讨分析人性假设理论和激励理论在现实管理中的应用，并通过 TBL 教学法指导学生开展以人性为基础的激励方式，培养学生表达能力和团队协作能力。最后通过应届毕业生就业趋势报告的专题分析大学生要适应我国社会需求，投身到祖国最需要的领域。

（一）教学与育人目标

1. 知识学习目标
（1）掌握人性假设理论的内容，掌握激励理论的内容。
（2）理解不同激励理论对人力资源管理的指导意义。

（3）了解内外部环境因素对人力资源管理活动的影响。

2. 能力提升目标

（1）引导学生思考在当今快速发展的经济社会，如何正确看待和把握人性对激励的影响，正向引导自我和员工的工作行为。

（2）利用案例教学、互动讨论以及 TBL 教学法，培养学生的表达能力、团队协作能力。

3. 思政育人目标

（1）结合国家发展民族产业和小微企业的政策，引领学生思考和感悟本来源自西方的激励理论在我国的发展，以及对我国组织人力资源管理的指导作用。将"以人为本""和谐共生"的理念融入教学，帮助学生树立正确的组织发展观和人力资源发展观，了解经济全球化下中国价值观和人员观，提高学生对我国传统文化认同度，从国家担当、国家自信、文化自信的角度加强课程思政在学生中的渗透性。

（2）培养学生的大局意识、宏观意识，用"以人为本"的教育指引思想。通过 TBL 教学法与课程思政的整合教学模式应用，全面提升学生的团队协作能力、人际交往能力、思辨能力和人文素养，以此全面提升学生职业素养。

（二）教学策略与方法

1. 突出学生为中心，鼓励异质思维

哈佛校长福斯特有一句话是对大学教育目标的阐释："大学的本质是对过去和未来负有独一无二的责任——而不是完全或哪怕是主要对当下负责。"数学家丘成桐也有一句话："大学应该有自己的独立见解，引领社会，而不应该在政府、企业，或传媒的驱使下迷失方向。"大学一方面需要服务社会，另一方面更需要引领。因为一个国家的大学在思想上、科学上如果不能够做到引领，那对国家和社会的进步显然是不利的。大学应该服务社会，但不应该仅仅是社会的风向标，而更应该是社会的发动机，尤其是一流课程。大学不应该仅仅引领科技的发展，更应该引领社会思想和文化的进步，这里的引领表现在开放性和批判性上，开放主要表现在对不同思想乃至异质思维的包容。异质思维正是创新的源泉。

本课程所有的教学都采用 TBL 教学，精心挑选适合的教学案例，引导学生思考，并革新案例教学，采用分角色讨论、辩论赛等形式培养学生逻辑思考能力，解决问题、分析问题的能力。

2. 体现学生为中心，探索适当的教学方法创新

教学方法的改革应遵从教育规律，符合教育目标，适合学生参加。为此本课程进行了多项教学研究和教学改革，主要措施：鼓励课题组教师积极参加校内外教学研讨会，学习先进的教学理念；将三明治教学法、PBL 教学法、微课教学法、BOPPPS 教学法等引入课堂；讲授方式与互联网结合，增加网络课堂讨论、微信群课后专题研讨、弹幕辅助课堂等新颖的教学形式。

3. 巩固学生为中心，实践与教学相长

课程所学要在实践中检验，能力要在实践中锻炼，本门课程也始终遵循这个教学理念，采取"医药案例 + 模拟实践 + 见习实习 + 科学研究 + 专业大赛 + 自主实践"六位一体的实践教学模式，培养学生的管理基本胜任力。比如本门课程在开课中会进行课程实习，带学生去企业和医院的人力资源部门参观、访谈，并让学生分组撰写调查报告，并在期末进行小组演讲 PK；又比如将人力资源有关的科研项目融入教学中，引导学生提炼变量，设计模型，选拔有意向、有能力的学生参与老师科研项目，并选拔学生参与课题的调研和写作，同时带领学生参与各种比赛项目。

（三）课程思政教学理念与设计

1. 课前导入及相关思政元素

首先以"顺丰总裁的管理之道"作为开篇案例，顺丰作为我国首屈一指的快递企业，管理着 20 万员工，是这些快递员提供的差异化服务铸就了顺丰的快速、准时和安全，而王卫对这些快递员的管理之道主要体现在"基于人性的管理"，简单来说就是人性需要什么就给员工什么。员工需要公平，就给他公平，需要多得，就帮他算得清清楚楚。尊重、照顾和发展机会也要给到他，但是不能像父母一样宠溺孩子，对于偷盗等行为快递员的底线必须守住，甚至用"赏金猎人"的方式调查员工的偷窃行为。人性就是追求快乐，逃避痛苦，只要以人性化的思维设计管理方法，就能管好这 20 万员工。

通过此案例的导入，一方面以顺丰取得的成绩和面临的挑战，说明企业面临的最大问题是管理庞大的人力资源；另一方面，引导学生思考王卫管理理念中以人为本的表现方式。

【思政元素】认识人性，以人性为本方得始终。

人力资源管理的核心是认识人性，遵从人性，人力资源管理的理论核心是人性假设，人性假设的代表性理论是道格拉斯·麦格雷戈的 X-Y 理论和埃德加·沙因的四种人性假设理论，这些人性假设都存在一定的时代局限性。真正的人性是结合了经纪人、社会人、自我实现人和复杂人的综合体，需要管理者深入了解因人而异的需求，本质上是"权变"的管理方式。比如顺丰的王卫，他清楚员工的需求是多样的，又是发展的，首先满足了基本需求才能产生高尚的需求，并且熟知人是趋利避害的，所以必须满足他们的合理需求，管理措施才能落实。

通过分析顺丰的案例，为学生讲述一家民营企业如何通过人性化管理做大做强，当学生作为未来的员工和管理者，需要更深入理解"基于人性的管理"的重要性。

2. 课程内容及相关思政元素

（1）激励理论及其在人力资源管理中的应用

激励理论包括内容型激励理论、过程型激励理论和行为改造型激励理论，难点是行为改造型激励理论中的强化理论，伯尔赫斯·斯金纳（1938 年）以巴布洛夫的条件反

射论、华生的行为主义和桑代克的尝试错误学习理论为基础，提出了强化理论。包括正强化、负强化、惩罚和撤销。

【思政元素】在人力资源管理活动中要以人性为本，多用正面强化。

实践中要注意经过强化的行为会趋于重复，同时，正面强化（正强化和负强化）比负面强化（惩罚和撤销）更有效。

（2）TBL教学法：基于强化理论的公共设施改进讨论

通过TBL教学法开展"如何让更多人走楼梯"这个公共设施改进的议题讨论。

【思政元素】人性趋利避害，正面积极的感受能改善人们的行为。

公共管理与组织管理相似，都是基于人性的设计，扶梯因为方便省力吸引了更多的人乘坐，而楼梯却空无一人，要想改变人们的行为，充分利用公共设施，就必须顺应人性，让走楼梯的人获得正强化（获得踩在琴键上弹出声音的愉快体验），且没有撤销的风险（如果采用经济激励会随时消失），也不是对乘坐扶梯的人实行收费等惩罚措施。组织人力资源管理亦是如此，通过工作设计，比如工作轮换、增加工作完整性、获得新的技能、弹性工作制、建设人性的工作环境等方式让员工获得工作中的乐趣，可以有效激励员工，这些工作本身的设计属于激励因素，效果可能会好于薪酬这种保健因素。

（四）课程思政实施成效

1. 教学成果

在进行知识传授的过程中坚持致力于教学改革的研究，以期提高教学质量和学生满意度。在教育部全面推进高校课程思政建设以来，对自己所授课程的课程思想政治资源进行了充分挖掘，努力完善每门课程的育人作用，并将现代教育技术应用于课程中。本门课程考试及格率达到95%。在课程学习期间，多名学生参与多项省级、校级课外学术作品竞赛，参与课程组项目，发表论文，并获得多项省级、校级奖励。

2. 特色与创新

（1）采用TBL教学法与课程思政的整合教学模式，通过"课前导入（激发兴趣）—课堂讲解（深入理解）—TBL专题研究报告（分析实践）"，全面提升学生的团队协作能力、人际交往能力、思辨能力和人文素养。

（2）将公共设施改进这种公共管理案例作为实践案例，既锻炼了学生的跨学科发散思考能力，又启发了学生关注社会现象，养成多思善思的习惯。

（五）课程思政实施反思

1. 教学设计视角

本案例在人力资源的理论基础这一章的整个教学中，采用TBL教学法与课程思政的整合教学模式，巧妙穿插各个维度的"思政元素"，将"以人为本""爱岗敬业"等精神内核融入案例。但对于接受能力不同的学生怎样才能做到分层次和分重点的教学，如何能针对不同学生进行知识学习的定制化教学还有待进一步思考。此外，专题研究主题的丰富度、深度以及与中医药的结合度还有待进一步提升。

2. 学生评价视角

本课程授课学生普遍感受到了自己在知识、能力和情感上的提升，并对我国医药组织人力资源管理工作有了基本认识与初步认识。在学习过程中能处处感受到"思政元素"，却并不感觉生硬，情感上比较容易接受。

（唐昌敏　程潇）

"社会医学"课程思政教学设计
——以社会医学的基本观点为例

课程类型：专业课程　　　　　学科门类：管理学

一、课程简介

"社会医学"是公共事业管理专业基础课程，属于必修考试科目。社会医学是 20 世纪 80 年代初在我国医学领域产生的一门新兴学科。经过 40 多年的发展，社会医学已成为医药院校各专业、各层次学生的必修课或选修课，其弘扬正确医学模式，使医学生树立正确医学观，确立了其在整个医学教育体系中不可替代的重要地位。本课程在以基本理论、基本知识和基本技能为重点的前提下，借鉴社会医学的新成果、新方法和新进展，紧密联系医药卫生体系改革的实际及社会卫生的发展与变化，体现中国特色，展示课程的思想性、科学性、先进性、启发性和实用性。

本课程通过社会医学的基本理论、社会卫生状况的测量方法、健康危险因素的评价方法、社会因素影响健康的机制以及社会卫生策略等基本概念、基本知识和基本技能讲授，以帮助学生树立社会大卫生观理念，培养医学生从社会因素的角度来分析和处理健康问题的能力，从而推动医学模式的转变。培养具有国际视野、整合医学与社会科学思想与方法的复合型人才；培养学生的社会医学基本理论与技能；强化学生实践能力和综合素质的培养；培养学生的独立思考能力和终身学习能力；培养学生正确的健康观。

二、案例简介

（一）教学与育人目标

1. 知识学习目标

（1）掌握疾病、健康的社会决定性以及健康公平观（包括健康状况的公平性、卫生服务的公平性、医疗保障体系的公平性）。

（2）理解健康、卫生事业与社会的协调发展，积极健康观、大健康观、高危险性观点。

2. 能力提升目标

（1）引导学生思考由于疾病、健康的社会决定性，如何更好构建健康中国，培养学生的思辨能力、分析能力与创新能力等。

（2）利用案例教学、互动讨论等方法，培养学生自主思考能力，将理论融入实际案例中，如突发公共卫生事件时，全社会参与的联防联控策略更好地维护了群体健康。

3. 思政育人目标

（1）通过疾病、健康的社会决定性相关案例分析，引导学生正确的健康观，以及如何构建全生命周期健康服务体系，促进健康中国建设。

（2）通过健康公平观，强调医疗资源配置公平性的重要性。通过相关数据反映我国医疗资源配置公平性不断提升，我国在朝着人人享有基本医疗服务的目标不断努力并取得一定成效。

（3）通过我国突发公共卫生事件的联防联控策略取得的成效，强调健康、卫生事业与社会的协调发展，以及我国相关工作策略的优越性。

（二）教学策略与方法

1. 线上与线下相结合的教学推动系统知识全方位学习模式

本课程在教学过程中主要采取 PBL 教学模式，精心挑选适合的教学案例，引导学生思考。在新型冠状病毒肺炎疫情期间采取线上教学模式，取得较好的学习效果。在线下以问题为导向引发学生对课程相关内容自主思考，再进行知识系统性讲授，思路清晰、重点明确、细心解答学生的疑问，辅助线上教学视频，进行课程内容巩固学习，推动系统知识全方位学习模式。同时通过案例讨论、主题汇报等方式培养学生逻辑思考能力，解决问题、分析问题的能力。

2. 体现学生为中心，探索适当的教学方法创新

教学方法的改革应遵从教育规律，符合教育目标，适合学生参加。为此本课程进行了多项教学研究和教学改革，主要措施：鼓励教师积极参加校内外教学研讨会，学习先进的教学理念与方法；将三明治教学法、PBL 教学法、微课教学法、BOPPPS 教学法等引入课堂；讲授方式与互联网结合，增加网络课堂讨论等新颖的教学形式。

本门课程采取"卫生领域案例＋模拟实践＋见习实习＋科学研究＋专业大赛＋自主实践"六位一体的实践教学模式，培养学生的管理基本胜任力。比如本门课程在讲课中会提到健康管理、讲到周边社区卫生服务机构提供的相关服务，鼓励学生到附近社区卫生服务机构参观，了解其提供的卫生服务，会亲自带学生到社区卫生服务机构和医院参观、访谈，让学生整理访谈记录与撰写调查报告，并进行指导，提高学生实践与自主思考能力；选拔有意向、有能力的学生参与老师科研项目，并带领学生参与课题的调研和写作，同时带领学生参与各种比赛项目。

（三）课程思政教学理念与设计

1. 课前导入及相关思政元素

健康是人的基本权利，群体健康维护需要全社会的参与协同合作。2020 年以来的新型冠状病毒肺炎疫情防控，全社会的参与对疫情防控取得胜利起到至关重要的作用，构建社区联防联控的"防控网"、全民免费疫苗等都需要全社会参与。

【思政元素】在教学中引导学生了解国情、党情和民情，了解卫生事业发展及公共卫生体系建设等，增强学生对现实工作的认识以及党的政治认同与思想认同，坚定中国特色社会主义的道路自信、理论自信、制度自信和文化自信。同时在讲授课程中不论是传染病还是慢性病的防控，全社会参与的战略思想更有助于群体健康的维护与健康中国建设。

2. 课程内容及相关思政元素

一是健康、卫生事业与社会的协调发展。卫生事业与社会的协调发展：社会发展是卫生事业发展的基础，卫生事业发展为社会发展提供动力。健康与社会经济发展的双向作用：健康以社会经济发展为基础，健康对社会经济发展的作用等。二是疾病、健康的社会决定性。疾病的社会性：病因的社会性，疾病结果的社会性，疾病防治策略的社会性。健康的社会性：健康是社会发展的资源，健康是社会发展的体现，健康是社会发展的目标。三是积极健康观。全面考虑人的整体性，关注生理、心理和社会因素对健康和疾病的影响，构建有利于身心健康的社会氛围，使生活更有价值。四是大健康观。全民健康是重要的民生问题，事关国家全局发展，大健康观强调要整体谋划，加强各系统、各部门和各团体的协同合作，提高群体健康水平需要全社会的积极行动与参与。五是高危险性观点，要关注高危人群、高危环境与高危反应。六是健康公平观，包括健康状况、卫生服务与医疗保障体系的公平性。

【思政元素】"全心全意为人民服务是中国共产党的根本宗旨"，通过相关政策与我国居民健康状况、卫生服务与医疗保障体系的评价指标与数据，反映我国居民健康状况提升、卫生服务更好满足居民医疗卫生服务需求，相关政策与工作不断朝着我国居民健康、卫生服务与医疗保障体系公平的方向努力，并取得了一定成效。同时强调群体健康的维护与健康中国建设需要全社会的参与。

（四）课程思政实施成效

课程学习与研究的最终目标是人民群体健康的促进与维护。通过本章理论学习，使学生对健康、卫生事业与社会的协调发展，疾病、健康的社会决定性，积极健康观、大健康观、健康公平观等内容有深入认识；通过相关政策解读与具体的指标数据分析，引导学生对我国相关卫生与医保政策产生理念认同，以期未来更好地为健康中国建设发挥自身力量。

（五）课程思政实施反思

1. 教学设计视角

在社会医学的基本观点的教学中，融入各个"思政元素"，将"居民健康促进""健康公平"及"群体健康的维护与健康中国建设需要全社会的参与"等思想融入课程讲解中，通过具体实际案例与相关指标数据分析，使学生深入了解我国相关政策的优越性，引导学生对我国相关政策与策略产生理念认同，以更好地为健康中国建设贡献自身力量。

2. 学生评价视角

学生深入了解我国相关政策的优越性，学习课程相关内容的同时了解到国家相关时事政策，更加热爱祖国，愿为健康中国建设贡献自身力量。

（唐昌敏）

"管理学原理"课程思政教学设计

课程类型：专业课程　　　　　学科门类：管理学

一、课程简介

"管理学原理"是管理类专业重要的基础课程。本课程的目标是向学生传输管理的基本知识、基本理论体系和学习管理类课程的基本方法，通过课程学习，使学生系统掌握管理的理论和知识，树立现代管理理念，提升综合管理能力，成为具有家国情怀和创新意识的新时代管理者。课程主要内容包括管理思想和基本理论、决策、计划、组织、领导、激励、沟通、控制与创新等。课程的开设有助于培养懂医药通管理的复合型人才。

二、案例简介

（一）教学与育人目标

1. 知识学习目标

（1）掌握定性和定量决策的主要方法，包括经营单位组合分析、决策树法的理论及应用。

（2）区分确定型、风险型和不确定型决策。

（3）阐述改善群体决策的主要方法。

2. 能力提升目标

通过案例分析及小组讨论，让学生掌握定性决策与定量决策方法，能够应用决策方法分析解决管理问题。

3. 思政育人目标

（1）讲解决策理论时融入社会主义核心价值观。

（2）培养学生对管理问题的价值判断能力和科学决策能力。

（3）使学生树立爱国、敬业和创新意识。

（二）教学策略与方法

1. 教学中理论与实践相结合

一方面，通过翻转课堂、案例教学、小组互动讨论、在线学习等方式，将思政内容融入知识中，运用多种教学手段激发学生学习积极性，教学中以学生为中心，使学生主动学习，自主建构知识体系，提高对思政内容的参与度和接受度。另一方面，结合现实案例，引导学生深入思考，培养学生的思辨能力和创新思维。

2. 通过快课技术制作视频案例，进行课堂讨论

教师通过挖掘决策方法中的思政元素，选择相关案例，应用当前国际流行的快课技术，制作案例视频，在课堂播放并提出相关问题，引导同学思考和讨论。将思政元素融于专业教学中，使学生通过案例学习，进一步掌握知识点，提升在实践中分析问题、解决问题的能力和创新能力，在思想素养上具有民族自豪感和爱国主义家国情怀。

3. 知识传授与价值引领相统一

通过本节内容学习，使学生掌握基本决策方法，为未来工作中进行科学管理和决策奠定基础。教师不仅进行知识传授和能力培养，引导学生思维，开阔学生视野，而且使学生树立民族自豪感，具有家国情怀和创新意识，在传授知识的同时引导正确的价值观，培养德才兼备的管理人才。

（三）课程思政教学理念与设计

1. 课前导入及相关思政元素

课前教师应用快课技术制作视频《头脑风暴法案例》，通过观看视频，引导学生思考和讨论该案例采用了何种决策方法？这种方法的特点是什么？从而引出本节主要内容——定性决策的方法。

该视频案例讲述了某地区应用头脑风暴法进行决策，解决了一个久悬未决的问题。头脑风暴法的特点是通过设立自由思考的环境，产生思维共振，激发更多创造性思维。实施该方法需遵循四个基本原则：①禁止批判。禁止对参会人提出的任何建议进行批判与怀疑。至于对设想的评判，留在会后组织专人考虑。②自由联想。与会人可以充分发挥想象力，自由联想。③以量求质。提出的创新建议越多越好，以量求质。④结合完善。可以对已有建议进行补充，提出新的见解。通过导入该案例，引导学生进一步学习定性决策的方法。

【思政元素】头脑风暴法是定性决策的一种方法。可以激发思维共振和组合效应，产生更多创新思维。科技发展和国家进步离不开创新，头脑风暴法是创新决策的方法之一。要求同学们掌握多种决策方法，应用于实际，鼓励更多创造性思维，提高科学决策能力。

2. 课程内容及相关思政元素

课程主要介绍定性和定量决策方法，通过案例讲解、课堂实例练习、课堂讨论等方法进行。定性决策方法注重决策者本人的经验和直觉，定量决策方法侧重于寻求决策问题各因素之间的数量依存关系。两者相辅相成，成为现代决策的重要手段。定性决策方法包括集体决策方法和有关活动方向的组合决策两类。其中集体决策方法主要介绍头脑风暴法、德尔菲法、名义小组技术以及电子会议法。有关活动方向的组合决策是指管理者面临经营活动方向或未来投资业务重点的决策时采用的方法，主要介绍经营单位组合分析和政策指导矩阵。

【思政元素】面对突发疫情，我国相关管理部门应用了德尔菲法（专家咨询法）等方法，多方面掌握情况，在与疫情的不断博弈中，果断采取防控措施，最终有效控制了疫情。同时通过大数据监控，为决策提供了有效参考。

定量决策方法介绍确定型决策、风险型决策和不确定型决策三种类型。确定型决策方法主要介绍线性规划法、盈亏平衡分析；风险型决策介绍期望值法和决策树法；不确定型决策包括乐观决策法、悲观决策法、乐观系数法、等概率决策法、后悔值法。通过概念讲授、案例分析、课堂练习掌握重难点内容。

最后观看案例视频"上海印染厂的决策"，视频由教师应用快课技术制作。同学们就该案例进行讨论：上海印染厂采用了何种决策方法扭亏为盈？该方法的特点是什么？在本案例中，该方法的应用存在什么优点和不足？通过案例讨论，加深同学们对知识的理解，提高实际应用能力。

【思政元素】俗话说"工欲善其事，必先利其器"。进行正确的决策，首先要掌握科学的决策方法。在我国现代化发展进程中，各行各业的发展都需要科学的决策。比如线性规划法、盈亏平衡法是生产决策中常用的方法。要求同学们通过案例分析和实例练习掌握以上方法，为管理决策提供参考依据。

决策树法是风险型决策常用的方法。进入 21 世纪，组织外部环境日新月异，具有高度不确定性，管理者如何进行资源配置和投资决策，从而降低成本，提高资源利用效率，使组织取得最佳绩效，风险型决策和不确定型决策方法为该情况下决策提供了方案。

最后通过案例讨论，使同学们树立民族自豪感，坚定四个自信，并进一步掌握德尔菲法的优缺点，能够应用于实践中解决具体问题。

（四）课程思政实施成效

1. 教学成果

通过对"管理学原理"决策方法课程思政教学的探讨，进行了教学改革，把思政元素融入课程教学中，一方面，通过案例教学、实例练习、线上＋线下相结合等形式，使学生掌握了决策的理论和不同决策方法，同时也使同学们树立了民族自信心和创新意识，教学实践取得了一定的成效。

另外，教师通过对教学方法的探讨和教学工作的总结，完成了湖北省教学研究项目《CBE（以能力为基础）教学模式在管理专业实践教学中的应用研究》。并且指导学生参加了不同类型的大学生创新创业比赛，取得了较好的成绩。

2. 特色与创新

（1）通过应用快课技术制作案例视频。让学生以问题为导向观看视频，进行分组讨论；此外，通过实例练习，线上＋线下相结合等多元化教学方式，激发了学生的兴趣和学习热情，使学生主动学习，积极探索，自主建构知识体系，提高了育人效果。

（2）将思政元素融入案例教学，探讨了课程思政教学方法。使学生在掌握管理学知识的同时，提升了管理技能和道德素养。在案例分析中加深了对决策理论的理解，培养了家国情怀和创新思维。

（五）课程思政实施反思

1. 教学设计视角

课程思政是高校立德树人、进行人才培养的重要途径。通过对"管理学原理"课程思政教学设计，有以下几点认识：第一，课程思政不能形而上学，生搬硬套，需要将思政理念融入教学内容中，才能真正提高育人效果。第二，人才培养是一项长期工作，需要在教学中潜移默化，利用多元化的教学方式，达到教书与育人目标。第三，需要结合时代发展，选择和设计更多具有时代气息的思政案例融入专业教学中，培养德才兼备的专业人才。

2. 学生评价视角

学生通过决策方法的学习和实践，在决策理论和方法、决策能力和思想素养上得到了一定的提高，具备了现代管理理念和职业道德素养，提高了决策及沟通协调能力。

（雷晓盛）

"卫生信息管理"课程思政教学设计
——以突发公共卫生应急信息系统为例

课程类型：专业课程　　　　学科门类：管理学

一、课程简介

　　信息管理学是一门关于信息获取、传送、存储和利用的一门学科，用来支持组织的管理、决策、合作、控制、分析活动，并使之可视化。其技术手段的核心是基于计算机的信息技术，它包括：计算机硬件、软件、各种网络设备、网络构成、网络协议、系统开发、在卫生系统中主要使用的信息系统及用于数据统计分析的模型等。卫生信息管理则是根据医疗卫生事业管理的需要来构筑的信息系统，利用现代信息技术手段提升卫生事业领域产生信息的采集、处理、存储和传播效率。本课程的任务是通过学习使学生了解信息管理中的一些基本理论和技术，熟悉卫生事业管理信息的组织和特点，同时需要了解一些在卫生系统中会遇到的信息系统，例如医院信息系统、公共卫生信息管理系统、医疗保险信息系统、卫生文献管理系统等，使学生能够更好地适应信息时代的医药卫生工作。

二、案例简介

　　以"卫生信息管理"课程第十章第二节突发公共卫生应急信息系统为例。课程设计从大学生设计抗疫物资管理系统的案例引入，通过讲授2020年新型冠状病毒肺炎疫情暴发期间，一群大学生利用所学的专业知识开发了信息系统，实现对抗疫物资的有效管理的案例，引导学生了解信息系统在突发公共卫生事件中的重大作用。进一步通过讲授全国传染病直报系统的案例，说明我国突发公共卫生信息系统的类型和功能。最后通过介绍信息化助力上海浦东新区抗疫攻坚的案例，借助 TBL 教学法指导学生对我国突发公共卫生应急信息系统的未来发展方向展开讨论，培养学生的表达能力、团队协作能力。

（一）教学与育人目标

1.知识学习目标
（1）了解突发公共卫生事件的概念。
（2）掌握突发公共卫生事件应急工作的工作流程。
（3）熟悉突发公共卫生事件应急信息系统的系统架构。
2.能力提升目标
（1）引导学生思考我国突发公共卫生系统需要具备哪些功能，采用何种技术可以实现这些功能。

（2）利用案例教学、互动讨论以及 TBL 教学法，培养学生的表达能力、团队协作能力。

3. 思政育人目标

（1）结合信息技术在抗击新型冠状病毒肺炎疫情中发挥的巨大作用，激发学生学习信息技术类课程的兴趣。

（2）培养学生的大局意识和主人翁意识，通过 TBL 教学法与课程思政的整合教学模式应用，全面提升学生的团队协作能力、人际交往能力、思辨能力和人文素养，以此全面提升学生职业素养。

（3）把习近平新时代中国特色社会主义思想及社会主义核心价值观有机融入课程中，润物细无声地让思政教育入脑入心。

（二）教学策略与方法

采用团队合作、案例教学、翻转课堂线上线下混合式教学模式开展教学。通过教师在 MOOC 平台上发布自学内容、学生线上自学、师生课堂互动等三个环节开展教学活动。学生在线上自学时需要观看教师发布的教学视频资料，并按照要求自行通过网络文献数据库查阅相关资料。师生课堂互动环节需要学生按照教师要求确定选题、主讲人和讲稿，由主讲人进行小组汇报，教师进行点评和总结。汇报成绩由教师和学生共同参与打分，以增强学生的责任感。

（三）课程思政教学理念与设计

1. 课前导入及相关思政元素

首先以大学生开发突发公共卫生应急信息系统案例切入本节所学知识点。新型冠状病毒肺炎疫情暴发期间，华中科技大学校友会组织校友们向武汉源源不断地运送口罩、防护衣和消毒水等抗疫物资，但大量的物资也带来了不小的难题——巨量的数据信息让大家的 Excel 无法承受了，严重拉低了抗疫物资的运送效率。

最终帮忙解决了这一难题的是华中科技大学的一群在校大学生，他们组成的互联网创业团队"冰岩作坊"在不到一周的时间内为校友会开发了一套抗疫物资信息管理系统，整个方案主要是四个模块：物资物流、货源信息、医院需求和财务。高硕是华中科技大学新闻学院传播系的一名大二学生，同时也是冰岩作坊的产品组组长。系统开发得越早，校友会的效率就能越快得到提高。高硕他们所能做的就是迅速调动冰岩作坊的全部人力、物力，保证这款系统能够在最短的时间内上线。

2020 年 2 月 5 日，团队接到了校友会的任务；2 月 11 日，系统模块中优先级最高的物资物流部分首先完成并立即投入使用；2 月 14 日，系统全部上线。冰岩作坊团队认为：开发的系统并不完美，它的使用寿命可能也并不长，但这都不重要；我们的工作对于整个抗疫事业来说可能是微不足道的，但我们认可自己的努力与付出，作为一个普通人，我们用了我学到的知识，做了力所能及的事，为抗疫做出了自己的贡献。

【**思政元素**】信息技术的重要性、当代大学生的责任与担当，社会主义核心价值观。

在抗击新型冠状病毒肺炎疫情斗争中，信息技术在病毒溯源、患者追踪、疫苗新药研发等防控工作，以及无人生产、远程运维、居家办公等在线工作中，都发挥了重要作用。同学们在学好专业课程的同时，还需要熟悉和掌握常见的信息技术原理和应用方法。

作为新时代大学生，要切实破除学风积弊、推动学习革命，按照"读书学习、内化转化、实践运用"的要求，深入学习理论，提升思维层次，在推动工作和学习任务完成上，要敢于负责、主动作为。作为生活在中国特色社会主义新时代的大学生，每一个人都有着特定责任，与其碌碌无为，不如担当作为，在理想的征程上奋力书写华章，让人生留下闪光的足迹，不负时代、不负青春、不负韶华。

2. 课程内容及相关思政元素

（1）通过 TBL 教学法介绍突发公共卫生事件应急工作的流程

2004 年，我国建设了一套全国传染病网络直报系统，同年上线运行。至今，这套系统已经安全稳定运行了 19 年。

在国家卫生健康委员会召开的"一切为了人民健康——我们这十年"系列新闻发布会上，中华预防医学会常务副会长兼秘书长冯子健介绍说："多年来，这套系统的运行使我们有效降低了传染病的漏报，显著提高了传染病报告的及时性。系统的及时性（方面）从诊断到报告，时间间隔已经降到了 4 个小时，报告效率非常高，报告质量也得到了很大改善。"

此外，这套系统及时侦测传染病暴发信号，指导各级疾控机构对各种疫情的暴发进行调查处置，起到了非常好的帮助作用。目前，这一系统已经覆盖了全国几乎所有二级以上医疗机构，使用系统开展传染病报告、监控和数据分析研判的工作人员用户已经有 35 万户，全国法定传染病报告及时率达到 99% 以上。

新型冠状病毒肺炎疫情发生以后，我国又进一步强化了医疗机构对新型冠状病毒肺炎病例的报告工作，冯子健说："因为我们需要快速发现和快速控制输入病例引发的暴发疫情，对它的报告及时性有了更高的要求。"

这套系统在报告新型冠状病毒肺炎病例的基础上，又扩大到了"逢阳必报"，就是有任何的核酸检测阳性结果，由检测机构立即上网报告，也有利于及时发现和控制疫情，及时开展密接追踪、病例的管控、密接的隔离医学观察等措施。

冯子健总结说，网络直报系统为新型冠状病毒肺炎确诊病例和无症状感染者的密接追踪、流调溯源、疫情研判、大数据比对分析、健康码应用都提供了非常有力的数据支撑。

网络直报系统平稳运行的同时，我国疾控系统的建设也在稳步提升。目前，全国有国家、省、市、县四级疾控中心共 3376 家，卫生技术人员 15.8 万人。

【思政元素】四个自信和制度优势。

党的十八大以来，特别是在本次新型冠状病毒肺炎疫情应对中，各级疾控机构的能力得到很大提升，实验室检测能力大幅提升。我国已经建立了国家、省、市、县四级实验室检测网络，各级实验室分工协作，共同完成检测任务。从国家层面，中国疾控中心现在有流感、脊髓灰质炎、麻疹、乙脑四个世界卫生组织的参比实验室。

与此同时，现场流行病学调查能力和应急处置能力大幅提升。特别是近两年来，通过中央财政安排专项资金支援各地开展培训，结合多年防控实践，我国现在的流调能力、处置能力都得到了很大提升。

我国能取得伟大的抗疫胜利，同各级疾控系统坚决贯彻执行党的方针路线、切实做到"两个维护"是分不开的。同时，伟大的抗疫精神又进一步彰显了我国政治制度具有"令出一门"的高质量决策效率，增强了我国国民的道路自信、理论自信、制度自信和文化自信。

（2）通过 TBL 教学法引导学生熟悉突发公共卫生事件应急信息系统的系统架构

2022 年 3 月以来，新型冠状病毒肺炎疫情防控形势日益严峻，阳性病例报告、流调、消毒、转运和研判工作量激增，对信息系统的功能和应用场景提出了更高的要求，万达信息股份有限公司浦东卫生交付项目组积极响应，迅速召集团队成员，克服封控隔离的不利条件，提供 7×24 小时系统服务保障和答疑，现场对接新业务需求，快速完成新系统开发和测试上线。主要模块包括以下几部分。

①智能化信息接报：浦东疾控中心每天接收数十家医疗机构和检测机构的检测异常报告，核实、查重并汇总后，须第一时间分配给 18 个流调组的数百名流调队员开展流行病学调查，并持续跟进后续进度和质量。"浦东新冠肺炎联防联控平台"打造自动化接报、查重和分派流程，实现快速接报和派单，为后续流行病学调查和风险排查、处置争取更多时间。

②标准化流调管理：针对流调工作的痛点，"浦东新冠肺炎联防联控平台"生成标准化流调表单，自动化处理各种流调信息，基于标准化模板，自动对接初筛上报、密接管理和病例转运流程，大大提升了流调工作效率。

③全流程密接管理：密切接触者尽早管控，是成功实施"动态清零"行动的重要保障。面对激增的风险人群，如何及时传递信息、更新落实进度、协同各部门分工，成为亟待解决的问题。根据浦东新区密接全流程管理工作方案要求，"浦东新冠肺炎联防联控平台"优化密接登记、指派和管控流程，实现"一键派单""精准筛查""全流程统计"等功能，将阳性病例、密接、核酸检测等数据无缝打通，提升业务协同的串联和信息协同的贯通，实现更为精准的管理效果。

【思政元素】动态清零政策是中国的必然选择。

新型冠状病毒肺炎疫情发生以来，我国始终秉持人民至上、生命至上的原则，积极迅速组织力量抗疫，因时因势不断调整防控措施，取得了疫情防控的重大战略成果，感染人数、发病人数、重症人数和死亡人数都保持在较低水平，经济保持稳定发展。事实表明，我国防疫措施科学有效。中国抗疫取得重大战略成果，统筹疫情防控和经济社会发展取得举世瞩目的成就，根本在于中国共产党坚强有力的领导和中国特色社会主义制度的显著优势。正如 2020 年 9 月 8 日习近平总书记在全国抗击新冠肺炎疫情表彰大会上所指出的，中国共产党所具有的无比坚强的领导力，是风雨来袭时中国人民最可靠的主心骨；中国特色社会主义制度所具有的显著优势，是抵御风险挑战、提高国家治理效能的根本保证。

（四）课程思政实施成效

1. 教学成果

课程结束后，大部分同学认为通过课程学习，提升了自己的思想觉悟，培养了创新和辩证的思维模式。同时大部分同学认为本课程没有生硬地开展思政教育，把思政教学设计融入课程的知识点中，基本达到了"润物细无声"的效果。

2. 特色与创新

（1）以突发公共卫生应急信息管理流程为"链"，明确重点与难点在"链"上所处的位置以及"链"上各知识点之间的关联，设计相适宜的形式，包括案例分析、互动游戏、专题讨论、方案设计、演示、即兴表演、实训等，活化课堂气氛，降低课程内容的难度和抽象度。

（2）在课程中结合医药背景，将培养卫生信息管理技能与培养当代大学生的使命担当与责任感有机结合起来，激发学生对信息技术和信息管理的兴趣，引导学生关注"中医药信息化"的传承与发展。

（五）课程思政实施反思

1. 教学设计视角

本课程践行以学生为中心，培养学生思维开放、知识互通、逻辑严密、多元合作的学习方法和学习能力，提高了学生学习兴趣、思考能力和知识学以致用的能力。但是教学的过程中由于理论水平有限、经验不足，在专业教学内容与思政内容的结合上依然会有少许痕迹感和刻意为之的感觉。此外课程思政教学需要紧跟时代步伐，紧跟社会动向，以社会热点为突破口，引导学生积极思考社会主义核心价值观。

2. 学生评价视角

学生普遍认为通过在课程中融入思政教育，在一定程度上提高了学习兴趣和学习的主动性、积极性，更坚定了正确的人生观、价值观。通过课程思政内容的学习，提高了学生的爱国情怀、社会责任感及职业自豪感，学生的批判性思维能力和综合分析问题的能力也得到进一步提升。

（伍宁杰）

"电子政务"课程思政教学设计
——以电子政务与政府管理模式的变革为例

课程类型：专业课程　　　　　**学科门类：管理学**

一、课程简介

　　"电子政务"是公共事业管理专业的核心专业课。通过本课程的学习使学生掌握电子政务的基本原理和基本方法，掌握国内外电子政务有关理论和方法的最新动态的技术成果，理解我国电子政务发展概况及发展战略、主要应用和运营理念，了解并体验电子政务平台的使用方法、更新观念。同时熟悉电子政务的一般流程和简单应用，能利用计算机搜集、索取、存储、展示、交流政务信息。进一步学会政务资源的分析、共享和交流，能利用网络进行协同工作。

二、案例简介

　　以"电子政务"课程第 3 章电子政务与政府管理模式的变革为例。课程设计从"疫情防控按下电子政务快进键"的案例引入，通过讲授疫情防控中应用电子政务服务提升政府行政效率案例，引导学生理解电子政务的优势，并引导学生思考常态化疫情防控背景下我国电子政务如何进行优化提升。在讲课过程中，利用"全国统一医保信息平台建成"案例教学及互动讨论电子政务对政府管理模式的影响；通过"推动核酸检测结果全国互认"案例向学生介绍电子政务促进或引发的政府管理模式变革。

（一）教学与育人目标

1. 知识学习目标
（1）了解电子政务对政府管理模式的影响。
（2）理解电子政务条件下政府管理的特征。
（3）理解电子政务促进或引发的政府管理模式变革。

2. 能力提升目标
（1）引导学生思考常态化疫情防控背景下政府如何利用电子政务进一步提升其工作效率，培养学生的思辨能力、分析能力等。
（2）利用案例教学、互动讨论以及 TBL 教学法，培养学生的表达能力、团队协作能力。

3. 思政育人目标
（1）结合电子政务在疫情防控中发挥的巨大作用，引领学生思考和感悟我国我党坚持"以人民至上、生命至上"的性质，让学生意识到"坚持动态清零，科学精准防控"

方针的正确性。通过对比我国和各主要经济体的抗疫成果和经济发展速度，增强学生的"四个自信"，让学生自觉做到"两个维护"。

（2）培养学生的大局意识、宏观意识，用爱国精神指引思想。加强学生对中国共产党人初心使命的理解，增加学生对我国"全国一盘棋"制度优势的认同感。

（3）结合我校医药背景，通过介绍全国统一医保信息平台，激发学生对医药卫生管理的兴趣，增强对专业和学校的认同感。

（二）教学策略与方法

通过案例讨论、角色扮演、政策辩论、学生互评等方式，构建"思政+理论/实践"的课程体系和"沉浸式课堂"，帮助学生在感同身受中，形成共识，内化于心。通过学生参与教改项目等方式，帮助学生"干中学"，领悟课程，反思课程。通过建设线上学习资源，将社交网络、SPOC和慕课有机融合在一起，帮助学生在遨游网络时学习。

（三）课程思政教学理念与设计

1. 课前导入及相关思政元素

首先以"疫情防控按下电子政务快进键"案例切入本章所学知识点。

在线报税、预约办事、远程考试……近来，为防控疫情、复工复产，管理部门将大量线下办理的业务放到网上。申报不见面、审批在云端，这些"不打烊"的应急服务，在筑起疫情防线的同时，也在全社会按下了电子政务的"快进键"。

政务大厅搬上网络平台，并不是一件新鲜事。不过，大规模的线下政务集中上线、应急推出，难免出现不顺畅的情况。比如，有些业务是首次上线，流程设计并不流畅，窗口多、信息填报要求多；还有些业务无法全部线上受理，需要线下填写格式化的材料，或要求事先邮寄资料预约……有些用户对此不太适应。

新技术在应用推广过程中大多要经历一些曲折，使之日趋完善、高效、贴心，需要管理部门和公众一起做出努力。

对公众而言，首先要有积极的心态。好的电子政务服务是普惠的民生福祉，让这一公共产品不断"升级换代"，离不开大家积极体验、建言献策，与管理部门开展良性互动。眼下，有些电子政务的平台、软件未能尽如人意，但平心静气想一想，其运行卡点均非技术手段本身的缺陷，发现了问题，开发者会不断改进技术、优化流程，做得更贴合使用者需求。智能互联时代，涉民政务数字化乃大势所趋，我们必须主动学习，利用新技术、拥抱新服务、适应新体验。对于一些疫情期间涉民政务上网后引发的不便，大家还应多些理解与包容。

此外，提高电子政务效率，需要诚信自律。虽然审批"不见面"，但切不可钻空子，填写不实材料，有意隐瞒关键信息；企业在办理税收申报、项目报送等业务时，应坚持与线下办理同样标准，莫存侥幸心理。

对管理部门来说，一方面，要问计于民、问需于民，多听听使用反馈。眼下，很多App注册时要求捆绑手机号、单位职务、居家地址，是否有必要？各平台之间能否只做一次认证，统一接口，减少用户使用麻烦？一些政务平台发布信息仍是简单罗列，形式单一、缺乏互动，能否更有人情味？凡此种种，一定程度上源于管理者对公众真实需求缺乏了解。对此，需要秉持用户思维，完善设计，让服务更有针对性、更接地气。如今，管理部门向市场机构购买公共服务的做法日益普遍，其中许多环节需要公民在网上提供各类个人信息。相关部门要以高度的责任心，护好群众的信息安全，以切实有效的措施筑好"防火墙"，防止某些人倒卖这些信息用以牟利。

我国公共服务的数字化仍有较大提升空间，疫情防控按下的电子政务"快进键"不是权宜之策，它倒逼我们加快创新步伐，激发更多新技术、新应用，让电子政务更加高效、便民、透明，让我们的社会治理更加智慧。

（摘自《人民日报》2020 年 03 月 20 日 19 版）

【思政元素】我国政府"人民至上"的理念。

我国政府通过电子政务加强常态化疫情防控时期政府的行政能力和水平，涌现出一大批电子政务应用新场景，充分体现了我国政府秉持的"人民至上"理念，在做到疫情防控的同时，通过"数字赋能"千方百计地"保民生，促发展"，努力降低疫情防控对老百姓生活的影响，也从侧面说明了我国电子政务水平达到了一定的高度。

2. 课程内容及相关思政元素

（1）电子政务对政府管理模式的影响

以"全国统一医保信息平台建成"案例，引导学生思考电子政务对政府管理模式的影响。

历经两年多时间，全国统一的医疗保障信息平台已基本建成。据国家医保局消息，目前，医保信息平台已在 31 个省份和新疆生产建设兵团全域上线，有效覆盖约 40 万家定点医疗机构、约 40 万家定点零售药店，为 13.6 亿参保人提供优质医保服务。

据介绍，医保信息平台涵盖支付方式、跨省份异地就医、公共服务、药品和医用耗材招采等 14 个子系统，目前已陆续落地应用，可满足几百个统筹区多样化的业务需求。

新平台功能完备、响应高效、运行稳定，住院结算平均响应时间约 0.8 秒，比旧系统性能平均提升 3 至 5 倍。医疗行业资深专家周君表示，全国统一医保信息平台的建成，确实是一个具有里程碑意义的事情。平台形成统一标准，将以往独立且分散的多个子系统集成起来，实现互联互通，让数据统计更加高效，更加科学，其将在异地医保支付、DRG/DIP 支付方式改革、药耗集采与价格监管、医保直接结算等方面发挥重大作用，也在医疗行业中贯彻并执行国务院发布的建设全国统一大市场的指导意见。

2020 年 5 月，国家医保信息平台跨省异地就医管理子系统上线。目前跨省异地就医直接结算已覆盖全国，年底前基本实现全国医保用药范围统一。

据国家医保局于 2022 年 4 月 29 日公布的最新消息，截至 2022 年 3 月底，住院费用跨省直接结算运行稳定。全国住院费用跨省直接结算已联网定点医疗机构 5.55 万家；当年累计住院费用跨省直接结算 122.37 万人次，涉及医疗费用 281.06 亿元，基金支付 161.52 亿元，基金支付比例为 57.5%。3 月，全国住院费用跨省直接结算 47.47 万人次，涉及医疗费用 110.15 亿元，基金支付 63.58 亿元，分别环比增长 50.6%、61.2%、62.1%。基金支付比例为 57.7%。

门诊费用跨省直接结算工作也在加快推进。截至 2022 年 3 月底，全国门诊费用跨省直接结算已联网定点医疗机构 5.72 万家，定点零售药店 10.36 万家；当年累计门诊费用跨省直接结算 500.01 万人次，涉及医疗费用 12.49 亿元，基金支付 7.31 亿元，基金支付比例为 58.5%。3 月，全国门诊费用跨省直接结算 189.04 万人次，涉及医疗费用 4.72 亿元，基金支付 2.79 亿元，分别环比增长 23.1%、22.4%、23.7%。基金支付比例为 59.0%。

【思政元素】中国共产党人的初心与使命。

党的十八大以来，医疗保障事业发展进入新阶段，全民医保改革向纵深推进，我国已建立起覆盖全民的基本医疗保障制度，构建起多层次、宽领域、全民覆盖的医疗保障体系，人人享有基本医疗保障的目标初步实现，为人民群众病有所医奠定了制度基础。这些成就充分彰显了中国共产党人为中国人民谋幸福，为中华民族谋复兴的初心与使命。

（2）电子政务促进或引发的政府管理模式变革

通过"推动核酸检测结果全国互认"的案例，引导学生思考电子政务如何促进政府管理模式变革。

2022 年 7 月 29 日，国务院应对新型冠状病毒肺炎疫情联防联控机制综合组印发《关于进一步推动新型冠状病毒核酸检测结果全国互认的通知》，通知要求：高度重视核酸检测结果全国互认的重要性。各地区各有关部门要充分认识进一步科学精准做好疫情防控工作的重要性和紧迫性，坚持以人民为中心的发展思想，站在疫情防控"全国一盘棋"的高度，将核酸检测结果全国互认作为高效统筹疫情防控和经济社会发展、切实维护正常生产生活秩序的"关键小事"抓紧抓实，切实便利人员安全有序出行。

【思政元素】全国一盘棋战略。

以习近平同志为核心的党中央始终从全局出发，着眼全国"一盘棋"，攻克了许多经济社会发展中长期存在的突出难题，"全国一盘棋"不仅是发展经济、保障供给的总体战略，也是打好疫情防控阻击战的重要要求。通过案例学习，让学生意识到坚持"全国一盘棋"，能调动各方面的积极性，体现了社会主义制度集中力量办大事的显著优势。

（四）课程思政实施成效

1.教学成果

本门课程考试及格率达到 100%。在课程学习期间，指导多名学生参与教改项目与教研课题，并获得多项奖励。

2. 特色与创新

（1）关注学生在线上社区、虚拟社群中的接触信息动态，做好现实课堂和线上虚拟空间的衔接，融合两个渠道形成协同合力；关注学生在线学习的内容和规律，不断丰富课程思政内容呈现形态和传播渠道，将其作为课程思政建设的重要补充部分。

（2）在课程中结合我校医药背景，通过向学生介绍"全国医保信息平台"，"我国公共医疗保障制度"等案例，让学生了解医药行业内电子政务的应用方向，增强学生对公共事业管理专业的认同感，同时进一步激发对"电子政务"课程的学习兴趣。

（五）课程思政实施反思

1. 教学设计视角

本课程在教学时引导学生们树立国家和民族的自豪感、自信感，同时加深了对中国共产党人初心与使命的理解，进一步向学生解释了中国共产党"人民至上"的理念和"全国一盘棋"的制度优势。课程思政内容向课堂的导入较为自然，做到了将思政内容与课堂内容深度融合，主动将课程思政工作融入平时的教学活动中。在后续工作中，还需要更紧密地结合社会热点问题，对案例进行常态化更新，更好地发挥案例教学对课程思政的促进作用。

2. 学生评价视角

本课程授课前后对学生进行了座谈，学生普遍感受到了自己在知识、能力和情感上的提升，并对我国医药行业电子政务发展状况有了基本认识，在学习过程中能处处感受到"思政元素"。不足之处在于课程思政的评价机制仍然处于探索阶段，如何能对学生学习过程中课程思政学习效果做出客观公正的评价，是下一阶段需要重点关注的问题。

（陈瑞）

第三章　管理基础 ▷▷▷▷

"国际商法"课程思政教学设计
——以产品责任法为例

课程类型：专业课程　　　　　　学科门类：法学

一、课程简介

　　"国际商法"作为经济管理类专业的基础课程，旨在通过法律基础理论的学习提高学生的法律实践应用能力。通过理论和实践教学，使学生加深对国际商法、商事组织法、国际商事代理法、合同法、产品责任法、国际货物买卖法、国际服务贸易法、国际票据法等内容的理解，并通过案例分析、小组讨论、练习与思考，掌握国际商法的基本理论、实务知识与操作技能，使学生通过专业课程的学习，解决专业实践中的问题。"国际商法"课程践行以专业技能知识为载体，加强学生思想政治教育，提升专业课程思政教育的亲和力和针对性，细化隐性思政，发挥专业课程深化和拓展作用，在课程设计和教学中有意识地强化中国商事法律制度的教学，引导学生在比较视野下了解主要国家对商事制度规定的相似之处和不同之处，以增强学生的文化自信和制度自信。

二、案例简介

　　国际商法是一门研究国际商事活动中各种法律规范的学科，涉及不同法系之下各个国家不尽相同的法律规定，在教学过程中需将其他国家法律制度与我国法律制度进行对比学习。为落实课程思政融入课堂教学的理念，增强学生的文化自信和制度自信、培养学生的民族自豪感和爱国精神，以"国际商法"课程中产品责任法这一章为例，将传统理论教学与探究式教学、体验式教学相结合，使学生掌握中国产品责任法的发展历程，并在比较视野下，了解西方主要国家产品责任法在立法理念及相关制度方面与中国产品责任法的不同之处，以增强学生的文化自信和制度自信。同时，引导学生搜集相关资料，通过学生在阅读和自主寻找并分享民族品牌崛起的案例中，了解到中国改革开放以来在民族品牌崛起上取得的伟大成就并进行汇报展示，从而竖立对民族产品和民族品牌的自信，增强民族自豪感，培育爱国情感。

（一）教学与育人目标

1. 知识学习目标

（1）了解英美法系和大陆法系主要国家产品责任法的发展历程、主要特点、基本原则等问题。

（2）掌握我国产品责任法的发展历程、归责原则，并能结合所学知识要点对实例进行分析。

2. 能力提升目标

（1）在理解不同国家不同归责原则的理论基础上，能够运用不同归责原则分析具体案件，提高学生的逻辑思维能力与分析问题的能力。

（2）利用探究式教学法让学生自主进行探索，掌握认识世界、认识不同国家法律制度的方法和步骤，在比较学习中发现法律制度与现实生活之间的内部联系，建立起自己的认知架构和学习方法。

（3）利用体验式教学方法，培养学生资料收集与分析能力，通过小组协作和案例分析提高学生的团队协作能力和沟通能力。

3. 思政育人目标

（1）在学习国际商法发展历史和国际条约的过程中，阐述依法治国理念，培养学生的法律制度自信，促使其感受中国法治的伟大发展进程。在具体内容的学习上，引导学生运用法治思维理解国家的发展战略，增强学生的风险识别意识，培养学生的思辨能力及风险防范能力。

（2）采用探究式教学与体验式教学法，在学生掌握基本理论的基础上，让学生寻找民族产品发展相关案例，以及优秀民族品牌崛起的故事，也可与外国产品和品牌进行对比。通过专业课程的学习和案例展示，培养学生的民族自信，增强爱国情感，树立正确的人生观、世界观、价值观。同时，学生在搜集我国产品责任法发展历程相关案例中，能够加深对我国产品责任法律制度发展完善过程的理解和认识，树立正确的法治观念。

（3）在课程中结合我校医药背景，学生通过搜集和整理我国医药企业、民族品牌在保证产品质量方面所做努力的案例，激发学生对我国中医药企业乃至中医药历史文化的认同感，理解我国中医药民族企业的发展壮大离不开企业的社会责任感和家国情怀。

（二）教学策略与方法

课程教学将传统理论教学与探究式教学、体验式教学相结合，引导学生搜集资料，比较中外产品责任法并进行汇报展示。学生通过在课堂上听老师讲解国外产品责任法和产品品牌发展的历程，课后进行探究式学习、体验式学习，梳理国内产品责任法和民族品牌发展历程，形成对比。一方面能让学生了解中国改革开放以来在产品责任法立法上的逐步完善和民族产品、品牌取得的辉煌成就，从而建立制度自信和文化自信，增强民族自豪感；另一方面，也能使学生在阅读和自主寻找并分享民族品牌崛起的案例中，了解中国改革开放以来在民族品牌崛起上取得的伟大成就，理解民族企业的发展壮大需要具有社会责任感和家国情怀。

通过探究式学习和体验式学习，学生自然而然地产生民族自豪感和民族自信，培育了爱国情怀和责任担当。同时，学生在搜集我国产品责任法发展历程相关案例中，能够加深对我国产品责任法律制度发展完善过程的理解和认识，树立正确的法治观念。

（三）课程思政教学理念与设计

1. 英美法系和大陆法系主要国家关于产品责任法的相关发展历程、特点和归责原则

【思政元素】思辨能力、逻辑思维能力、正确的价值观。

讲解英美法系和大陆法系主要国家产品责任法的发展历程以及中国改革开放以来在产品责任法立法上的逐步完善和民族产品、品牌取得的辉煌成就。在知识讲解的过程中融入英美法系和大陆法系关于产品责任的案例。

在讲授完英美法系及大陆法系主要国家的产品责任法后，为调动学生主观能动性，积极引导学生讨论两大法系众多国家的产品责任法的异同，使学生真正理解国家在立法，社会规则的形成与制定中，无不渗透着价值判断与取舍，比如为什么国家尤为重视产品质量？产品存在缺陷给他人造成损失的人是否要接受惩罚？被侵权的人是否应当获得赔偿？诸如此类的问题都深刻透露出制度背后的逻辑：价值取舍与利益平衡。学生通过对比分析，理解制度背后的逻辑，提高学生的思辨能力和逻辑思维能力，从而树立正确的价值观。

2. 探究式教学和体验式教学：梳理国内产品责任法和民族品牌发展历程及案例

【思政元素】社会责任感、爱国情怀、制度自信、文化自信。

在学生了解产品责任法相关知识的基础之上，安排学生课后梳理我国产品责任法和民族品牌的发展历程、国货崛起等相关案例，通过课后小组合作探究式学习对案例进行深入的研究及分析，使学生在阅读案例的过程中理解民族企业的发展壮大，企业需要具有社会责任感和家国情怀。通过探究式学习和体验式学习，学生自然而然地产生民族自豪感和民族自信，培育了爱国情怀和责任担当。

（四）课程思政实施成效

1. 教学成果

学生对课程参与积极性和评价呈现"双高"。2020 年至 2021 年的第二学期，2018级两个班级的课堂出勤率达到 93%、教学任务完成度达到 100%。学生反映课程理论联系实际、有针对性，内容丰富充实、信息量大，收获颇丰，通过学习自身法律风险意识得到提高。本门课程考试及格率达到 100%。

2. 特色与创新

（1）采用探究式教学法、体验式教学法。对学生进行分组，小组成员分工合作，完

成资料搜集、整理、分析、展示的过程。学生在发挥主观能动性进行探究式学习，在对其所搜集的国外产品与国内产品资料的分析对比过程中，自然而然地形成对民族产品的自豪感，培养了民族自信。学生通过自主学习，对知识的掌握和理解远比单纯学习理论知识更加深刻，影响更加深远。

（2）在课程中结合我校医药背景，学生通过搜集和整理我国医药企业、民族品牌在保证产品质量方面所做努力的案例，激发学生对我国中医药企业乃至中医药历史文化的认同感，理解我国中医药民族企业的发展壮大离不开企业的社会责任感和家国情怀。

（五）课程思政实施反思

1. 教学设计视角

本案例在产品责任法这一章的整个教学中，采用探究式教学法、体验式教学法与课程思政的整合教学模式，巧妙穿插各个维度的"思政元素"，将"制度自信""文化自信""中医药民族企业品牌认同""社会责任感"等精神内核融入案例。但经济管理类专业学生相较于法学专业学生而言，法学基础比较薄弱，如何针对经济管理类专业的学生合理安排教学内容，必须有所取舍和侧重，如何针对专业特征详略得当、重点突出地进行教学安排和设计，实现既定的教学目标，取得良好的教学效果，有待进一步思考。

2. 学生评价视角

思政效果的评估一直是课程思政建设乃至思政课程建设的老大难问题。所有思政教育的目标都是要帮助学生树立正确的世界观、人生观、价值观，但世界观、人生观、价值观本身并不是一个可以随时测量检测的客观存在。而一个学生的世界观、人生观、价值观是否因为某一门课的课程思政发生了改变，更是一个难以衡量的问题，虽然很难真正客观和科学地评估，但这不代表就要完全放弃对课程思政的评估，或者绝对不能进行任何层面的评估。因此，在设计课程思政教学效果评价时，可以探索从一些侧面，进行某些也许不全面不科学但也不是全然没有意义的评判。如在设置具体思政元素的目标时可以就一些更加具备可操作性的侧面，设置一些更小的、不需那么全面科学的标准来对学生经历课程之后的思想政治状态进行一定的评判，这是后期需要通过实践来解决的问题。

（李敬）

"卫生监督学"课程思政教学设计
——以卫生监督历史与发展内容为例

课程类型：专业课程　　　　学科门类：管理学

一、课程简介

"卫生监督学"是一门实践性很强的课程，也是预防医学专业和公共事业管理专业的一门重要课程。该课程的教学目标是培养能够合理运用法律手段保护公共卫生与人体健康，能够正确评价和及时、有效处理各种突发公共卫生事件的高素质公共卫生人才。该课程主要内容涉及卫生监督的概念与作用、卫生监督的行为与原则、卫生监督历史与发展、卫生监督法律关系、卫生监督主体、监督依据及手段、程序、法律救济、法律责任，这些都是卫生监督的基本理论，通过对这些理论的全面阐释，使学生全面认识我国卫生监督制度。同时，该课程以卫生领域的现行卫生法律、法规及其调整内容为对象，对医疗机构监督、卫生技术人员监督管理、传染病防治监督、职业卫生监督、放射卫生监督、食品安全监督、药品安全监督、生活饮用水及涉水产品卫生监督、健康相关产品卫生监督、学校卫生监督、公共场所卫生监督、国境卫生监督等内容进行全面阐述，有助于学生对卫生监督理论进一步理解，以便更好地理论联系实际。同时，在课程的具体讲授中为了实现思想政治理论教育与专业教育协调同步，在教学过程中引入思政元素，充分发挥"卫生监督学"的课程德育作用，以提高学生的专业认同感、社会责任感和使命感，改变学生的学习态度，提高学生分析问题和解决问题的能力。

二、案例简介

以"卫生监督学"课程第二章卫生监督历史与发展内容为例。以"中国正在说"一期中温铁军的名人演讲视频引入，视频中演讲者以通俗易懂的语言介绍了新中国取得的成就，分析了东欧剧变后人民的悲惨生活，以及与照搬西方制度之间的关系，引导学生建立道路自信、理论自信、文化自信，使学生正确认识民主、自由与法治。同时，通过讲解新型冠状病毒肺炎疫情防治中我国及世界各国的防疫策略，引导学生正确认识我国传染病防治制度的先进性，政府组织能力、社会治理能力的强大，认可我国卫生法律制度建设的成就。此外，采用 PBL 结合案例教学法的教学模式以提高学生主观能动性和解决实际问题能力作为目标，通过实际案例分析提高学生思考、分析、解决问题的能力。

（一）教学与育人目标

1. 知识学习目标

（1）了解国外主要国家卫生监督的发展概况。

（2）掌握中国卫生监督与卫生法律制度建设的发展历程、体制改革及取得的成就，并能结合实例分析。

2. 能力提升目标

（1）引导学生思考在当今突发公共卫生事件频发的背景下，如何提高我国针对突发公共卫生事件的应对能力和卫生监督的水平，并结合相关卫生法律知识正确认识和分析现实问题。

（2）利用 PBL 结合案例教学法，在教师的引导下，以学生为中心，以问题为基础，通过采用小组讨论的形式，学生围绕问题独立收集资料，发现问题、解决问题，以培养学生自主学习、创新以及团队协作能力。

3. 思政育人目标

（1）结合我国卫生法律制度建设的历程和此次新型冠状病毒肺炎疫情防治工作的情况，同时与世界其他国家进行对比，使学生认识到我国传染病防治制度的先进性，政府组织能力、社会治理能力的强大，认可我国卫生法律制度建设的成就，引导学生建立道路自信、理论自信、文化自信。

（2）培养学生的法律意识和法律素养。通过 PBL 结合案例教学法与课程思政的整合教学模式应用，全面提升学生的团队协作能力、人际交往能力、思辨能力和法律素养，以此全面提升学生职业素养。

（3）结合我校医药背景，通过讲授我国无数卫生监督人员在此次新型冠状病毒肺炎疫情抗疫过程中的重要职责和做出的突出贡献，以及中医药在疫情防控中发挥的重要作用，加强学生的职业认同感和中医药文化认同感，提高学生就业后在突发公共卫生事件处理过程中的应对能力、专业素养及责任担当。

（二）教学策略与方法

采用 PBL 结合案例教学法，先由视频资料引入案例，吸引学生注意力，激发学生学习的兴趣，在此基础上结合思政元素提出相关问题，引导学生进行思考。同时，采取分小组的方式，先由学生查阅、收集与案例和问题相关的资料，接着小组成员集体进行交流、探讨，从各个角度和层次对问题进行深入分析，共同探寻问题。最后，开展集体讨论，由各小组派代表阐述对案例和案例中所提出问题的看法和见解。PBL 结合案例教学法与思政元素的有机结合不仅有利于培养学生分析问题、解决问题以及团队协作的能力，而且在案例资料搜集与分析的过程中，使学生充分认识到我国在卫生法律制度建设中取得的成就，以此引导学生建立道路自信、理论自信、文化自信和爱国情怀，提高学生的专业认同感、社会责任感和使命感。

（三）课程思政教学理念与设计

1. 课前导入及相关思政元素

【思政元素】道路自信、理论自信、文化自信。

首先以"中国正在说"一期中温铁军的名人演讲视频切入本章所学知识点。温铁军教授以通俗易懂的语言介绍了新中国取得的成就，分析了东欧剧变后人民的悲惨生活，以及与照搬西方制度之间的关系，引导学生建立道路自信、理论自信、文化自信，使学生正确认识民主、自由与法治的关系。

2. 课程内容及相关思政元素

（1）中国卫生法律制度建设的历程、方式、特点和主要成就

【思政元素】四个自信、爱国情怀、法律意识和法律素养。

"中国是世界古代文明发源地之一，也是最早用法律手段管理医药卫生的国家之一。在我国浩繁的史籍中，蕴含着相当丰富的医药卫生法史料，自夏王朝以来在各朝的各种法律书籍中，都有我国历代医药卫生管理和医学制度的记录。"

结合我国卫生法律制度建设的历程和改革的成就，同时与世界其他国家进行对比，使学生认识到我国卫生法律制度建设立法上的逐步完善，认可我国卫生法律制度建设的成就，引导学生建立道路自信、理论自信、文化自信。

（2）PBL 结合案例教学法：新型冠状病毒肺炎疫情防控中各国的措施

【思政元素】职业认同感、社会责任感和使命感。

通过 PBL 结合案例教学法要求学生搜集世界各国在新型冠状病毒肺炎疫情防控中采取的政策和各项措施，并分析其优点和存在的问题，以及世界各国卫生法律制度的现状和存在的问题等内容。结合此次新型冠状病毒肺炎疫情防治工作的情况，同时与世界其他国家进行对比，使学生认识到我国传染病防治制度的先进性，政府组织能力、社会治理能力的强大，引导学生建立道路自信、理论自信、文化自信。同时，通过讲授我国无数卫生监督人员在此次新型冠状病毒肺炎疫情抗疫过程中的重要职责和做出的突出贡献，以及中医药在疫情防控中发挥的重要作用，加强学生的职业认同感和中医药文化认同感，提高学生就业后在突发公共卫生事件处理过程中的应对能力、专业素养及责任担当。

（四）课程思政实施成效

1. 教学成果

在"卫生监督学"教学过程中融入课程思政的元素有助于学生形成正确的价值观，提高学生全球公共卫生视角，树立大卫生和大健康理念。学生在感受专业认同感、社会责任感和使命感的同时，对课程的学习态度有所转变，学生对课程参与积极性和评价普遍提高。课程出勤率达到 95%、教学任务完成度达到 100%。同时，采取 PBL 结合案例教学法，提高了学生对卫生监督学问题的分析和解决能力。

2. 特色与创新

（1）采用 PBL 结合案例教学法与课程思政的整合教学模式，通过"课前案例导入（激发兴趣）—小组搜集、整理、分析案例资料（深入理解）—整合小组意见讨论与总结（辩论、思辨）"，全面提升学生的逻辑思维能力、分析与解决问题的能力、团队协作能力和法律素养。

（2）结合我校医药背景，通过讲授我国无数卫生监督人员在此次新型冠状病毒肺炎疫情抗疫过程中的重要职责和做出的突出贡献，以及中医药对于疫情防控发挥的重要作用，以加强学生的职业认同感和中医药文化认同感，提高学生就业后在突发公共卫生事件处理过程中的应对能力、专业素养及责任担当。

（五）课程思政实施反思

1. 教学设计视角

本案例在卫生监督历史与发展这一章的整个教学中，采用 PBL 结合案例教学法与课程思政整合的教学模式，巧妙穿插各个维度的"思政元素"，将"四个自信""爱国情怀""职业认同感""社会责任感"等精神内核融入案例。在采用 PBL 结合案例教学法时，要考虑案例的选择和学生分组人数，要保证每个学生都有参与机会。

2. 学生评价视角

教学是以培养学生分析问题、解决问题的能力为最终目标，所以问题的设计要巧妙，提出的问题要有深度、广度，要既能符合卫生监督实践，还要综合覆盖多章节的理论知识，以提高学生的学习兴趣，调动学习积极性，这些问题都需要继续进行探索。

（李敬）

"国际投资学"课程思政教学设计
——以跨国公司为例

课程类型：专业课程　　　　　　学科门类：经济学

一、课程简介

"国际投资学"以国际直接投资与国际间接投资的划分作为横向线索，同时将国际投资构成要素，即国际投资理论、国际投资主体、国际投资客体、国际投资管理和国际投资中国化等作为纵向线索，两条线索的交叉构成了剖析国际投资内在运行规律的逻辑框架。本课程首先从国际投资的基本概念和总体发展趋势入手，其次介绍了国际投资理论，然后分析了三类国际投资主体及其国际投资行为特征：跨国公司、跨国金融机构、官方和半官方投资主体，接着论述了国际投资客体及其运营特征：实物资产与无形资产、金融资产，再次从国际投资环境、国际投资政策管理、国际投资法规管理和国际投资风险管理等方面全面介绍了国际投资管理，最后论述了国际投资中国化的两个方面的问题。

二、案例简介

以"国际投资学"课程第三章跨国公司为例。课程设计从"云南白药的全球化布局"案例引入，让学生从云南白药公司的案例中了解价值链的内涵；根据云南白药的全球化布局认识学习职能一体化和地域一体化的组织战略的特点；通过学习云南白药集团的组织结构演变，了解各种组织形式的特点；通过云南白药企业的数据，给学生展示中医药商品在世界的传播和影响力，加强中医药文化自信，推动中医药商品国际化进程。

（一）教学与育人目标

1. 知识学习目标

（1）掌握跨国公司的内涵界定、国际化度量指标，了解跨国公司发展的各个阶段及其特点。

（2）熟悉价值链的内涵，跨国公司职能一体化和地域一体化战略的演变及各种战略的特点，跨国公司组织结构的演变及各种组织形式的特点，知道跨国公司对世界经济发展的综合影响。

2. 能力提升目标

（1）引导学生思考中医药企业的生存和发展所面临的国内外环境变化，以及通过所学知识该如何正视并改进中医药企业国际化发展的方式，培养学生的思辨能力、分析能力等。

（2）利用案例教学、互动讨论，融合 PBL 和 TBL 教学法，培养学生的思辨能力、表达能力、团队协作能力。

3. 思政育人目标

（1）增强学生民族振兴的责任感和使命感。通过云南白药在跨国扩张过程中遇到的事件和问题，以及对产业价值链和企业组织结构的调整与应对，分析中医药企业国际化发展的难处，让学生深切体会到民族振兴的重要性。

（2）培养学生坚定的文化自信，尤其是中医药文化的自信。通过 TBL、PBL 教学法与课程思政整合的教学模式应用，一方面提高学生分析问题、挖掘问题背后的原因的能力；另一方面让学生了解中医药文化的精髓和内涵，增强文化自信。

（3）培养良好的职业道德、健康的价值观。通过云南白药的案例分析，帮助学生看到在企业扩张中每个人的责任和眼界，让学生了解正确的大局观和价值观才能够实现人生的价值，引导学生树立正确的人生观、世界观和价值观。

（二）教学策略与方法

采用理论课和实践课相结合的办法。理论课主要通过案例教学法、对比分析法和互动讨论法将课程思政融入知识中，通过真实的历史事件，帮助学生了解理论的应用，并深入探讨事件背后的真实原因，引发学生思考。实践课则是开展以问题为导向的 PBL 教学，通过小组讨论式的 TBL 教学，培养学生解决问题的能力。将知识体系、思维能力和情感共鸣三位一体的创新教学巧妙融入授课过程中，引导学生树立正确的人生观、世界观和价值观，增强学生民族振兴的责任感和使命感。

（三）课程思政教学理念与设计

1. 课前导入及相关思政元素

首先以"云南白药的全球化布局"案例切入本章所学知识点。"从组织架构上进行划分，云南白药集团海外事业部是与云南白药集团制造中心、云南白药集团医药电子商务公司、云南白药集团文山、大理、丽江分公司、云南白药集团天紫红药业公司、云南省医药公司等系列分公司一并，属于云南白药集团的第一子公司集团；从管理层级上划分，该事业部属于云南白药集团总经理直属领导的一个特殊部门，它的部门经理直接对云南白药集团的总经理负责，该部门所采用的是业务经理制。在业务范围上，该部门负责云南白药集团对外的大部分事宜，主要是对于海外市场的经营业务管理，如订单的统计、执行、监督工作，联系货物运输、货物进出口报关、装箱单、质检单等各类进出口相关单证的编制工作，产品售后服务工作等。"

通过此案例导入，以云南白药集团的海外扩张之路为案例，引发学生思考中医药企业国家化竞争力不高的问题和原因，结合课程内容，从企业自身、行业管理和宏观层面三个角度进行分析，帮助学生发现问题背后的原因。

【思政元素】思辨能力、创新意识和增强民族振兴的责任感和使命感。

企业自身的问题。我国的中药制药企业由于历史与现实的原因在人力资源管理、生产制造、研发、销售等方面能力与国际化大企业存在一定的差距；同时在与政府间合作方面地位较低，不能取得平等的话语权；在与企业间合作方面观念较为落后；在与跨国公司竞争的经验以及实力上存在一定不足。

行业管理问题。我国的行业管理存在许多不健全的问题，在行业服务、行业自律、行业代表、行业协调等方面职能的执行存在不足。

宏观调控与治理。国家对于中药行业的调控与治理，在早期并不够完善，一定程度上影响了中医药企业的跨国发展。我国的第一部关于中医药的法规《中华人民共和国中医药条例》于 2003 年 4 月 7 日正式颁布。

现如今，中国在中医药行业发布诸多支持性的政策文件，为中医药的发展带来了重大机遇。2017 年 7 月 1 日，中国首部《中医药法》正式实施，2022 年是《中医药法》实施五周年，国家中医药管理局及各地中医药管理部门对此都有大力宣传，对中医药行业有着积极的正向影响。

2. 课程内容及相关思政元素

（1）云南白药集团纵向价值链的特点及问题

云南白药创建于 1902 年，作为中国知名的老字号，是首批国家级创新型企业。随着中国"大健康"产业战略的布局，集团逐步发展为从药材的选择和培养、研制和开发到提供健康产品和服务的多元化经营，也慢慢从中国的中成药公司发展成为中国大健康产业的领军企业之一。

【思政元素】弘扬创新精神，加强中医药文化自信。

价值链的纵向整合即产业链的上下游延伸，向上延伸保证企业原材料供应及研究开发等，向下延伸赢得销售渠道的控制。云南白药集团的纵向价值链主要包括药材种植、药品研发和销售网络三大模块。

在药材种植方面，云南白药的工业产品成本以原材料为主，药品原材料主要为中药材，日化产品原材料主要为"云南白药"提取物及生产所需的原辅料。公司工业产品生产基地集中分散在云南省境内，例如昆明、文山、大理、丽江等地。云南白药中药材的采购主要通过中药材种植基地培育、农户合作、签署协议、参股或控股中药材供应商等方式保障公司中药原材料的供应。

在药品研发方面，创新研发中心是云南省规模最大、最完整的新药品开发机构，拥有强大的科研团队和特色鲜明的研发平台。云南白药从研发项目组建到后来的整合成创新研发中心，大部分环节都是靠着自身的资源进行自建，资源配置逐步提高的同时，研发成本也在降低。

在销售网络方面，公司医药商业板块先后通过了国家药监局 GSP 认证和 ISO9001 质量体系认证，并且自主研发覆盖生产运营的诸多方面的 ERP 系统。得益于大药房和省医药业务整合的持续发力，公司销售稳定增长，赢得了竞争优势。

（2）TBL、PBL 教学法：对云南白药内部价值链的各环节职责进行讨论

通过 TBL、PBL 教学法指导学生开展对价值链各环节内容和职责进行讨论，并撰写研究报告，了解价值链各个过程中的主要内容和现实实践中常用的系统，在帮助学生学习知识点的同时，也结合实际，了解实际操作的情况。

【思政元素】行业自律、社会责任感。

云南白药内部对于公司的发展制定了长远的目标，积极整合内部供应链，对公司各项业务流程进行了规范。采购方面，利用 ERP 系统管理和安排原材料的采购，严格与生产物料需求联动，这样可以有效利用原材料，并减少不必要的库存；物料消耗管理方面，公司具有严格的相关规定和考核手段，避免无效率消耗原材料；生产方面，杜绝随意和无目的性的生产，建立集中管理生产系统，按照集团内部的订单有计划地进行生产，避免大量的商品存储在仓库中；信息传递方面，通过采用 PM/BMS，保证不同部门之间信息传递的准确性和及时性，精确计算产品成本以便进一步优化；产品运输方面，与第三方物流进行合作，构建 GPCS 物流响应系统，整合物流管理。每个环节的严格管理才能保证产品的质量，实现企业的长远目标。

（四）课程思政实施成效

1. 教学成果

本人在进行知识传授的过程中坚持致力于教学改革的研究，以期提高教学质量和学生满意度。在教育部全面推进高校课程思政建设以来，对自己所授课程的课程思想政治资源进行了充分挖掘，努力提升每门课程的育人作用。本门课程考试及格率达到90%以上。

2. 特色与创新

（1）采用 TBL、PBL 教学法与课程思政整合的教学模式，用问题引导学生思考，通过小组讨论解答问题，提高学生思辨能力，全面提升学生的团队协作能力、人际交往能力、思辨能力和人文素养。

（2）在课程中结合我校医药背景，将中医药文化和中医药企业的国际化发展融入课程中，让学生在学习相关知识的同时也能深切认识到中医药文化的深刻内涵，激发学生的民族自豪感和文化自信。

（五）课程思政实施反思

1. 教学设计视角

本案例在跨国公司这一章的整个教学中，采用 TBL、PBL 教学法与课程思政的整合教学模式，将"民族振兴的责任感和使命感""健康的价值观""中医药传统文化认同"等精神内核融入案例。

2. 学生评价视角

由于案例本身集中在某一个集团的研究上，缺少了多样化，在后续的课程讲解中，还会增加对其他中医药企业的分析和解读，提高课程案例的多样化和多元化，多层次地强化课程思政元素，提高学生的各项能力。

（李灵珊）

"管理文秘"课程思政教学设计
——以管理文秘的素质和能力为例

课程类型：专业课程　　　　学科门类：管理学

一、课程简介

"管理文秘"是公共事业管理专业理论课程之一。管理文秘是研究行政管理和经营管理活动中秘书部门及其秘书人员如何辅助领导进行管理的一门具有政治性、综合性与应用性的学科。"管理文秘"课程主要是针对公共事业管理、行政管理等专业设置的一门专业方向选修课。其主要目的是使学生了解秘书工作的发展历程与趋势，认识中国秘书工作的特色和改革的思路；理解并掌握秘书在角色、任职资格、人际关系等方面的特点，秘书处理与领导关系的原则，秘书参谋工作在领导决策中的特点、工作程序及其方法，公文处理、收集信息、公务协调、督促检查、会务工作、档案和保密工作、信访工作、日常事务管理、办公自动化等各项工作的制度、任务、原则、要求、程序和方法等。为学生在党政机关、企事业单位及社会其他组织中从事管理文秘及其相关工作，做好理论与实践方面的基本准备。

二、案例简介

本课程思政教学设计以"管理文秘"课程第二章管理文秘的素质和能力为例，引入"秘书工作的风范——与地县办公室干部谈心"案例，带领学生学习习近平总书记在《摆脱贫困》一书中的关于秘书工作的风范的论述，达到"强化参谋辅助意识，培养无私奉献精神"的思政目标。

（一）教学与育人目标

1. 知识学习目标

（1）了解管理文秘的职业形象及办公礼仪。

（2）掌握管理文秘的角色定位和管理文秘人员的专业要求。

2. 能力提升目标

（1）根据新时代、新形势、新任务的要求，对新时期办公室秘书工作提出了"服务发展、服务决策、服务落实"的"三服务"工作要求，引导学生思考新时期秘书角色定位和职业素养。

（2）利用案例教学、互动讨论，培养学生的表达能力、团队协作能力。

3. 思政育人目标

（1）以习近平"新时代中国特色社会主义思想"、习近平在"全国高校思想政治工作会议"上的讲话精神为指导思想，围绕高等教育"立德树人"中心环节，针对秘书工作"服务发展、服务决策、服务落实"的职业要求，在专业理论学习和实践技能强化的过程中，强化学生的职业意识、家国情怀和思想政治素养。

（2）将习近平新时代中国特色社会主义思想和社会主义核心价值观、中华优秀传统文化、家国情怀以及职业道德、作风修养等以"潜移默化""润物无声"的方式，适时融入教学过程，实现知识传授与价值引领的有机统一，使教学过程成为引导学生学习知识、锤炼心志、涵养品行的过程。

（二）教学策略与方法

将教学新模式和新理念有机整合，在最大程度上体现案例教学法与课程思政整合后"1+1>2"的育人效果。理论课主要通过案例教学法和互动讨论法将课程思政融入知识体系中，使课堂内容能够激发学生兴趣从而提高学习积极主动性，拉近理论与现实的距离，增强学生对思政理念的参与度与接受度。将知识体系、思维能力和情感共鸣三位一体的创新教学巧妙融入授课过程中，培养学生的批判性思维、探索性思维，引导学生树立正确的价值观，以及良好的文秘职业道德，并积极提升自身文秘专业素养。

（三）课程思政教学理念与设计

1. 课前导入及相关思政元素

首先以"秘书工作的风范——与地县办公室干部谈心"作为案例切入本章所学知

识点。

　　办公室，是一个单位、一个系统、一个机构的关键部门。办公室工作如何，对党委乃至一个地方全面的工作影响很大。因此，每个地方的领导都非常关心、关怀和关注办公室工作。"运筹于帷幄之中，决胜于千里之外"。办公室工作做好了，各项工作的顺利开展也就有了可靠保证。

　　通过此案例导入，一方面与学习的理论知识"管理文秘的角色定位"相统一；另一方面，引导学生探讨实际工作中文秘角色定位和素养到底是如何的。

　　【思政元素】思辨能力、踏实肯干的工作态度。

　　"我曾经在中央军委办公厅做过秘书工作，和大家一样，是同行。以后又相继在县、市、地区党委或政府中工作，和办公室的关系十分密切。对于办公室工作，我体会最深的有四个字：重、苦、杂、难。"习近平总书记也曾做过秘书工作，对秘书工作有深刻体会。他说，秘书部门是一个单位、一个系统、一个地方的关键部门，它是决策的参谋部，始终围绕着首脑机关工作；掌握首脑机关的核心机密；是单位、地方的"窗口"。秘书部门的工作虽事无巨细却至关重要，对政府、党委乃至一个地方全局的工作影响很大。办公室工作做好了，各项工作的顺利开展也就有了可靠保证。

　　学习"管理文秘"课程初期，学生对文秘的定位狭窄，通过对习近平总书记这段自述的学习，引导学生认识文秘工作的重要性，认识工作的严谨繁重性，树立吃苦耐劳，兢兢业业工作的职业工作态度。

　　2. 课程内容及相关思政元素

　　（1）管理文秘的角色定位

　　管理文秘的角色定位包括机要性、辅助性、协调性和技术性。

　　【思政元素】对秘书工作"参谋辅助"内涵的理解和职业价值的科学认知。

　　第一个希望：要有高度的责任感。办公室的工作牵动全局。这就要求办公室干部要具备强烈的事业心、严肃认真的工作态度和一丝不苟的工作作风。办公室工作涉及大量机密，每一份文件传达到什么范围，都有具体规定，绝不能马虎从事。

　　第二个希望：要高效率开展工作。办公室每天都要处理许许多多的日常工作事务，解决上下左右、方方面面的各种矛盾和问题。这就需要我们不断提高工作效率……办公室还有一个重要工作就是发挥参谋作用，及时提出决策建议，并能把领导的决策化为具体意见。当前，我们经济建设和社会工作上的难点、热点问题很多，很需要加强调查研究，有针对性地提出分析问题以及解决问题的方法措施，提供给各级领导决策参考。

　　第三个希望：实行高水平服务。服务是办公室的一项重要工作。第一，要增强超前服务和事后服务意识……第二，服务要及时周到。做到能够为领导释流减荷，分忧解围。第三，服务还要高度负责，一丝不苟……第四，服务不仅要勤、要诚，而且要灵活。

秘书工作虽事无巨细、繁杂琐碎却关系领导部门决策和单位发展大局。围绕领导部门的决策工作，秘书人员要积极出主意、想办法、提建议，努力在辅助管理和综合服务的岗位工作中创造不平凡的业绩。

（2）管理文秘职业素养的提升

通过学习书上的理论知识，职业素养包括严守纪律、克己奉公、谦虚谨慎、平等待人、严守机密、提高警惕、埋头苦干、乐于奉献，进一步结合案例找准实践工作的定位。

【思政元素】正确对待名利得失，树立正确的事业观和政绩观。

秘书是个特殊的职业。许多人认为，秘书工作最突出的特征是当配角。我看这句话说得也对也不对。说得对，是因为秘书确实干的是辅助性、铺垫性工作，是领导的助手。说得不对，是因为秘书的活动面比舞台上的配角更窄，他没有台词，没有亮相机会。秘书的工作性质，决定了他要正确对待名利荣辱，树立无私奉献的精神，不断加强和深化自身的修养。

秘书的特殊性工作，光有埋头苦干的精神还是不够的。就我个人体会，秘书在加强自身修养中，还要特别注意培养良好的工作作风，注意生活细节，即要努力做到"五不"：一不自恃，二不自负，三不自诩，四不自卑，五不自以为是。

总之，秘书人员要经常检查自己思想、工作"到位"情况，不能"离位"，更不能"越位"。在处理同领导的关系中，力求做到"参与而不干预、协助而不越权、服从而不盲从"。我想只要把握好这个"度"，就能成为一名合格的称职的秘书。

通过案例内容的阅读，强化文秘职业道德在学生心中的印象，引导学生认识到做好秘书工作要坚持深入实践、不搞形式主义，不走过场，无私奉献，坚持宗旨意识，贯彻党的群众路线，养成求真务实的工作作风。

（四）课程思政实施成效

1. 教学成果

课程在进行知识传授的过程中不断尝试教学改革的研究，以期提高教学质量和学生满意度。在教育部全面推进高校课程思政建设以来，对自己所授课程的课程思想政治资源进行了充分挖掘，努力提升每门课程的育人效果。通过学生模拟实践办公场景、情景分析及公文写作，提升学生的文秘工作实际处理能力。

2. 特色与创新

在课程中结合习近平总书记的论述学习，通过榜样的力量鼓舞学生们的学习热情，并厚植无私奉献情怀，树立学生正确的价值观、事业观和人生观。通过案例教学和情景讨论全面提升学生的团队协作能力、人际交往能力、思辨能力和文秘职业道德素养。

（五）课程思政实施反思

1. 教学设计视角

本案例在管理文秘的素质和能力这一章的整个教学中，采用一个案例与课程体系内容全面结合的思政教学模式，巧妙穿插多个角度的"思政元素"，将"踏实肯干""甘于奉献""正确对待个人得失"等问题详细阐述并融入案例。但对案例分析的丰富度、深度以及与医药的结合度还有待进一步提升。

2. 学生评价视角

本课程授课后学生撰写了课程小论文，学生普遍感受到了自己在知识、能力和情感上的提升，并对管理文秘的工作性质和内容有了基本认识。在学习过程中能处处感受到"思政元素"，却并不感觉生硬，情感上比较容易接受。但如何将所学到课程专业知识和能力融会贯通到实践中去，提升自身职业素养，还有待进一步实践。

（陈丹）

"卫生管理统计学"课程思政教学设计
——以统计设计与资料搜集为例

课程类型：专业课程　　　　学科门类：经济学

一、课程简介

"卫生管理统计学"是公共事业管理和保险学专业的理论课程之一。本课程是把概率论和数理统计原理和方法应用于医学研究、人民健康和卫生事业管理、公共事业管理的一门科学，它主要研究数据的搜集、整理、分析和推断，反映事物特征，揭示事物间的客观规律。授课内容主要包括卫生管理统计学的基本概念，不同类型资料的统计描述方法，常用统计图表，常用的统计分布，不同类型资料的常用统计推断方法，线性回归和相关分析等。本课程通过课堂讲授、课程实践等形式进行，注重基本技能训练，培养严密的统计逻辑思维能力，训练独立进行统计分析的能力。课程采用提问、调研实践、考试等方式评价教学效果。通过本课程学习，要求学生能够掌握常用的和重要的统计分析方法，学会运用直观的统计图表反映居民健康状况的各项指标，养成统计逻辑思维的习惯，具有严肃认真、实事求是、对人民负责的科学态度。

二、案例简介

以"卫生管理统计学"课程第二章统计设计与资料搜集为例。课程设计以"全国第六次卫生服务统计调查"为例，引导学生形成理论联系实际的能力，在课程教学中把马克思主义立场观点方法的教育与科学精神的培养结合起来，通过引入思政案例，启发引导学生们用统计学观点及其数据思维认知世界，使学生们在潜移默化中坚定理想信念和道德情操，厚植爱国主义情怀。本课程在引入数据及其可视化概念后，自然流畅地融入生动的思政案例对不同类型数据进行可视化展示，启迪学生通过现象（数据）看本质，发现与解读事物的发展规律，德业融合。

（一）教学与育人目标

1. 知识学习目标

（1）了解统计资料的来源，统计误差的概念，调查研究的方法及适用范围，以及文献资料搜集的方法和过程。

（2）掌握抽样调查和普查的概念及方法，理解实验设计的基本要素及原则并能进行实例分析。

2. 能力提升目标

（1）引导学生结合实例分析抽样调查和普查的整个统计工作开展过程，并积极进行实践操作，培养学生的思辨能力、分析能力及理论联系实际的操作能力。

（2）提升收集宏观经济数据的能力，增强数据分析的能力，为毕业论文的撰写奠定统计基础。

（3）利用案例教学、互动讨论，培养学生的表达能力、团队协作能力。

3. 思政育人目标

（1）引导学生在统计调查过程中实事求是、严谨求真、依法统计、严守秘密、公正透明、服务社会。树立统计职业道德思想理念，培养学生耐心细致的工作作风和严肃认真的科学精神。

（2）结合我校医药背景，将培养医学人文情怀与经世济民的情怀有机结合起来，激发学生对医药卫生行业的热爱。

（二）教学策略与方法

采用理论课和实践课相结合的办法。理论课主要通过案例教学法、数据展示分析法和互动讨论法将课程思政元素融入知识中。使课堂内容能够激发学生兴趣而提高学习积极主动性，拉近理论与现实的距离，增强学生对思政理念的参与度与接受度。利用讲解全国第六次卫生服务统计调查制度及调查数据结果，将知识体系、思维能力和情感共鸣三位一体的创新教学融入授课过程中，培养学生的批判性思维、探索性思维，引导学生树立正确的统计职业道德，提高学生对我国卫生健康事业发展的认知和认同。

要求学生从课外对全国第六次卫生服务统计调查进行资料搜集，同步检索和阅读与统计调查密切相关的经典文献，并对文献进行讨论和统计设计，老师对学生的讨论结构进行总结，并对统计设计的方案进行点评。

（三）课程思政教学理念与设计

1. 课前导入及相关思政元素

首先以"全国第六次卫生服务统计调查"为案例切入本章所学知识点。

全国卫生服务调查是全面了解居民健康、卫生服务需求及利用等方面情况的综合性调查，是国家卫生健康统计调查的重要组成部分。全国卫生服务调查始于1993年。每5年开展一次，2018年9月开展全国第六次卫生服务调查。

通过此案例导入，一方面阐明卫生服务调查的时间、目的和调查类型，要求学生联系课堂学习的理论知识与实践相结合；另一方面，引导学生探讨卫生服务调查的重要性和必要性，体现国家对人民卫生健康的关注，体现社会主义核心价值观及制度的优越性。

【思政元素】思辨能力、理论联系实际能力和增强制度自信。

本次调查目的是以习近平新时代中国特色社会主义思想为指导，认真贯彻落实党的十九大精神，通过了解群众健康状况、卫生服务需求及利用水平特征、医疗保障制度的覆盖人群和保障水平、群众就医费用、经济负担及就医感受等，为推动实施健康中国战略、深化医药卫生体制改革提供数据支持。

本次调查由国家卫生健康委员会组织领导，规划司负责协调，统计信息中心负责组织实施，包括调查设计、抽样、指标体系和问卷设计、师资培训、现场督导、数据上报、数据清理和数据汇总分析等。

各省份按照"统一领导、分级负责、共同参与"的原则，负责做好宣传动员和组织实施工作。由省级卫生计生委统计信息中心（或负责调查工作的单位）组织调查员统一培训，组织和指导基层入户调查、数据录入、质量审核、督导等工作。样本县（市、区）卫生计生行政部门负责组织实施、动员宣传、现场调查等工作。

2. 课程内容及相关思政元素

（1）学习统计调查的步骤和质量控制原则

引导学生在统计调查过程中实事求是，在撰写调查报告过程中不出假数据。

【思政元素】树立统计工作职业道德观。

要将调查数据质量控制贯穿于调查工作的全过程。在调查设计、调查数据采集、数据整理分析等各个环节均要落实相应的质量控制措施。全体调查人员要树立数据质量第一的意识，每个工作环节都要有专人负责。杜绝人为干扰调查数据真实性问题。调查员和调查指导员原则上由县（区）卫生机构及乡镇卫生院或社区卫生服务中心工作人员组成。

质量要求：

①调查技术一致性。通过培训，确保调查人员调查技术达到一致。

②调查完成率。在 3 次上门未调查成功而放弃该户时，应当从候选户中按顺序递补。调查完成率应当控制在 95% 以上。

③本人回答率。原则上调查内容应当全部由本人回答，如调查期间内本人确实外出或者本人无应答能力，可由熟悉其情况的人代替回答，但育龄妇女的问题必须由本人回答，要求成年人的本人回答率不低于 80%，婴幼儿由抚养者回答。

④复查符合率。复查考核中，同户复查项目与原调查结果的符合率要求在 95% 以上，符合率达不到 95% 的地区应当对全部调查户进行回访，重新调查。

以上案例很好地体现了统计职业道德，其包括实事求是，不出假数；依法统计，严守秘密；公正透明，服务社会。其中，实事求是、不出假数是统计职业道德的核心内容，应对学生予以强调。

（2）根据调查数据撰写调查报告时，引导学生透过现象看本质

通过解读 2013 年第五次卫生服务调查报告的内容，引导学生学会合理利用统计工具分析系统数据，透过数据的现象看我国健康卫生事业本质的发展。

【思政元素】激发学生对医药卫生行业的热爱，培养经世济民的情怀

本报告采用描述性分析方法，对调查资料进行现况描述和变化趋势分析。比较我国不同时期、不同地区、不同人群卫生服务需要、需求、利用、医疗费用及其影响因素的变化。居民自我健康评价的分析如下。

居民两周患病率升高，疾病严重程度下降。1993 年以来，居民两周患病率持续增加，近 5 年增幅加大。居民两周患病率存在明显的城乡和地区差异，城市高于农村，西部地区低于东部和中部地区，西部地区的城乡差异尤其明显。虽然居民两周患病率增加，但是反映疾病严重程度的卧床率和卧床天数均有所下降。

两周患病构成继续发生转变。1998 年以来，两周患病中慢性病所占比例持续提高，到 2013 年，超过 77% 的两周患病是慢性病，在城市这一比例超过了 80%。

慢性病患病率快速增加。近 5 年来，居民慢性病患病率快速上升，农村地区增加了近 1 倍。不同病种中，高血压、糖尿病等疾病患病率增幅明显。

老年人口卫生服务需要量大，增加速度快。近 5 年来，65 岁及以上老年人口两周患病率、慢性病患病增长幅度大于其他年龄组人口。

居民自评的健康状况，在东、中、西部地区的城乡间、性别、年龄组之间存有差异。从总体看较 5 年前略有改善。

我国卫生事业的发展变化快速，但是对满足人民日益发展的健康需求仍有一定距离，作为健康卫生行业的接班人，应热爱我们的卫生事业，为保障人民群众的健康贡献自身力量。

（四）课程思政实施成效

1. 教学成果

教学课程中积极组织学生进行专业前沿及卫生健康热点问题统计调查设计，学生自行组队，并根据研究主题，设计调查问卷，开展问卷调查（可使用问卷星网络系统与实地调研相结合的办法），并将自己的调研结果进行课堂展示，以此增强学生的实践动手能力，以及透过社会现象分析其本质影响因素的能力，树立科学的价值观。

学生通过对"卫生管理统计学"课程中的实践调查报告进行完善修改，申报大学生实践创新调研项目，多人在学术期刊上发表论文。

课程组老师也申请了与统计学相关的校级及省部级教学改革课题，并顺利结题。

2. 特色与创新

采用案例教学法和课程思政的整合教学模式，通过"课前导入（激发兴趣）—课堂讲解（深入理解）—案例分析及研究报告（分析实践）"，强化实践能力和创新能力，培养耐心细致的工作作风和严肃认真的工作态度。问卷设计与展开统计调查过程中，培养学生具备团队协作的优良品质。在课程中结合我校医药背景，培养学生经世济民情怀，树立制度自信。

（五）课程思政实施反思

1. 教学设计视角

本案例在统计设计与资料搜集这一章的整体教学中，采用案例教学法与课程思政的整合教学模式，巧妙穿插"思政元素"，将"职业道德""制度自信""肩负发展卫生健康事业责任"等精神内核融入案例。但对于案例数据报告分析和深度的主题挖掘还有待提升。

2. 学生评价视角

本课程授课前后对学生进行了两次问卷调查，学生普遍认识到坚守职业道德的重要性，提升了制度自信，并且在知识、能力和情感上有一定的提升，对我国卫生事业发展的道路有了基本认识。在学习过程中能处处感受到"思政元素"，却并不感觉生硬，情感上比较容易接受。

由于不同小组成员的学习目标和知识接受程度可能存在不一致的情况，会导致一部分学生对统计调研的设计及数据分析不充分，从而使得实践调研研究报告的实际效果打折扣。此外，如何将所学到的本课程专业知识和能力融会贯通，真正用以提升自身职业素养，还有待进一步挖掘和实践。

（陈丹）

"会计学原理"课程思政教学设计
——以会计信息的质量要求及会计职业道德为例

课程类型：专业课程　　　　学科门类：管理学

一、课程简介

"会计学原理"是经济管理类专业本科生的一门专业基础课。本课程一方面具有较强的理论性，涉及会计有关的基本理论和知识，会计运用的基本方法等；另一方面是一门实践性和系统性较强的课程，以实际会计工作任务为纽带，围绕会计目标学习会计信息的生成和会计报告的编制等。授课内容主要包括会计基本理论、会计科目与账户、复式记账、企业主要经济业务的账务处理、会计凭证、会计账簿、账务处理程序、财产清查、财务会计报告等九个会计学原理单元。帮助学生了解会计学相关理论、法律法规和实务操作，引导学生了解会计的基本概念和理论，理解会计的定义、职能、目的、对象、会计准则等理论的基本概念、特点及内容；掌握会计核算方法，包括复式记账法、借贷记账法等一系列会计核算方法，掌握填制凭证、登记账簿、编制报表等基本技能。注重培养学生财务思维及解决财务问题的能力。学习我国会计法及基本财经法规，增强职业道德和提升思辨素养。

二、案例简介

以"会计学原理"课程第一讲会计信息的质量要求及会计职业道德为例。课程设计从"中国版证券集团诉讼第一案：康美药业案"案例引入，通过康美药业一案中承担审计任务的审计机构、签字的注册会计师及公司董事、监事、高管所承担的法律责任为例，引领学生思考诚信经营对于财务工作、对于企业经营管理者乃至对于普通人的重要意义；通过课堂讲授会计信息的主要质量要求以及由此引申出的会计的职业道德问题，利用案例教学及互动讨论分析考察如何在法律和道德层面加大对会计及企业管理者们的约束；通过2019年新《证券法》所设立的中国特色证券集团诉讼制度的介绍与分析，令学生明确自己未来作为企业经营管理人员所必须承担的法律责任，加强学生的法律意识，通过医药行业财务案例，向学生展示医药行业财务造假的恶劣性，了解会计法及医药行业财务合规性，加强医药行业背景学生财经职业道德修养。

（一）教学与育人目标

1. 知识学习目标
（1）了解会计工作应具备的职业道德及业务规范。
（2）掌握会计信息的质量要求。

2. 能力提升目标

（1）引导学生思考在当今国家逐步加强财经监管的背景下，企业经营管理者如何实施正确的职业判断并坚守职业道德。

（2）利用案例教学、互动讨论，培养学生的表达能力、法治思维能力、团队协作能力。

3. 思政育人目标

（1）结合康美药业案中企业的财务舞弊行为，帮助学生辨别企业财务舞弊的主要动机、手段及后果，了解企业财务舞弊带给国家、市场及投资者的巨大损失，从社会利益和经济利益的角度加强课程思政在学生学习中的渗透性。

（2）培养学生的国家意识、宏观意识、大局意识，用诚信精神和敬业精神指引思想。通过案例教学法与课程思政的整合教学模式应用，全面提升学生的团队协作能力、人际交往能力、思辨能力，以此全面提升学生职业素养。

（3）结合我校医药背景，将大医精诚的人文情怀与诚信为本的会计职业操守有机结合起来，激发学生对中医药文化与财经文化的热爱与兴趣，增强大学生文化自信。

（二）教学策略与方法

采用理论课和实践课相结合的教学方法。理论课主要通过案例教学法、对比分析法和互动讨论法将课程思政融入知识中。提高学生学习积极主动性，增强学生对思政理念的参与度与接受度，将知识体系、思维能力和情感共鸣三位一体的创新教学巧妙融入授课过程中，培养学生的批判性思维、探索性思维，引导学生诚实守信、爱岗敬业，了解职业道德在经管人员的职业生涯中的重要价值。在案例中引入最新的证券集团诉讼制度，提高学生对我国打击财务舞弊等经济犯罪行为决心、毅力及手段的认识。

将教学新模式和新理念有机整合，最大程度上体现案例教学法与课程思政整合后"1+1>2"的育人效果。实现学生在专业知识上具有勤学慎思、刻苦钻研的学习精神；在专业能力上具有分析、沟通和团队协作能力；在专业素养上具有诚信为本、建立信用中国的社会责任情怀。

（三）课程思政教学理念与设计

1. 课前导入及相关思政元素

首先以"中国版证券集团诉讼第一案：康美药业案"案例切入本章所学知识点。康美药业股份有限公司（简称康美药业）成立于1997年，2001年于上交所上市，随着企业的不断发展壮大，它一度成为市值超过千亿的A股中医药第一大股而受到无数投资者的热烈追捧。然而随着2016～2018年连续三年的300亿巨额财务造假被披露，康美药业的神话瞬间破灭，公司在面临破产和摘牌退市的巨大危机的同时，投资者的索赔诉讼也纷至沓来。2020年5月，证监会最终认定，2016～2018年，康美药业存在通过财务造假，虚增大量营业收入，伪造、变造大额定期存单等方式虚增货币资金，将不满足会计确认和计量条件工程项目纳入报表，虚增固定资产等违法乱纪行为。同时，康美药业还存在控股股东非经营性占用资金情况。上述行为致使康美药业披露的相关年度报告存在虚假记载和重大遗漏。证监会认为，康美药业有预谋、有组织，长期、系统实施财务欺诈行为，践踏法治，对市场和投资者毫无敬畏之心，严重破坏资本市场健康生态。2021年11月，广州中院做出一审判决，责令康美药业股份有限公司因年报等虚假陈述侵权赔偿证券投资者损失24.59亿元，董事长马兴田及其妻子许冬瑾等4名直接责任人员，承担财务审计的正中珠江会计师事务所及直接责任人员承担全部连带赔偿责任；另有13名高管人员按过错程度分别承担20%、10%、5%的连带赔偿责任。

通过此案例导入，一方面以康美药业案为案例，说明企业实施财务舞弊的手段及带给投资者的重大损失，使学生明白财务舞弊对市场及社会的危害性；另一方面引导学生探讨康美药业实施财务舞弊的目的，基于我校课程医药特色，讨论医药企业中易出现财务舞弊的环节。

【思政元素】思辨能力、创新意识和增强诚信教育。

康美药业虽为一家知名中医药企业，但其上市后，不再满足于医药行业所带来的利润，而是将目光转向房地产行业及股票市场。2012年起，康美药业开始进军房地产行业。除实际控制人马兴田其妻许冬瑾持有的汇润地产，康美小镇亦为其关联房企。由于地产行业频繁的关联交易，引发了外界对于康美药业借医药生意为名、实则圈地盈利的猜测。除地产生意外，康美药业曾挪用89亿元坐庄自家股票，通过关联交易抬高股价并减持套现。同时，康美药业自身的发展也出现了不小的问题，2015年，康美药业通过并购为"智慧＋大健康产业"生态圈中的智慧药房铺路。随后，其在全国各地推进智慧药房模式。截至2017年年末，康美药业的智慧药房、智慧药柜项目总投资额高达105亿元。但受政策影响，从2018年5月开始，国内多地已经叫停药房托管业务。资金投入巨大，却未换来应有的产出，资金短缺促使康美药业不惜通过粉饰报表来掩盖其捉襟见肘之态，为此，康美药业还曾四次卷入行贿案。

通过分析康美药业财务舞弊的目的及手段，并通过其财务舞弊被揭穿后面临的一系列惩处及诉讼，还有不断恶化的经营状况，告诫学生诚信经营对于企业及其管理者们的重要意义。

2. 课程内容及相关思政元素

（1）注册会计师及审计机构在财务舞弊中应承担的责任

根据《中华人民共和国合伙企业法》第57条第1款的相关规定，合伙人若存在故意或重大过失，应当在会计师事务所承责范围内承担连带赔偿责任。在这里我们将通过分析注册会计师及审计机构在康美药业案中需承担的法律责任，来说明遵纪守法、保持职业道德、保证职业操守的重要性，告诫学生严守职业道德、履职尽责的重要性。

【思政元素】职业责任及职业道德。

根据新《证券法》第163条规定可知，若会计师事务所未遵循基本审计准则导致审计失败，应当对投资者损失承担连带责任。此外，法释〔2007〕12 号第 5 条与第 6 条分别对注册会计师未遵循准则要求而出现的欺诈与过失行为以及如何担责进行列示，即过失下会计师事务所按过失程度担责。

在康美药业诉讼案中，杨文蔚作为会计师事务所合伙人兼 2016～2018 年的签字注册会计师，并未关注到项目组成人员在执业审核过程中的明显纰漏，在存在明显异常或相互矛盾的审计证据时并未实施替代程序，对 2016 年、2017 年财务报表出具了标准无保留意见的审计意见，2018 年财务报表出具了保留意见，均为错误意见，严重影响资本市场的信息披露的公允性，属于存在故意或重大过失，应承担连带赔偿责任。

因而依据 2005 年《证券法》第 223 条，中国证监会决定：①对广东正中珠江会计师事务所（特殊普通合伙）责令改正，没收业务收入 1425 万元，并处以 4275 万元罚款。②对杨文蔚、张静璃、苏创升给予警告，并分别处以 10 万元罚款。此外当事人杨文蔚、张静璃、苏创升作为从事证券服务业务的人员，未勤勉尽责，违法行为情节严重，对杨文蔚、张静璃分别采取 5 年证券市场禁入措施，对苏创升采取 10 年证券市场禁入措施。

（2）加强监管及特别代表人诉讼制度

特别代表人诉讼制度的出台是我国加强对于证券市场的监管及对中小投资者的保护的最新举措。通过讲解特别代表人诉讼制度下，企业实际控制人、管理层及审计机构、注册会计师等需要承担的责任，让学生明确国家对于加强证券市场监管的决心，也明白作为中小投资者如何在该制度下维护自己的合法权益。

【思政元素】特别代表人诉讼制度。

2020 年 3 月 1 日，第十三届全国人大常委会第十五次会议审议通过的修订后《中华人民共和国证券法》（简称新《证券法》）正式实施，推出特别代表人诉讼制度。特别代表人诉讼制度，即投资者保护机构接受中小投资者的委托，可以作为代表人参加诉讼，协助中小投资者维护自身合法权益。这个制度加大了对资本市场中小投资者的保护，同时扩大了诉讼的标的额，也强化了包括相关注册会计师在内的被告方民事责任。

（四）课程思政实施成效

1. 教学成果

本教学团队在进行知识传授的过程中坚持致力于教学改革的研究，以期提高教学质量和学生满意度。在教育部全面推进高校课程思政建设以来，对自己所授课程的课程思想政治资源进行了充分挖掘，努力提升"会计学原理"课程的育人效果。课程团队主持了湖北省教育科学规划 2019 年度重点课题：地方高校经济管理类本科人才培养模式创新研究；2021 年湖北高校省级教学研究项目：课程思政视域下经济管理类课程"金课"建设的路径研究。

本门课程考试及格率达到 95% 以上。在课程学习期间，多名学生参与各项创新创业竞赛，并取得了优异成绩。

2. 特色与创新

（1）采用案例教学法与课程思政的整合教学模式，特意选取了最新的相关经济案件作为案例，增强学生学习积极性的同时，引导学生关注自己身边的各类经济事务以及相关法律法规方面的新动向，积极培养学生理论联系实际、学以致用的能力。

（2）在课程中结合我校医药背景，将培养现代化管理人才与传承传统文化有机结合起来，激发学生对中医药历史文化的兴趣，引导学生关注中医药行业的财务健康，推动中医药产业的发展。

（五）课程思政实施反思

1. 教学设计视角

本案例在会计基本理论这一章的会计信息的质量要求及会计职业道德环节教学中，采用案例教学法与课程思政的整合教学模式，巧妙穿插各个维度的"思政元素"，将"职业道德""诚信为本""大医精诚""行业自律""社会责任"等精神内核融入案例。但同时该案例的深度以及与中医药的结合度还有待进一步提升。

2. 学生评价视角

通过对学生的走访调查，学生普遍感受到了自己在担当意识、知识能力和正义情怀上的提升，并对自己未来需要承担的职业责任进行了思考。

在进行分组讨论的过程中，由于不同小组成员的学习目标和知识接受程度可能存在不一致的情况，会导致学生对讨论的参与度不尽相同，需要老师们采用更加丰富的教学方法实现以学生为中心的课程思政目标。

（苏波　李畅　陶宏娟）

"微观经济学"课程思政教学设计
——以需求供给理论为例

课程类型：专业基础课程　　　　　学科门类：经济学

一、课程简介

"微观经济学"是研究构成整个经济制度的各个经济决策单位的经济行为，研究各个单元是如何做出决策以及影响这些决策的因素。该课程设置的目的是在学生了解、认识和掌握微观经济学的基本理论和基本分析方法的基础上，培养和提高学生运用所学经济学理论和分析方法来分析经济领域相关问题的能力。从学生的知识体系来说，使学生在学习马克思主义"政治经济学"课程的基础上，比较全面地了解和掌握微观经济学的基本理论，全面了解和掌握现代经济学的基本知识，为学习经济管理类其他专业课程打下坚实的理论基础；在分析方法上，既注重对经济现象和经济过程进行定性分析、规范分析等，也使学生在弄懂基本概念、基本原理等理论知识的基础上，进一步了解和掌握现代经济学的各种分析方法，如逻辑推导方法、数学分析方法、系统分析方法等在经济学中的运用，强化和拓展学生分析问题和解决问题的手段。在能力的培养上，注重培养学生思辨和探索问题的意识和能力，关注经济热点和难点问题以及由经济问题导致的相关社会问题，使学生能融会贯通并运用所学的经济理论知识，解释和分析经济问题，对解决经济问题的建议和对策进行思考；帮助学生弄清经济运行的基本规律，提高和增强学生观察经济现象、分析解决经济问题的能力，使学生将来能较好地适应经济管理工作和社会工作。

二、案例简介

以"微观经济学"课程第二章需求供给理论为例。课程设计从"马应龙的跨界转型"案例引入，并结合中医药产业发展及实际案例对该政策进行深入讨论，课程通过BOPPPS、TBL、PBL教学法指导学生开展传统国货企业跨国转型专题研究，培养学生的表达能力、思辨能力、团队协作能力；通过中医药企业的改革相关新闻和数据，让学生分析中医药产品的供求关系，加强中医药文化自信，推动中医药企业转型发展。

（一）教学与育人目标

1. 知识学习目标

（1）掌握需求和供给的概念和供求均衡、弹性的计算、需求的价格弹性及其运用。了解需求变动与需求量变动的区别、供给变动与供给量变动的区别。

（2）掌握需求与供给的相互作用使市场达到均衡状态，进而得到市场的均衡价格和均衡数量。商品的需求量会随其价格的变动而发生变动，两者之间的变动关系从弹性的角度体现出来。

2. 能力提升目标

（1）引导学生思考我国中医药产业发展的方式，中医药企业如何应对市场多样化的需求，培养学生的思辨能力、分析能力等。

（2）利用案例教学、互动讨论以及 TBL、PBL 教学法，培养学生的表达能力、团队协作能力。

3. 思政育人目标

（1）增强学生的职业道德。通过让学生讨论分析马应龙在跨界转型过程中遇到的问题，以及后续发展的理论意义和实践意义，培养学生良好的职业道德，帮助学生建立正确的价值观。

（2）增强民族振兴的责任感和使命感。在案例分析过程中，让学生看到马应龙在跨界转型寻找发展出路时的困难，以及背后我国经济社会发展的时代变化，真正认识到民族振兴的紧迫性，增强学生的责任感和使命感。

（3）结合中医药产业发展，将培养医学人文情怀与经世济民的情怀有机结合起来，激发学生对中医药历史文化的兴趣，增强中医药文化自信，热爱并传播中医药文化。

（二）教学策略与方法

采用理论课和实践课相结合的办法。理论课主要通过 BOPPPS 教学法，以及案例导入、目标、前测、参与式学习、后测和总结的方式，将课程思政融入知识中，通过真实的历史事件，帮助学生了解理论的应用，并深入探讨马应龙跨界转型的真实原因和时代背景，引发学生思考。实践课则是开展以问题为导向的 PBL 教学，通过小组讨论式的 TBL 教学，培养学生解决问题的能力。将知识体系、思维能力和情感共鸣三位一体的创新教学巧妙融入授课过程中，引导学生树立正确的职业道德和价值观，增强学生民族振兴的责任感和使命感。

（三）课程思政教学理念与设计

1. 课前导入及相关思政元素

首先以"马应龙的跨界转型"案例切入本章所学知识点，一方面，从马应龙跨界转型的时代背景、实践意义和社会效益等多角度进行解读，让学生体会到国货品牌发展的重要性和民族振兴的紧迫性，坚定学生的制度自信，增强学生的责任感和使命感；另一方面，从中医药行业角度，分析在政策指导下，行业可以实行的具体政策，通过资料查询、小组讨论和政策分析，认识到中医药产业发展的前景，增强学生的文化自信。

【思政元素】增强学生的职业道德。

十年间马应龙并未埋头做产品，在营销方面早早便开始布局。例如，其眼霜种草路径一般为：首先以"马应龙麝香膏可以当眼霜用"的内容吸引目标客户，再通过深度剖析马应龙眼霜产品为什么可以有效去除眼袋、黑眼圈、眼纹，由此为目标客户树立信心，最后打出高性价比优势促动目标客户产生实际消费行为。马应龙在空军总医院化妆品研究中心、北京工商大学中国化妆品研究中心做了"马应龙八宝去眼纹核心组方（实验组）42 天连用功效检测报告"，为产品功效加入科学佐证。同时马应龙致力于打通科学到素人的全链路传播营销路径。

2. 课程内容及相关思政元素

（1）BOPPPS 教学法：供给侧结构性改革的背景及政策意义

通过 BOPPPS 教学法，在课程中借助马应龙跨界转型的案例引入，结合供求理论的知识点目标，拓展讲解市场供求对企业发展的影响。由此引出对微观经济学内涵的复习和前测，然后组织学生以专题讨论的方式开展参与式学习，引导学生将案例与知识点结合，接着给出其他传统企业案例让学生进行后测练习，最后对课程内容进行总结。

【思政元素】增强民族振兴的责任感和使命感。

马应龙创始于 1582 年，是首批被商务部认定的中华老字号企业，以肛肠及下消化道领域为核心定位，拥有马应龙麝香痔疮膏、麝香痔疮栓、龙珠软膏等 20 多个品种的独家药品，可供生产的国药准字号药品超过 300 种。但 440 多年前马应龙其实是因眼药而闻名。北京有句顺口溜"身穿瑞蚨祥，脚踏内联升，头顶马聚源，眼看马应龙"。过去在我国农村缺医少药，农民遇到蚊虫叮咬、皮肤瘙痒，甚至烧伤烫伤，都使用马应龙眼膏来治疗，所以马应龙又被称为万能药。1980 年，马应龙研发出麝香痔疮膏。此膏一出现，基本垄断了同剂型治痔类药物市场。

如今，市场对于一家主营治痔疮类药的药企涉足眼霜等化妆品领域，不乏产生怀疑和争议。但马应龙依旧在化妆品业务领域下注加码。2012 年，马应龙组建湖北马应龙八宝生物科技有限公司，主要从事化妆品研发及销售，力推全新的眼部护理品牌。为了规避马应龙用于眼部的心理不适感，同年，马应龙八宝生物科技有限公司专门推出眼部护理品牌——"瞳话"。2019 年，马应龙甚至推出口红系列产品，其"跨界"之举在市场备受争议。

（2）TBL 教学法：对外经济贸易专题研究报告

通过 TBL 教学法指导学生开展对外经济贸易专题研究报告，主要包括"马应龙的财务情况""马应龙的产品分类""马应龙转型成功的原因分析""马应龙转型成功的优势和不足"等专题内容。

【思政元素】增强中医药文化自信。

2005 年左右在天涯论坛上，其中一个热门话题是关于马应龙痔疮膏的多种用法，不少人发现马应龙痔疮膏有消除眼袋、祛除黑眼圈的功效，这个反馈传回了马应龙集团。注意到市场对眼周护理产品的需求，马应龙于 2006 年成立博士后工作站着手研发眼霜。2009 年，马应龙正式推出了八宝眼霜，聚焦黑眼圈、眼袋等眼周问题。眼霜上市之后消费者反映良好。正是这次化妆品的试水使马应龙尝到了甜头，下定决心涉足护肤化妆消费品类。2009 年至今，马应龙八宝生物科技有限公司推出了镇店产品"八宝绿珍珠眼霜"，黑眼圈、眼袋、眼纹系列眼部产品，眼霜、眼部精华、眼膜贴等多种产品。马应龙不局限于眼部护理，还推出了祛痘系列、控油补水系列等面护产品。其眼霜种草路径一般为：首先以"马应龙麝香膏可以当眼霜用"的内容吸引目标客户，再通过深度剖析马应龙眼霜产品为什么可以有效去除眼袋、黑眼圈、眼纹，由此为目标客户树立信心，最后打出高性价比优势促动目标客户产生实际消费行为。

（四）课程思政实施成效

1. 教学成果

教学团队在进行知识传授的过程中坚持致力于教学改革的研究，以期提高教学质量和学生满意度。在教育部全面推进高校课程思政建设以来，对自己所授课程的课程思想政治资源进行了充分挖掘，努力提升每门课程的育人作用。本门课程教学过程中，每位同学都会在课程结束时提交 2～3 份研究报告，对专题内容写下自己的认知和看法。

2. 特色与创新

（1）采用 BOPPPS 教学法与课程思政的整合教学模式，通过"导入—目标—前测—参与式学习—后测—总结"六个步骤展开课程学习，在每一个环节中引导学生参与思考和讨论，全面提升学生的思辨能力和专业素养。

（2）采用 TBL、PBL 教学法与课程思政的整合教学模式，用问题引导学生思考，通过小组讨论解答问题以提高学生的思辨能力，全面提升学生的团队协作能力、语言表达能力。

（3）在课程中结合我校医药背景，将培养医学人文情怀与经世济民的情怀有机结合起来，激发学生对中医药历史文化的兴趣，引导学生关注"中医药文化"的传承与发展，热爱并传播中医药文化，推动中医药行业的发展。

（五）课程思政实施反思

1. 教学设计视角

本案例在教学中，采用课程思政与多种教学法相结合的教学模式，从多维度融入"思政元素"，将"职业道德修养""文化自信""民族振兴""中医药传统文化认同"等精神内核融入案例。

2. 学生评价视角

对于接受能力不同的学生怎样才能做到分层次和分重点教学，如何能针对不同学生进行知识学习的定制化教学还有待进一步思考。此外，专题研究报告主题的丰富度、深度以及与中医药的结合度还有待进一步提升。

（汪思齐　李灵珊　张露）

"宏观经济学"课程思政教学设计
——以宏观经济政策为例

课程类型：专业基础课程　　　　　学科门类：经济学

一、课程简介

宏观经济学以整个国民经济作为研究对象，研究经济总量的决定及其变化规律，宏观经济学通过对国民经济总量相互关系的研究，揭示宏观经济运行中的矛盾、宏观经济变化规律以及政府的经济政策对国民经济的影响，通过经济总量的分析以期为政府制定宏观经济政策提供理论依据。宏观经济学包括理论分析和政策研究两部分。理论分析就是研究各经济总量的特点、影响因素及其变化规律；政策研究则是要研究宏观经济政策的内容、适用条件及作用特点。理论分析是政策研究的基础与前提，政策研究则是理论分析成果的具体运用。宏观经济学一般包括国民收入核算理论、国民收入均衡理论、经济增长理论、就业理论、通货膨胀理论、经济周期理论、经济政策理论等。

二、案例简介

以"宏观经济学"课程第十五章宏观经济政策为例。课程设计从"中医药产业供给侧结构性改革"案例引入，引领学生思考供给侧结构性改革政策的含义，并结合中医药产业发展及实际案例对该政策进行深入讨论，课程通过 BOPPPS 教学法指导学生开展中医药产业供给侧结构性改革专题研究，培养学生的表达能力、团队协作能力；通过中医药行业的改革相关新闻和数据，给学生展示中医药商品在世界的传播和影响力，加强中医药文化自信，推动中医药商品国际化进程。

（一）教学与育人目标

1. 知识学习目标

（1）掌握宏观经济政策目标及内在联系和冲突，熟悉财政政策、货币政策基本概念及政策工具，了解我国宏观经济政策演变及内涵。

（2）掌握财政政策和货币政策的政策效应，并能运用 IS 曲线和 LM 曲线进行理论分析，了解财政政策和货币政策混合使用的原理。

2. 能力提升目标

（1）引导学生思考在当前时代背景下，我国为什么实行供给侧结构性改革的政策，在中医药行业如何开展供给侧结构性改革，培养学生的思辨能力、分析能力等。

（2）结合具体的案例教学、互动讨论以及 PBL 教学法，培养学生的表达能力、研究能力、团队协作能力。

3. 思政育人目标

（1）坚定学生的制度自信。通过让学生讨论分析供给侧结构性改革政策提出的背景、理论意义和实践意义，帮助学生了解政策背后的深层含义，坚定学生的制度自信。

（2）增强民族振兴的责任感和使命感。分析政策从颁布到实施的过程，让学生看到国家发展背景和历史，理解政策颁布和实施的深刻含义，真正认识到民族振兴的紧迫性，增强学生的责任感和使命感。

（3）结合中医药产业发展，将培养医学人文情怀与经世济民的情怀有机结合起来，激发学生对中医药历史文化的兴趣，增强中医药文化自信，热爱并传播中医药文化。

（二）教学策略与方法

采用理论课和实践课相结合的办法。理论课主要通过 BOPPPS 教学法，以及案例导入、目标、前测、参与式学习、后测和总结的方式，将课程思政融入知识中，通过真实的历史事件，帮助学生了解理论的应用，并深入探讨事件背后的真实原因，引发学生思考。实践课则是开展以问题为导向的 PBL 教学，通过小组讨论式的 TBL 教学，培养学生解决问题的能力。将知识体系、思维能力和情感共鸣三位一体的创新教学巧妙融入授课过程中，引导学生树立正确的人生观、世界观和价值观，增强学生民族振兴的责任感和使命感。

（三）课程思政教学理念与设计

1. 课前导入及相关思政元素

首先以"中医药产业供给侧结构性改革"案例切入本章所学知识点。"2020年的中央经济工作会议提出，要紧紧扭住供给侧结构性改革这条主线，注重需求侧管理。进入新发展阶段，拥有传统文化基因的老字号中药制造业主体，在注重'需求侧管理'加强消费引导的同时，也要紧紧扭住供给侧结构性改革这条主线，实现高质量发展，为中医药创新赋能，让老字号焕发新活力。国家首批中华老字号企业白云山星群（药业）执行广药集团'时尚中药'战略实践，探索出老字号焕发新活力的有益途径。"

通过此案例导入，一方面从国家政策层面对供给侧结构性改革的政策背景、目的、意义等多角度进行解读，让学生体会到国家发展的重要性和紧迫性，坚定学生的制度自信，增强学生的责任感和使命感；另一方面，从中医药行业角度，分析在政策指导下，特定行业可以实行的具体政策方式，通过资料查询、小组讨论和政策分析，认识到中医药产业发展的前景，增强学生的文化自信。

【思政元素】坚定学生的制度自信。

2020年的中央经济工作会议提出，"要紧紧扭住供给侧结构性改革这条主线，注重需求侧管理"。供给和需求是构成市场的两个不可或缺的方面。没有高质量的产品和服务供给，人民对美好生活的需求就得不到满足。没有需求侧的消费牵引，供给也无法实现。近几年，我国先后出台了《中医药发展战略规划纲要（2016—2030年）》《中医药健康服务发展规划（2015—2020年）》《中医药人才发展"十三五"规划》《中药材保护和发展规划（2015—2020年）》等中医药发展领域的专项规划。如今，全国各地中医药行业的发展都取得了长足发展。例如，四川省宜宾市中医药管理局于2022年3月正式挂牌；2022年5月6日江苏省卫生健康委员会、省中医药管理局、省委宣传部等七部门联合印发《江苏省中医药文化建设发展行动计划（2021—2025年）》，将中医药文化逐步贯穿国民教育始终。未来，中医药必然迎来大发展。

2. 课程内容及相关思政元素

（1）BOPPPS教学法：供给侧结构性改革的背景及政策意义

通过BOPPPS教学法，在课程中借助广药集团打造"时尚中药"的案例引入，结合宏观经济政策目标的知识点，拓展讲解供给侧结构性改革的内涵。由此引出对总需求总供给模型的复习和前测，然后组织学生以专题讨论的方式开展参与式学习，引导学生将案例与知识点结合，接着给出中医药企业个案让学生进行后测练习，最后对课程内容进行总结。

【思政元素】增强民族振兴的责任感。

中医药把握机遇，用先进的科学技术，用流行的、年轻人易于接受的市场推广模式，打造人民需要的健康产品。这也是目前国家所提倡的供给侧改革的一种方式。中华民族伟大复兴的征途上，作为中华传统文化重要组成部分的中医药文化，积极进行复兴转型正当其时。紧紧扭住供给侧结构性改革主线，通过供给侧改革赋能中医药创新，强化科技创新，提升产品品质，提高质量标准，创新产品服用方式方法，定制个性化时尚包装等，满足消费者高品质、多元、多层次需求。打造"时尚中药"，核心和本质就在于提升中医药的品质，打造人民信赖的产品和服务，通过创新商业模式，营造时尚文化，让老字号焕发新活力。

（2）PBL、TBL教学法：中医药产业供给侧结构性改革专题研究报告

通过PBL、TBL教学法指导学生开展中医药产业供给侧结构性改革专题研究报告，主要包括"中医药行业的相关政策梳理""从供给侧分析中医药行业发展的机遇与挑战""从需求侧分析中医药行业发展的机遇与挑战""中医药企业与科技发展"等专题内容。

【思政元素】增强中医药文化自信。

2017年，中国首部《中医药法》正式实施之际，在广州召开的中药产业创新发展高峰论坛，成为第十届中国生物产业大会暨首届官洲国际生物论坛上的亮点。全国最大制药工业企业中成药生产基地广药集团，基于供给侧结构性改革，中药产业创新，高质量发展的理论逻辑和实践逻辑，携中医药领域专家学者、政府与协会领导共同发起了打造"时尚中药"的倡议，呼吁全社会共同推进中医药现代化、国际化、科普化、大众化建设。广药集团最早在国内提倡打造"时尚中药"及"中药四化"，被业内誉为"传统中医药产业振兴发展的广药方案"。2020年10月，白云山星群（药业）率先在广州业内召开"老字号，新活力"发展动员大会，贯彻广药集团中医药大会精神。白云山星群（药业）以党建为引领，从文化、科技、市场三个维度制定实施"一品牌一方案"，以党的全面领导、创新、品质、品牌为企业的发展基石，践行"老城市新活力"的发展要求，打造"时尚中药"，增强核心竞争力，让老字号焕发新活力。

（四）课程思政实施成效

1. 教学成果

本人在进行知识传授的过程中坚持致力于教学改革的研究，以期提高教学质量和学生满意度。在教育部全面推进高校课程思政建设以来，对自己所授课程的课程思想政治资源进行了充分挖掘，努力提升每门课程的育人作用。本门课程教学过程中，每位同学都会在课程结束时提交2～3份研究报告，对专题内容写下自己的认知和看法。

2. 特色与创新

（1）采用 BOPPPS 教学法与课程思政的整合教学模式，通过"导入—目标—前测—参与式学习—后测—总结"六个步骤展开课程学习，在每一个环节中引导学生参与思考和讨论，全面提升学生的思辨能力和专业素养。

（2）采用 TBL、PBL 教学法与课程思政的整合教学模式，用问题引导学生思考，通过小组讨论解答问题以提高学生的思辨能力，全面提升学生的团队协作能力、语言表达能力。

（3）在课程中结合我校医药背景，将培养医学人文情怀与经世济民的情怀有机结合起来，激发学生对中医药历史文化的兴趣，引导学生关注"中医药文化"的传承与发展，热爱并传播中医药文化，推动中医药行业的发展。

（五）课程思政实施反思

1. 教学设计视角

本案例在宏观经济政策这一章的整个教学中，采用课程思政与多种教学法相结合的教学模式，从多维度融入"思政元素"，将"制度自信""文化自信""民族振兴""中医药传统文化认同"等精神内核融入案例。

2. 学生评价视角

对于接受能力不同的学生怎样才能做到分层次和分重点教学，如何能针对不同学生进行知识学习的定制化教学还有待进一步思考。此外，专题研究报告主题的丰富度、深度以及与中医药的结合度还有待进一步提升。

（武淑琴　李灵珊）

"统计学原理"课程思政教学设计
——以动态数列为例

课程类型：专业课程　　　　学科门类：经济学

一、课程简介

"统计学原理"是搜集、整理、分析统计数据的方法论科学，以揭示事物总体综合特征或规律性。我院各专业主要涉及的是社会经济统计学。社会经济统计学是系统运用统计理论和方法研究社会经济现象的科学，其研究对象是社会经济现象的数量方面，包括数量特征和数量关系等。通过对社会经济现象在一定时间、地点和条件下的数量方面的研究，揭示社会经济现象的规模、水平、结构、速度、趋势、各种比例关系和依存关系，从而认识社会经济现象的本质特征和规律性。

"统计学原理"作为一门实践性很强的方法论科学，其应用性和实用性较强。本课程通过系统阐述统计调查、统计整理、统计分析的基本理论，以及大量观察法、统计分组法、综合指标法、动态数列分析法、指数分析法、抽样推断法、相关与回归分析法、统计预测法等统计定量分析方法的学习，使学生掌握获取信息、处理信息、分析信息的具体方法。

二、案例简介

本课程以"统计学原理"第四章动态数列为例，切入我国经济发展历史资料，以大量翔实的数据纵观我国经济的发展。

（一）教学与育人目标

1. 知识学习目标

（1）掌握动态数列的编制。

（2）了解动态数列水平发展指标及速度发展指标的分析方法。

（3）熟悉长期趋势分析方法。

2. 能力提升目标

（1）结合实际资料，熟练地掌握动态数列分析方法。

（2）结合我国经济发展数据资料，运用动态数列分析方法做出趋势研判。

3. 思政育人目标

（1）增强学生的爱国情怀。

（2）传承国粹，推动中医药文化自信回归。

（3）培养"实事求是"的科学发展观。

（二）教学策略与方法

在教学过程中坚持理论与实际相结合，突出统计分析方法的操作性和实用性，以培养和提高学生能力为重点，使学生能够运用统计学知识认识问题、分析问题和解决问题。素质培养方面，在传授统计学的基本理论、基本方法和基本技能的同时结合思政元素，使学生在掌握相关知识的同时，了解国情，认识国情，增强"四个自信"。

（三）课程思政教学理念与设计

1. 课前导入及相关思政元素

（1）课前导入内容一

翻开中国近现代史，一系列统计数据映入眼帘：1840年至1949年中华人民共和国成立前，中华民族一百多年的屈辱史。鸦片战争以后，帝国主义列强强迫清政府签订了1100多个不平等条约，迫使中国开放100余处通商口岸，霸占了我国的香港、台湾、东北等共计150多万平方公里的土地，从我国掠走1000亿两白银，人均达200多两。帝国主义列强控制了中国采煤总量的93%，控制我国航运和铁路分别达80%和90.7%；在抗日战争时期，日军在我国烧杀掠夺，仅在南京一地就惨绝人寰地屠杀我同胞30多万人，经过八年艰苦抗战，中国军民伤亡人数在 3500 万人以上，战争财产损失达 560 多亿美元，使我国人民付出了巨大的牺牲和代价，使中华民族蒙受了巨大的屈辱。

（2）课前导入内容二

中华人民共和国成立后，在中国共产党的领导下，经过全国人民的艰苦努力，在旧中国一穷二白的基础上建立了独立完整的国民经济体系。经过几十年的发展，特别是改革开放，我国经济跃居世界前列。

通过我国 GDP 直观的数据对比，可以对我国今天的国力加以了解。

1978 年 GDP 3678.7 亿元（RMB），折合 1495.4 亿美元，人均 GDP 385 元（RMB）。2011 年 GDP 47 万亿元，折合 7.485 万亿美元（6.3 汇率），按 14 亿人口，人均 3.37 万元，折合 5346 美元。实际到手的收入约：$33700 \times 60\% = 20220$ 元。一个四口之家的平均收入为 8 万元左右，已经是中等收入国家。2020 年 GDP 100 万亿元，折合 15.38 万亿美元（6.5 汇率）。按 14 亿人口，人均 7.14 万元，折合 10985 美元。实际到手的收入约：$71400 \times 60\% = 42840$ 元。实现了到 2020 年居民收入翻番的目标，全面脱贫，打赢脱贫攻坚战。2021 年 GDP 114 万亿，人均超过 8 万元，首次达到发达国家收入水平。

【思政元素】增强学生爱国情怀。

通过对我国过去和今天的数据对比，可以使学生树立强烈的民族自尊心和自豪感，焕发学生的民族精神，使学生充分认识中国国情和自己应履行的社会责任，激发学生肩负历史重任的使命感。

2. 课程内容及相关思政元素

（1）课程内容一

编制中国经济发展动态数列。从中国经济发展的历史资料中，我们进一步认识到走中国特色社会主义道路才是中国经济发展的未来。在改革开放的 40 多年中，我们有得有失，历史就是一面镜子，中华民族传统文化精髓是我们宝贵的财富。

【思政元素】传承国粹，推动中医药文化自信回归。

中医药文化作为中华传统文化的重要组成部分，在这股民族自信浪潮中自然也一马当先。中医药文化发展至今天的全民自信，也是时代的缩影。从 20 世纪 70 ～ 80 年代的"崇洋媚外"，到今天的整体民族自信，我们经历了多少磨难和不懈奋斗。2003 年中医药介入 SARS 治疗的成绩令世界惊叹。近几年，全球新型冠状病毒肺炎疫情国内外形成的强烈对比，其中之一就是对于疫情的防控力度和效果。在国外疫情肆虐，民不聊生的情况下，我国防疫成效显著，还成为全球"抄作业"的样本，中医药在其中发挥了积极的作用。我国迅速控制疫情蔓延势头，表明中医药具有卓越优势，中国中医药传统文化也越来越被重视，民族自信心和民族自豪感也日趋提升，"大国自信"正在日渐形成。

（2）课程内容二

动态数列速度分析指标。结合我国改革开放 40 多年的经济发展，重点对经济发展速度进行讲解。经济的发展需要速度，但更多的应该结合自身国情。我国经济能保持 40 多年的高速发展，就是坚持"实事求是"，走自身科学发展之路。

【思政元素】培养"实事求是"的科学发展观。

大学生是一个特殊群体，承载的社会责任意义深远。对于大学生而言，他们有自己的思想，即将步入社会，需要面对更多的问题和挑战。要引导大学生形成"实事求是"的科学发展观，在未来的学习和工作中要脚踏实地，本本分分做人，认认真真做事。特别要克服急功近利的思想，杜绝弄虚作假的歪风邪气，为社会营造正能量的学习和工作环境。

（四）课程思政实施成效

1. 教学成果

为提高教学质量和学生满意度，在授课的过程中我始终致力于教学改革研究。通过课程中融入大量思政元素的教学，完善了课程育人体系，丰富了课程教学内容，使枯燥的教学变得更加丰富多彩，学生课堂出勤率高，课堂学习氛围浓厚且活跃，课程教学质量得到了保障。

2. 特色与创新

（1）创新 TBL 教学法。根据本章教学特点，采用 TBL 教学法与课程思政的整合教学创新模式。

（2）中医药特色。在课程中除了融入我国经济发展历史资料外，还结合我校中医药特殊背景，引用大量的中医药相关案例及数据，引导学生关注我国中医药文化的传承与可持续发展。

（五）课程思政实施反思

1. 教学设计视角

统计学思政教学结合的课程特点，充分发掘德育元素，巧妙穿插各个维度的思政要素，将"爱国教育""文化回归""实事求是"等精神内核融入案例中。通过在教学中有机渗透思政要素，充分调动了学生学习的热情及积极性。统计学思政教学还需要在实践中不断地摸索、创新。

2. 学生评价视角

通过思政教学，学生在学习过程中能深切地感受到思政元素对自身知识、能力的提升和情感上的共鸣。学生普遍反映统计学的教学贴近学生、贴近社会。同时，他们也认识到，在学习的过程中对一些社会问题感兴趣，有思考的同时也有理解上的困难或困惑，还需要在未来的学习中不断积累。

（武淑琴）

"财务管理"课程思政教学设计
——以固定资产更新改造为例

课程类型：专业课程　　　　　学科门类：管理学

一、课程简介

　　"财务管理"是经济与管理类专业的重要专业理论课程之一。财务管理是企业管理的核心，在我国企业管理体系中的地位非常重要。学习和掌握财务管理的一般理论和基本知识，成为每一位经济、管理工作者的首要任务。本课程一方面具有较强的理论性，财务管理是以财务决策为中心，按照财务预测、财务决策、财务预算、财务控制和财务分析等方法体系，利用价值形式对企业各种资源进行优化配置的综合性管理活动；另一方面，根据高等教育的目标，突出实践操作环节，是理论与实践紧密结合的综合性的财务管理课程。授课内容主要包括财务管理的对象及目标、资金的时间价值及风险衡量、筹资决策、项目投资决策、证券投资决策、营运资金管理、利润分配管理、财务预算、财务控制以及财务分析共十个财务管理单元。这门课程不仅帮助学生了解财务管理的相关理论、法律法规和相关实践操作，也引导学生了解财务管理的相关理论体系并关注财务管理在企业当中的实际运用以及当前财务管理理论的前沿发展，更加注重培养学生的批判性思维和探索性思维，促使学生将所学的知识融会贯通并加以运用，能针对企业需求及实际情况提出相应的财务管理建议，逐渐提高自己的决策能力。

二、案例简介

　　以"财务管理"课程第四讲固定资产更新改造为例。课程设计从"翟雅阁的重生"案例引入，通过本校老校区翟雅阁的历史及其更新改造后的重生，引领学生思考在城市现代化建设如火如荼的当下，我国斥巨资保留并改造城市的老旧历史建筑的价值与意义；通过课堂讲授项目投资以及固定资产更新的概念、类型、特点、意义、决策程序，以及主要决策指标；利用案例教学及互动讨论分析考察中国保护老旧历史建筑的必要性以及传统固定资产更新投资决策的缺陷；通过湖北中医药大学翟雅阁所在的昙华林历史文化街区的历史故事及当前的文旅产业及该街区中医药文化产业的发展状况，给学生展示本校及本市的革命历史，加强学生对于学校及所在城市的认同感及自豪感，促进学生关注包括中医药文化在内的传统文化的传承及发展，助力新兴文旅产业的发展，推动中医药文化产业的发展。

（一）教学与育人目标

1. 知识学习目标

（1）了解固定资产更新的概念、类型、特点、意义。

（2）掌握固定资产更新的决策程序以及主要决策指标。

2. 能力提升目标

（1）引导学生思考在当今全球化及现代化的时代背景下，包括中医药文化在内的中国传统文化具有的重大价值以及如何保留并传承包括中医药文化在内的我国的传统历史文化。

（2）利用案例教学、互动讨论，培养学生的表达能力、团队协作能力。

3. 思政育人目标

（1）结合我校翟雅阁所在的昙华林历史文化街区的革命历史，带领学生发现他们自己身边的历史，帮助学生了解自己所在学校及地区的革命历史文化，提高学生对母校及地区的认同度，从历史传承的角度加强课程思政在学生中的渗透性。

（2）培养学生的大局意识、宏观意识，用爱国精神指引思想。通过案例教学法与课程思政的整合教学模式应用，全面提升学生的团队协作能力、人际交往能力、思辨能力和人文素养，以此全面提升学生职业素养。

（3）结合我校医药背景，将中医药文化传承与城市历史文化传承有机结合起来，激发学生对中医药历史文化的兴趣，增强中医药文化自信，热爱并传播中医药文化，推动中医药文旅产业的发展。

（二）教学策略与方法

采用理论课教学的办法。理论课主要通过案例教学法、对比分析法和互动讨论法将课程思政融入知识，使课堂内容能够激发学生兴趣从而提高学习积极主动性，拉近理论与现实的距离，提高学生对思政理念的参与度与接受度，将知识体系、思维能力和情感共鸣三位一体的创新教学巧妙融入授课过程中，培养学生的批判性思维、探索性思维，引导学生热爱母校、家乡及国家，了解历史文化建筑在城市文化传承中的重要价值。在案例中引入文旅产业，特别是其中的中医药文化产业的新闻和数据，提高学生对我国中医药文化产业发展的认识。

将教学新模式和新理念有机整合，在最大程度上体现案例教学法与课程思政整合后"1+1>2"的育人效果。实现学生在专业知识上具有勤学慎思、刻苦钻研的学习精神；在专业能力上具有分析、沟通和团队协作能力；在专业素养上具有传承历史、服务社会的爱国情怀。

（三）课程思政教学理念与设计

1. 课前导入及相关思政元素

首先以"翟雅阁的重生"案例切入本章所学知识点。一开始便以翟雅阁整修前的衰败之像和整修之后的崭新面貌进行了对比。翟雅阁健身馆位于武汉市武昌区昙华林特1号，现湖北中医药大学北门入口处，房产现属湖北中医药大学。翟雅阁健身馆属近代风格中式建筑，为一栋两层砖木混合结构房屋，一层为体育器材存放室和体育教研室，正中有穹顶的正门，左右各有四扇大窗，窗饰简约大方，左右两端的突出处便是楼梯；二层为具有高挑内空的室内体育场，楼板为木地板。室内体育馆南北两侧上方有可供观赏和指挥体育活动的内廊。二层外廊为传统柱廊形式，柱身为混凝土，外饰细工制作水刷石造型。屋顶为重檐庑殿顶，木屋架布绿琉璃瓦屋盖。

　　翟雅阁建筑是中国最早的现代室内体育馆之一，在中国近现代建筑史上，具有其独特的文物价值、史料价值和艺术价值。几十年来，翟雅阁一直发挥着原来的功能作用——作为室内体育馆使用，直至约10年前停用。目前，翟雅阁砖墙外观保持完好，局部木屋架挑檐及琉璃瓦坍塌，部分混凝土柱开裂，钢筋外露锈蚀，二层体育馆室内木地板局部因屋顶漏水腐烂，门窗有不同程度的破损。由于被定位为市级优秀历史保护建筑，校方在缺乏相关资金及经验技术的情况下不便贸然维修，以尽量保持现状为主要维护手段。

图3-1　翟雅阁改造前的状况

　　对于翟雅阁建筑的改造，该建筑在墙体、地板和屋面应保留原有建筑结构特征的同时，恢复了一定的建筑功能，使之成了整个昙华林街区的新地标之一。而整个改造工程据说耗资2200万左右，项目方获得了该建筑10年的使用权。

　　通过此案例导入，一方面引导学生关注当前历史文化建筑保护与更新的需求及所面临的现实困境，要求学生思考在当今现代化与全球化时代浪潮下，我国保护历史文化建筑的目的以及如何评价当前的历史文化建筑更新改造方案。另一方面引导学生探讨历史文化建筑对于城市文化记忆传承的重要意义，基于我校课程医药特色，讨论包括中医药文化在内的本地历史传统文化的传承与发展。

图 3-2　整修后的翟雅阁

【思政元素】思辨能力、创新意识和增强中医药文化自信。

历史文化街区作为凝聚了历史文化机遇的特定区域，也是重要的历史文化遗产，属于不可再生资源，在城镇化建设中，重视历史文化遗产的资源特色，通过有效的艺术功能改造手段，使历史文化街区的历史文化能够得到永续发展，这不仅是对历史文化的保护，也是对历史文化特色的传承。

通过分析历史文化建筑更新的成本及收益，一方面，使学生明白我国为保护历史文化建筑所付出的重大成本，在中国不断城市化、现代化、全球化的背景下，历史文化建筑构成了我们所在城市独特的城市记忆与文化名片。当我国面临来自西方持续不断的文化入侵时，我国必须大力弘扬我国的本土文化，加快本土文化产业建设，加强本土文化产业创新。另一方面，向学生展示当前昙华林社区内包括中医药文化产业在内的各类文化产业蓬勃发展的状况，增强学生对于中医药文化的自信心和自豪感，引导学生主动传承与发展中医药文化。

2. 课程内容及相关思政元素

（1）翟雅阁所在昙华林历史文化街区的革命历史

由古至今介绍翟雅阁的历史以及其所在的昙华林历史文化街区的革命历史传统，特别是辛亥革命前后，昙华林街区有吴禄贞组织的"花园山聚会"，刘静庵组织的"日知会"等革命活动。在这里一批民主战士组成了湖北最早的反帝反封建革命团体。该街区至今还保留有陈时故居、邵伯昌故居、夏斗寅公馆、徐源泉公馆等辛亥名人故居。至今湖北中医药大学校内依然保留了陈独秀曾经演讲过的地方——文华大学礼拜堂和文华大学文学院。

【思政元素】革命历史教育与地域认同。

"敢为人先，追求卓越"的精神是首义文化的核心内容。它与"筚路蓝缕，以启山林""抚有蛮夷，以属华夏""楚虽三户，亡秦必楚""惟楚有才，深固难徙"的荆楚文化一脉相承。其所具有的现实价值就是要敢于创新、抢抓机遇。让学生领略近代湖北人民为争取民族独立与解放的不屈斗争史，切实感受我国革命解放斗争中的艰辛与顽强，以此增强学生对于所在学校、地区以及国家的热爱之情。

（2）中国现代化建设与传统文化传承及保护间的矛盾与问题

通过分析翟雅阁的重生历程，以及当前翟雅阁和整个昙华林历史文化街区的改造利用情况，点明历史建筑的改造与保护在短期内往往需要付出比拆毁重建更高的经济成本的事实，而改造后的历史文化建筑也并不一定能取得良好的经济效益。但现代城市建设的过程中，政府等管理部门往往更倾向于保留城市的历史文化建筑，通过以上现实情况引导学生探讨如何在大规模现代化建设的背景下，保留并传承国家及城市的历史文化传统与记忆对于这个国家及城市的重要意义。引导学生分析当前传统的固定资产改造成本分析模型存在的缺陷，引导学生探讨构建能反映建筑社会历史及文化价值的成本分析模型，以及如何在更新改造历史文化建筑中更好地创造出经济效益，如何推动我国的传统文化产业发展，增强其自我造血的能力。

【思政元素】城市历史建筑改造与更新研究。

昙华林街区已有逾100年的历史了，在此期间经历过风雨的洗礼、战火的摧毁和人为的破坏，虽然有部分优秀历史建筑已经开始进行保护修葺，但是仍然还有些许优秀历史建筑没有得到保护修缮。

在产业发展层面上，昙华林街区基于建设以创意文化为核心产业的更新策略，在街区总体产业空间布局中，文化产业空间占有率已达到40%，其中研发类产业（以艺术工作室为主）空间占有率为30%。但当前这一系列改造并没有取得良好的经济效果，文化产业商业模式与户部巷、汉口里等其他文化产业街区的商业模式并没有很好的区分度，没有形成自己的文化特色，文化产业集群难以形成，对消费者的吸引力不足，消费者的停留时间和消费额度都无法满足预期。

此外，在昙华林街区中，我校也依托自己的中医药学科优势，吸引了武汉人福医药管理有限公司、湖北神艺文化传媒有限公司、湖北杏林星火中医药文化传播有限公司等企业共同参与了中医药文化街区的构建。

（四）课程思政实施成效

1. 教学成果

本人在进行知识传授的过程中坚持致力于教学改革的研究，以期提高教学质量和学生满意度。在教育部全面推进高校课程思政建设以来，对自己所授课程的课程思想政治资源进行了充分挖掘，努力提升每门课的育人效果。

本门课程考试及格率达到 95% 以上。在课程学习期间，多名学生参与各项创新创业竞赛，并取得了优异成绩。

2. 特色与创新

（1）采用案例教学法与课程思政的整合教学模式，特意选取了学生身边本校校园内的案例，增强学生的学习积极性的同时，引导学生关注自己身边的各类经济事务，积极培养学生理论联系实际、学以致用的能力。

（2）在课程中结合我校医药背景，将培养现代化管理人才与传承传统文化有机结合起来，激发学生对中医药历史文化的兴趣，引导学生关注"中医药文化"的传承与发展，热爱并传播中医药文化，推动中医药文化产业的发展。

（五）课程思政实施反思

1. 教学设计视角

本案例在项目投资决策这一章的固定资产更新改造环节教学中，采用案例教学法与课程思政的整合教学模式，巧妙穿插各个维度的"思政元素"，将"城市记忆""首义精神""文化传承与创新""中医药传统文化发展"等精神内核融入案例。但同时该案例的深度以及与中医药的结合度还有待进一步提升。

2. 学生评价视角

本课程通过课间对学生的走访调查，学生普遍感受到了自己在知识、能力和情感上的提升，并对我校及我校所在地区的革命历史有了全新的认识。很多学生都表示第一次发现历史就在自己的身边。

但在进行分组讨论的过程中，由于不同小组成员的学习目标和知识接受程度可能存在不一致的情况，会导致一部分学生对讨论的参与度不高，从而使得最终的学习效果差强人意。

（陶宏娟　李畅　苏波）

第四章　国际商务 ▷▷▷▷

"跨国公司经营与管理"课程思政教学设计
——以中国跨国公司的战略联盟为例

课程类型：专业课程　　　　　　学科门类：管理学

一、课程简介

　　"跨国公司经营与管理"是国际商贸学科的重要专业课程之一。随着经济全球化，跨国公司的影响几乎渗透到经济生活的各个方面。本课程一方面介绍跨国公司的对外直接投资活动、全球战略的基本实践经验等，另一方面根据高等教育的目标，突出实践操作环节，是理论与实践紧密结合的综合性的国际商贸专业课程。授课内容主要包括三个板块，九大专题。三大板块包括跨国公司的对外直接投资理论与实践、跨国公司的全球化战略管理、发展中国家的企业跨国化实践；九大专题包括跨国公司的发展历程、对外直接投资理论、投资环境分析、对外直接投资方式、内部贸易与价格转移管理、技术转让与技术贸易管理、跨国公司战略联盟、政策管理、发展中国家企业对外直接投资活动。帮助学生了解跨国公司经营管理的理论与实践，引导学生了解发展中国家的企业跨国化经营的现状，思考所面临的现实问题。注重培养学生的批判性思维和探索性思维，促使学生将所学的知识融会贯通并加以运用，逐渐提高自己的见识。

二、案例简介

　　以"跨国公司经营与管理"课程第九讲发展中国家的企业跨国化实践为例。课程设计从"绿叶制药与阿斯利康就国内创新中成药血脂康胶囊签署的战略合作"案例引入，引导学生思考在当今世界经济全球化的时代背景下如何提升我国企业跨国化经营程度；通过课堂讲授跨国公司全球战略的概念、调整方向、内容、特点、动因，了解跨国公司的全球战略；利用案例教学及互动讨论分析跨国公司战略联盟的方式、原因、问题，培养学生的表达能力、团队协作能力；通过医药行业的跨国合作，给学生展示中医药商品在世界的传播和影响力，加强中医药文化自信，推动中医药商品国际化进程。

（一）教学与育人目标

1. 知识学习目标

（1）理解跨国公司战略联盟概念、了解跨国公司实施战略联盟的现状。

（2）掌握战略联盟的概念、特点、动因、优势、方式等内容，并能够结合实例分析。

（3）理解发达国家和发展中国家跨国公司在全球化发展中所处的地位差异。

2. 能力提升目标

（1）通过教师对跨国公司战略联盟的概念以及联盟理论的讲解，帮助学生形成科学、系统的知识体系。

（2）通过具体案例材料，设置由浅入深、由知识到能力的问题，培养学生的逻辑思维能力和分析能力。

（3）通过案例分析、互动讨论和小组汇报，培养学生的表达能力、团队协作能力。

3. 思政育人目标

（1）选择医药行业企业引领学生思考和感悟企业的发展与责任。将"人类卫生健康共同体"精神内核融入案例，帮助学生树立社会责任观。

（2）通过小组讨论培养学生的大局观。通过小组成员的分工促使团队协作，形成大局观。

（3）通过中药企业国际化合作案例，增加中药在学生心目中出现的频率，刷新存在感，增强中医药文化自信，推动中医药商品和企业的国际化。

（二）教学策略与方法

本节课主要采用讲授法、案例分析法、课堂讨论法引导学生进行学习。通过课堂讲授，学习基本知识点和理论；通过案例材料"绿叶制药与阿斯利康就国内创新中成药血脂康胶囊签署的战略合作"，提高学生学习主动性，了解在全球化发展中以西方发达国家跨国公司为主导力量的现实背景下，发展中国家尤其是中国企业努力拼搏，开创新局面的战略发展布局；通过案例的小组讨论，促进思考，增强学生的思维活跃度，小组观点的综合可训练学生的语言组织能力，代表发言可增强学生的表达能力与责任担当。

（三）课程思政教学理念与设计

1. 课前导入及相关思政元素

首先以"绿叶制药与阿斯利康就国内创新中成药血脂康胶囊签署的战略合作"案例切入本章所学知识点。"2019 年 1 月，绿叶制药授权阿斯利康在中国大陆地区独家推广血脂康胶囊，阿斯利康负责血脂康胶囊在中国大陆地区的独家推广，开创了大型跨国药企推广国内高品质中成药的先河。血脂康胶囊是绿叶制药自主研发的调脂中成药，绿叶制药继续持有该药品的资产及商业销售权利，以及注册准证、全部知识产权等推广权以外的权利。2019 年 3 月，绿叶制药与阿斯利康签署协议。根据此次战略合作备忘录，阿斯利康和绿叶制药将就血脂康胶囊的全球商业化进行深入合作，特别是就进入新兴市场与美国市场的合作加强沟通，共同响应与推动国家健康医疗事业的'一带一路'倡议，助力"健康中国"建设。2019年8月，绿叶制药授权阿斯利康在新加坡独家推广Lipascor® 胶囊，Lipascor® 是血脂康胶囊在新加坡的注册商品名，血脂康的国际化进程加速推进。双方期望借助各自在海内外市场的资源优势和产品优势，共同携手将血脂康胶囊加速推广至全球更多国家和地区，服务于全球更多的患者。"

【思政元素】责任担当、创新意识、增强中医药文化自信。

在这个案例中，绿叶制药的血脂康胶囊是中成药，属于中药。中药作为中华文明的瑰宝，为中华民族做出了卓越贡献，也对世界文明产生了积极影响，此次的新型冠状病毒肺炎疫情，中药就发挥了其独特优势。阿斯利康与绿叶制药的合作，一方面肯定了中药价值，造福更多有需要的患者，有益于"人类卫生健康共同体"的建设；另一方面，通过与阿斯利康这样领先的跨国制药公司合作，可以将更多更好的国内创新药，推广到全球。通过这个案例，使学生认识到中药是我们中华民族的瑰宝，它可以造福于全人类，坚定中医药文化自信，增强民族自豪感、责任感；但同时，我们需要更多的研发，更多的创新，挖掘出更多的药品，我们的企业也需要团队合作，加速走进国际舞台。

2. 课程内容及相关思政元素

（1）跨国公司战略联盟概念、特点

目前，全球约有6.5万家跨国公司，以西方发达国家的跨国公司为主，且资金雄厚，规模庞大。企业间市场竞争剧烈，兼并收购难度大，新产品研发投入大且研发周期长，于是联盟成为跨国公司之间合作的常用手段。大多数发达国家的跨国公司通过建立战略联盟在知识密集型产品和服务计划方面进行合作，涉及产品的研发、生产制造、产品销售及售后服务。与发达国家相比，发展中国家的跨国公司发展历程短，资本与技术与大型跨国公司相比存在差距。中国是发展中国家的杰出代表，中国越来越多的企业进行国际化经营，战略联盟展现出不同的特点。

【思政元素】认清自我，自信。

我国的跨国公司发展历程短，资本、技术、管理等与大型跨国公司相比存在差距，这是发展事实，我们要认清自己的不足，找到弱点；但我们迎难而上，优秀的传统文化交汇自信，加强与大型跨国公司的合作，参与国际市场竞争。

（2）跨国公司战略联盟原因和问题

介绍跨国公司战略联盟的动因，存在的问题。跨国公司之间的资金和技术差距，市场的激烈竞争等促使跨国公司进行战略联盟，但是战略联盟能否实现既定目标，需要克服相关问题。

【思政元素】创新、担当。

企业进行联盟的根本内因就是技术，而技术的研发就是创新。大企业的发展离不开创新，创新的人才更是企业所需要的，使学生理解创新的重要性，形成创新意识。联盟就是合作，合作中难免存在问题，要想实现联盟目标，双方必须要有担当。只有具有担当的人才能在工作中做出突出成绩，使学生理解担当的重要性，培养学生担当的品格。

（四）课程思政实施成效

1. 教学成果

在教育部全面推进高校课程思政建设以来，根据所授课程以及学生的特点，本人努力挖掘课程思政元素，学习优秀的思政成果，完善每门课程的育人实践，撰写并发表课程思政论文，使自己对价值观的塑造也有了更加深刻的感悟和体会。本门课程考试及格率达到100%，学生提交的作业质量明显提升，同时，积极参加国际商务专业相关知识技能竞赛，并获取多项奖励。

2. 特色与创新

依托学校中医药背景，选取中药企业国际化合作案例，将自信、创新、担当的课程思政元素与授课内容结合起来，增加中医药文化在学生心目中出现的频率，刷新存在感，增强中医药文化自信，推动中医药商品和企业的国际化进程，有利于"人类卫生健康共同体"的建设。

（五）课程思政实施反思

1. 教学设计视角

案例分析和小组讨论相结合方式能够促进学生的思维活跃度和发言积极性，但是做不到每个学生都能够发言和讨论，教学设计中怎么能够全数覆盖需要进一步研究和实践。跨国公司的经营与管理与学生的生活和学习距离较远，选取案例也需要仔细斟酌与筛选。怎样把思政元素贯穿到教学的每个环节并且不引起学生的反感值得进一步探究。

2. 学生评价视角

课后访谈学生，他们普遍反馈，在学习过程中能处处感受到"思政元素"，情感上比较容易接受，但思政元素的多样化需要进一步挖掘和探索。此外，如何将所学专业知识和能力融会贯通，真正用以提升自身全面职业素养，还有待进一步实践。

（王云丽）

"财政学"课程思政教学设计

——以公共投资支出为例

课程类型：专业课程　　　　　学科门类：经济学

一、课程简介

"财政学"在经济管理类专业课程体系中居于核心基础的地位。开设对象为大学三年级学生，共 54 学时。主要内容有财政基础理论、财政收支理论、财政管理理论和财政宏观调控，教学目的是使学生掌握相关概念和理论，了解财政学的核心思想在于处理好政府与市场、政府与社会及政府间财政三方面的关系，增强学生"四个自信"，培养家国情怀。

二、案例简介

以"财政学"课程第二章财政支出的基本理论为例。本节课通过课堂讲解、主题分享、案例讨论的多元教学方法，构建理论与实践相融合的教学模式；充分发挥课程思政的育人功能，引导学生关注社会实践，培养经济管理类专业学生经国济世的社会责任感和使命感，做知行合一的社会主义事业建设者和接班人。通过案例教学拓展思维，课堂实施过程中教师通过叙述典型案例，带领学生了解相应的课程要点，从经济和历史双维角度看待"公共投资支出"的内涵、特征以及经济意义。这不仅契合财政学教育的公共属性，而且有效地培养了学生的公共意识、公共情怀和社会责任感，拓展学生的国际视野，加强了对人类命运共同体理念的认同，实现了"知识传授，价值引领和能力培养"的多元统一。通过分组讨论巩固知识，大多数学生积极参与讨论，课后与任课老师的知识探讨也不断深入。

（一）教学与育人目标

1. 知识学习目标

（1）掌握公共投资的概念及特征。

（2）掌握公共投资的范围。

（3）掌握公共投资的经济意义。

2. 能力提升目标

（1）通过对公共投资概念的学习，指出公共投资经济效益和社会效益的区别，分析得出公共投资的现实经济意义，不仅可以开阔学生的学术视野，还能提高学生的社会认知能力和问题分析能力。

（2）通过公共投资范围的学习，进行经济效益和社会效益的对比分析，得出公共投资的经济意义，开阔学生的学术视野，提高学生的社会认知能力和问题分析能力。

3. 思政育人目标

（1）通过对公共投资概念的讲解，使学生认识到公共投资涉及社会各阶层的切身利益，直接关乎老百姓的幸福感和获得感，体现社会主义制度集中力量办大事的优越性。

（2）通过对公共投资特征的学习，明确社会主义财政是为了满足人民日益增长的美好生活需要，尤其注重提高社会整体福利水平的教育、科学和文化等事业方面，增强学生的民族自信心，树立社会责任感，培养家国情怀。

（3）通过对公共投资经济意义的讲解，让学生明确国家的公共投资越发达，国民经济运行就越顺畅、人民生活就越便利，就可以为国民经济发展增长潜力，为社会综合发展提供持续动力，增加学生对"四个自信"的理解。

（二）教学策略与方法

本节课通过课堂讲解、主题分享、案例讨论的多元教学方法，构建理论与实践相融合的教学模式；充分发挥课程思政的育人功能，引导学生关注社会实践，培养经济管理类专业学生经国济世的社会责任感和使命感，做知行合一的社会主义事业建设者和接班人。

（三）课程思政教学理念与设计

1. 课前导入及相关思政元素

首先通过"何为公共投资？"的视频了解案例内容。2019 年 12 月，港珠澳大桥珠海口岸工程荣获 2018—2019 年度中国建设工程鲁班奖。港珠澳大桥是中国境内一座连接香港、珠海和澳门的桥隧工程，位于中国广东省珠海口伶仃洋海域内，为珠江三角洲地区环线高速公路南环段。港珠澳大桥因其超大的建筑规模、空前的施工难度和顶尖的建造技术而闻名世界，是我国科技集成式创新的硕果。

【思政元素】 增强民族自豪感。

从重大公共投资项目中选择案例，不仅能顺畅自然地引入本节课题，而且可以使学生通过了解我国基础设施投资领域的辉煌成就，增强民族自豪感，理解社会主义制度集中力量办大事的优越性。

2. 课程内容及相关思政元素

（1）根据引入案例，总结提炼出公共投资的概念及特征

公共投资是指政府为促进国民经济各部门的协调发展，实现经济社会发展战略，利用财政支出对特定部门进行的投资活动。

公共投资的特征是指投资对象的公共性、投资目标的社会性、投资决策的复杂性。

结合公共投资概念及特征的讲解，请同学们介绍各自家乡的变迁，展示乡村振兴的成果，从而加深对上述概念和特征的理解。

进一步引导学生回顾新中国成立以来我国取得的伟大成就。经历了抗日战争和解放战争的千疮百孔，新中国成立。中国政府和人民取得了"神舟"飞船、"嫦娥"绕月、北斗卫星导航等一大批标志性成就，举办了北京奥运会和上海世博会。公共投资支出助力我国实现了一个又一个奇迹。

【思政元素】家国情怀和正确的历史观。

通过课堂师生互动，宣传中国特色的社会主义乡村振兴道路，培养学生的家国情怀。通过回顾我国历史上的伟大成就，帮助学生客观认识和准确评价国家历史，树立正确的历史观，从思想上真正领会习近平总书记提出的"道路自信、制度自信、理论自信和文化自信"。

（2）通过拓展案例，引导学生提炼出公共投资的范围和经济意义

公共投资的范围：①基础产业投资，包括交通运输、邮电通信、水利设施、城市公用设施等。②农业投资，包括农业基础设施投资、农业科研和农业科技推广。

公共投资的经济意义：①公共投资对经济增长具有积极的意义。②公共投资扩张对私人投资效率的提高存在正向影响。③公共投资是技术进步的源泉。

针对公共投资的"公共性"特征和公共投资的"范围"组织课堂讨论，积极鼓励学生从生活中的财政现象出发，结合公共财政产生的逻辑顺序"公共需求—公共产品—政府配置—公共投资"展开，揭示了公共需要存在的客观性。分析了公共产品市场供给的风险性，得出只有聚集财政资源，通过公共投资支出才能满足社会的公共需求。

【思政元素】关注公共问题，培养团队合作意识，追求社会共同福祉。

通过分析公共需要的普遍性存在和公共投资的积极性意义，有助于提升学生分析和解决复杂公共问题的责任感和能力，引导学生关注公共问题，关心民众疾苦，探求公共治理之道。分组讨论的学习形式，不仅能帮助学生熟悉知识要点、强化教学重点，而且有助于培养学生团结互助的合作意识、取长补短的学习能力，提高学习积极性和主动性。帮助学生树立"追求社会共同福祉"的人类终极目标，培养学生关注为"全世界人民共同福祉"奋斗的理想信念。

（四）课程思政实施成效

1. 教学成果

本人在进行知识传授的过程中坚持致力于教学改革的研究，以期提高教学质量和学生满意度。在教育部全面推进高校课程思政建设以来，对自己所授课程的课程思想政治资源进行了充分挖掘，努力完善每门课程的育人作用。2019年和2020年分别获得湖北中医药大学课程思政教学竞赛二等奖和三等奖。主持2018年湖北省教育科学规划课题，发表教学类论文多篇。本门课程考试及格率达到100%。在课程学习期间，多名学生参

与多项经济管理类相关知识技能竞赛，并获得多项国家级奖励。

2. 特色与创新

（1）案例教学拓展思维

课堂实施过程中教师通过叙述典型案例，带领学生了解相应的课程要点，从经济和历史双维角度看待"公共投资支出"的内涵、特征以及经济意义。这不仅契合财政学教育的公共属性，而且有效地培养了学生的公共意识、公共情怀和社会责任感，拓展学生的国际视野，加强了对人类命运共同体理念的认同，实现了"知识传授，价值引领和能力培养"的多元统一。

（2）分组讨论巩固知识

分组讨论形式是有效吸引学生注意力和提高参与度的一种课堂教学方式。课堂思政教学方式实施以来，大多数学生积极参与讨论，课后与任课老师的知识探讨也不断深入。

（五）课程思政实施反思

1. 教学设计视角

本案例的整个教学设计处处融入课程思政因素。比如，通过回望多年来我国的发展历程和辉煌成就，让学生懂得社会主义制度具有集中力量办大事的显著优势。本节课按照"案例引入—主题构建—分组讨论—教师总结"的流程开展教学设计。需要改进的是教学案例有待拓展到国际层面，有助于引导学生树立担当意识，坚定大国文化自信。

2. 学生评价视角

本课程授课前后对学生进行了两次问卷调查，学生普遍感受到了自己在知识、能力和情感上的提升。在学习过程中能处处感受到"思政元素"，却并不感觉生硬，情感上比较容易接受。但在分组讨论过程中，由于不同小组成员的学习目标和知识接受程度可能存在不一致的情况，会导致一部分学生对讨论准备不充分，从而使得最终的讨论结果的实际效果打折扣。此外，如何将所学到的每门课的专业知识和能力融会贯通，真正用以提升自身全面职业素养，还有待进一步实践。

（李俊）

"国际商务谈判与礼仪"课程思政教学设计
——以国际商务谈判基础理论为例

课程类型：专业课程　　　　**学科门类：管理学**

一、课程简介

"国际商务谈判与礼仪"是国际商务专业的核心技能课程，是国际商务专业的骨干课程。课程在学习市场营销前期系列课程基础上，以国际、国内商业事务洽谈活动为对象，融市场营销、市场调研、推销技巧等为一体，涉及商务谈判方案准备、商务谈判磋商、商务谈判签约到合同的履行多个工作任务，训练学生能从商务谈判角度发现问题、解决问题，树立双赢的谈判理念，达成双赢的商务谈判。本课程不仅能增加学生就业竞争力，还考虑到学生职业生涯发展所需的知识、技能和能力，有利于学生的职业生涯发展，也为后续国际商务课程学习奠定基础。

二、案例简介

本案例涉及国际商务谈判的基本理论知识。教学活动中，为了使学生直观地了解文化差异对学生的影响，通过影音资料，让学生直接看到国际商务谈判的场景；通过采用多媒体教学，调节课堂气氛；通过课堂讨论，提高学生的语言表达能力；通过模拟谈判，提高学生的谈判技能。通过课堂讨论、案例分析提高学生语言表达能力，采取灵活多变的教学方法和模式，增加讨论分析课时。

（一）教学与育人目标

1. 知识学习目标

（1）掌握谈判的定义和三大要素。

（2）理解谈判的意义。

（3）了解谈判中的要点。

2. 能力提升目标

国际商务谈判是营销、管理以及商务交流领域的专业技能课程之一，是一门知识与能力高度综合的行为艺术。本课程以"谈成且谈好"为宗旨，系统讲解商务谈判的核心理念、四个环节的技术要领，分析个体差异和国别差异，解读各种类谈判的性质和实施方法。以模拟谈判教学模式为认知核心，贯彻"目标知识—案例模拟—讲评反馈—技能扩展"的教学手法，使学生理解和掌握每个教学阶段的知识要点，明确自己的努力方向。课程的主要任务之一是教会学生自主地吸收知识和运用知识的方法，培养学生团队协作和实现目标的能力，提高学生正确理解和胜任各种类型谈判的水平。为学生进入职场后有能力拓展合作平台奠定基础。围绕课程思政，在课程体系中实施了融合知识、能力和价值观的教学设计，有机地融入思政教育内容，目的在于实现谈判知识的传授、谈判能力的养成和社会主义核心价值观的引领。在课堂上讲好中国故事，在分析中融入中国经验与中国智慧。通过社会主义核心价值观的引领和驱动，培育具有正确价值观、能够胜任未来管理工作的优秀管理者。

3. 思政育人目标

（1）要求学生树立规范正确的职业操守。国际商务谈判并非处处以利益为最大化，因此要引导学生树立正确的世界观、人生观和价值观，坚持底线思维，遵纪守法，严守商业机密，具有法治思维和树立正确的职业操守，培养学生求真务实、严谨勤奋的工作态度。提高学生的思想政治素养，才能保证学生在今后的工作中坚定信仰信念，无论面对何种诱惑都能以国家和集体的利益为先。

（2）构建理论联系实际的思维方法。提高学生对专业学习的兴趣，树立正确的学习态度。引导学生把生活中遇到的某些事件看成一种谈判，并将其与谈判理论原理链接，使其在生活中灵活应用谈判哲学，从而规避可能的冲突，积极解决问题化解矛盾。引导学生主动联系个人的社会生活实践，尝试运用谈判的原理、方法、技巧解释生活，增强学习的获得感。

（3）践行实践出真知的思想理念。国际商务谈判并非纯理性的过程，仅仅依靠理论是不行的。谈判的真谛需要亲身实践，决定谈判结果的细节要在实践中感悟、总结提炼，才能获得提高。为此本课程设置有多轮模拟谈判环节，以培养学生注重学思结合、知行合一，增强学生勇于探索的创新能力、善于解决问题的实践能力。培养学生的独立思考和创新意识、团队意识、协作精神。

（4）培养与人良好沟通的职业素质。国际商务谈判是商务沟通的一种类型，有效沟通是商务谈判的基础。在课程中引导学生学会应用非暴力沟通，善于应用共情的力量，在沟通交流中传递正能量，符合主流价值观，努力达到"三善境界"：善解人意、善于表达、善于合作，使谈判取得理想的效果，培养学生的综合性思维能力和处理信息、解决问题的能力。

（二）教学策略与方法

思政教育融入"国际商务谈判与礼仪"课程，使课程内容更加生动，实现"寓道于教、寓德于教、寓乐于教"。在该课程的思政建设中，除了教师主导的理论讲授外，主要采用了中国故事的案例式教学、模拟谈判的体验式教学和时事新闻的主题讨论式教学等多种教学方式。

1.融入思政元素，开展"中国故事"的案例式教学。在课程案例的构建中，我们采用了多个生动的实务案例，让同学们参与其中，角色扮演和谈判模拟的教学方式得到了很多同学的喜爱，寓教于乐，让原本略显枯燥的课程内容能够用更高效的方式深入学生心中。在案例选取过程中，我们也着重选择了很多"中国故事"，比如国共两党重庆谈判、我国的高铁招标谈判等。这些与中国发展有着密切联系的案例可以让同学们更了解中国历史和经济发展历程，并充分启发其爱国思想。我们希望通过这些案例让同学们既意识到谈判是解决问题的重要方式，又意识到强大的实力才是谈判力量的保证。希望同学们通过本课程学习，认识到自己现在的学习和努力都可以在未来为祖国做贡献，从一点一滴中培养起强国理想。

2.融入思政元素，开展模拟谈判的体验式教学。模拟谈判过程为学生提供了互动学习环境和自主学习平台。首先，学生在给定的谈判背景下分派角色、收集资料、研讨案例、设计谈判预案，完成准备阶段的专业学习。其次，在约定的时间、地点，谈判双方实施面对面的现场模拟环节。最后，在教师主导下，通过回放录像，从专业知识和谈判技巧两个方面检讨谈判过程的得失，使学生找到进一步学习的方向。在模拟谈判环节，我们选用了具有中国特色的模拟谈判素例如丝绸之路商贸谈判、中国传统文化产品（如瓷器）的国际贸易谈判、中国企业国际化发展中的企业并购谈判等。这些模拟谈判的案例同样遵循"中国故事"的原则。在谈判过程中，学生需要发挥主观能动性，广泛收集谈判相关资料，充分了解我国产品、技术与资源等多个方面在国际领域的特色与优势。

3. 融入思政元素，开展时事新闻的主题讨论式教学。课程思政的一个重要任务，就是让学生了解党和国家重大方针政策、最新国内外形势、重点热点新闻等。开展有关时事新闻的主题讨论可以有效地把思政教学和时事政治结合在一起，增强课程思政的时效性和针对性。针对谈判相关的时事新闻，运用马克思主义的立场、观点和方法进行剖析，使学生从理论高度看待和认识事件，提高学生的科学思辨能力。在之前的授课时段，恰逢中美贸易谈判的多轮磋商。要求学生密切关注中美贸易谈判的磋商进展，积极参加课堂上的相关主题讨论。将爱国情怀、法制意识、谈判技巧等内容在基于时事新闻的主题讨论过程中渗透给学生，传达出作为每个人对自然、国家、家庭应尽的责任，在讲授专业课知识的同时兼顾学生自我思考与"立志、立长志"的重要性。

（三）课程思政教学理念与设计

1. 课前导入及相关思政元素

讨论：你觉得什么是谈判？你在生活中遇到过哪些谈判的情境？从而让学生理解谈判无处不在，理解谈判的广义定义。

【思政元素】理论联系实际，培养与人良好沟通的职业素质。

这个世界就是一个巨大的谈判桌，谈判无处不在，无时不在。人人需要沟通，处处有谈判。沟通改变生活，谈判创造价值。引导学生把生活中遇到的某些事件看成一种谈判，并将其与谈判理论原理联系，使其在生活中灵活应用谈判哲学，从而规避可能的冲突，积极解决问题化解矛盾。引导学生主动联系个人的社会生活实践，尝试运用谈判的原理、方法、技巧解释生活，增强学习的获得感。培养与人良好沟通的职业素质。国际商务谈判是商务沟通的一种类型，有效沟通是商务谈判的基础。在课程中引导学生学会应用非暴力沟通，善于应用共情的力量，在沟通交流中传递正能量。

2. 课程内容及相关思政元素

（1）理解谈判的定义和三大要素

谈判是综合运用一个人的信息和力量，在多种力量所形成的结构网的张力范围之内去影响人们的惯常行为及反应。理解谈判所产生的影响力是有限的，它具有不可忽视的影响力，同时也并不是无所不能的。

谈判的三大要素是善于沟通、知己知彼、谋求双赢。一场圆满成功的谈判要使双方的利益要求都获得一定的满足。或者说，双方利益都获得一定程度的平衡。谈判是双方互利，谋求共赢的过程。在一场成功的谈判中每一方都应该是胜利者。

案例：联想收购 IBM 台式机和笔记本业务。

案例：周恩来总理到联合国谈判。

【思政元素】树立规范正确的职业操守、家国情怀和正确的历史观。

使学生树立规范正确的职业操守。国际商务谈判并非处处以利益为最大化，因此要引导学生树立正确的世界观、人生观和价值观。与中国发展有着密切联系的案例可以让同学们更了解中国历史和经济发展历程，并充分启发其爱国思想。我们希望通过这些案例让同学们既意识到谈判是解决问题的重要方式，又意识到强大的实力才是谈判力量的保证。希望同学们通过本课程学习，认识到自己现在的学习和努力都可以在未来为祖国做贡献，从一点一滴中培养起强国理想。

（2）理解谈判的意义

商业领域对谈判技能的需求是极大的。一项调查显示，管理人员最想要提升的能力中，战略决策能力排第一位，接着就是谈判和影响他人的能力。商业人员基本都意识到谈判技能对于他们所在企业经营成败的重要性。然而，很多职场从业者都觉得自己在这方面有所不足。一项调查显示，60%的商业人士认为自己不擅长谈判。

讨论：谈判桌上气势的来源是什么？理解国家实力对国际谈判的重要意义。

情景模拟：学生以生活中买东西讨价还价为情境进行情景模拟，理解谈判沟通对个人生活的意义。

【思政元素】爱国情怀、理论联系实际。

培养学生的爱国意识，树立为祖国的繁荣富强做贡献的决心。引导学生把生活中遇到的某些事件看成一种谈判，并将其与谈判理论原理联系，使其在生活中灵活应用谈判哲学，从而规避可能的冲突，积极解决问题化解矛盾。

（3）了解谈判中的要点

观看视频片段：以电影《三个合伙人》中三个主角到美国谈判为例，引导学生思考谈判中的知识要点。如：通过送礼营造良好的谈判氛围；通过主角的记忆能力展示使论据更具有说服力；谈判不是争吵，而是解决问题，应该对事不对人；谈判团队要步调一致、口径统一。

延伸：开展时事新闻（如中美贸易谈判）的主题讨论式教学，让学生了解党和国家重大方针政策、最新国内外形势、重点热点新闻等。

【思政元素】爱国情怀、思辨能力、法制意识、责任意识。

开展有关时事新闻的主题讨论可以有效地把思政教学和时事政治结合在一起，增强课程思政的时效性和针对性。针对谈判相关的时事新闻，运用马克思主义的立场、观点和方法进行剖析，使学生从理论高度看待和认识事件，提高学生的科学思辨能力。要求学生密切关注中美贸易谈判的磋商进展，积极参加课堂上的相关主题讨论。将爱国情怀、法制意识、谈判技巧等内容在基于时事新闻的主题讨论过程中渗透给学生，传达出作为每个人对自然、国家、家庭应尽的责任，在讲授专业课知识的同时兼顾学生自我思考与"立志、立长志"的重要性。

（四）课程思政实施成效

1. 教学成果

本人在进行知识传授的过程中坚持致力于教学改革的研究，以期提高教学质量和学生满意度。在教育部全面推进高校课程思政建设以来，对自己所授课程的课程思想政治资源进行了充分挖掘，努力完善每门课程的育人作用。2019 年和 2020 年分别获得湖北中医药大学课程思政教学竞赛二等奖和三等奖。主持 2018 年湖北省教育科学规划课题，发表教学类论文多篇。本门课程考试及格率达到 100%。在课程学习期间，多名学生参与多项经济管理类相关知识技能竞赛，并获得多项国家级奖励。

2. 特色与创新

（1）案例教学拓展思维

课堂实施过程中教师通过叙述典型案例，带领学生了解相应的课程要点，从管理、国家和生活三个维度看待谈判的意义。可以有效地培养学生的爱国意识和社会责任感，拓展学生的国际视野，加强对人类命运共同体理念的认同，实现了"知识传授，价值引领和能力培养"的多元统一。

（2）分组讨论巩固知识

分组讨论形式是有效吸引学生注意力和提高参与度的一种课堂教学方式。课堂思政教学方式实施以来，大多数学生积极参与讨论，课后与任课老师的知识探讨也不断深入。

（五）课程思政实施反思

1. 教学设计视角

本案例的整个教学设计处处融入课程思政因素。比如，通过案例让同学们更了解中国历史和经济发展历程，并充分启发其爱国思想。本节课按照"案例引入、主题构建、分组讨论、教师总结"的流程开展教学设计。需要改进的是教学案例有待拓展到国际层面，有助于引导学生树立担当意识，坚定大国文化自信。

2. 学生评价视角

本课程授课前后对学生进行了两次问卷调查，学生普遍感受到了自己在知识、能力和情感上的提升。在学习过程中能处处感受到"思政元素"，却并不感觉生硬，情感上比较容易接受。但在分组讨论过程中，由于不同小组成员的学习目标和知识接受程度可能存在不一致的情况，会导致一部分学生对讨论准备不充分，从而使得最终的讨论结果的实际效果打折扣。此外，如何将所学到的每门课的专业知识和能力融会贯通，真正用以提升自身全面职业素养，还有待进一步实践。

（李俊）

"金融学"课程思政教学设计

——以收益率曲线与银行利率风险管理为例

课程类型：专业课程　　　　学科门类：经济学

一、课程简介

"金融学"课程是经济管理类专业的基础课，又是保险学专业的专业基础理论课。开设对象为保险学专业大学三年级学生，共36学时。内容包括：货币与货币制度，汇率与汇率制度，信用与信用体系，货币的时间价值与利率，金融资产与价格，金融市场与金融结构，货币市场，资本市场，衍生工具市场等。通过该课程的教学，使学生对货币、信用、银行及金融市场、金融宏观调控、金融改革与发展等方面的基础理论和基本知识有所了解，并掌握其运行的基本规律，为以后的学习和工作服务。

通过本课程的教学，使学生对金融的基本知识、基本概念、基本理论有较全面的理解和较深刻的认识，对货币、信用、金融机构、金融市场、国际金融、金融宏观调控与监管等方面的基本内容有较系统的掌握，提高学生在社会科学方面的综合素养，为进一步学习其他专业课程打下必要的基础，进而培养学生作为一个合格的金融管理者以及其他经济管理者应当具备的正确观察、分析和解决当前实际金融问题的能力。

二、案例简介

以"金融学"课程中收益率曲线与银行利率风险管理教学单元为例进行具体的教学课程安排。根据教学要求以及教学设计思路，我们在课程的各个小环节嵌入思政元素，本着问题导向、分析问题和解决问题的课程目的，在增强学生学习效果、培养学生学习能力的基础上，使之于潜移默化中最大限度地接收、思考和感悟思政元素。

（一）教学与育人目标

1. 知识学习目标

（1）利率风险结构的概念。

（2）掌握收益率曲线控制与量化宽松政策的特征与功能。

（3）掌握收益率曲线的相关概念和特征。

2. 能力提升目标

从人才培养角度来看，金融学专业的目标是培养具有国际视野的创新型、复合型高层次金融人才。"金融学"作为经济与管理类专业核心课程之一，以一流本科课程为目标，通过线上线下结合、课堂内外结合、教师和学生结合、阅读和练习结合等方式，不断创新教学内容和方式，实现创新性、高阶性和挑战度的有机统一。

3. 思政育人目标

从思政角度来看，以德为先是经济与管理类专业打造"金课"的根本。使学生在掌握专业知识和技能的同时，充分认识健康的金融环境对宏观经济发展的重要性，树立金融风险的防范意识、责任和义务。引导学生以践行社会主义核心价值观为行为准则，把树立共同理想、坚定文化自信作为提升能力的立足之本。通过专业课堂渗透给学生，使学生的思想政治素养得到不断强化，尤其是社会诚信意识和爱岗敬业精神得到提升。

（二）教学策略与方法

"嵌入式"课程思政教学模式的实施是"金融学"课程与思政教育结合的关键方法。在金融学教学过程中，将专业课程教学与思想政治教育充分结合起。将教书育人的内涵落实在课堂教学主渠道，从而突出专业课程的育人价值。为了讲好与思政元素相对应的专业知识，在"嵌入式"思政教学模式实施时，通过选择恰当案例，对真实事件进行延伸，利用文字资料、视频等方式作为课程思政的载体，将思政元素具体化。例如，通过学习通 App，教师和学生实现一对多的交流，推送的教学资料特别聚焦对国内、国际重大金融事件的报道和解读，为课堂讨论、教学内容的讲授进行预热。在进入利率风险结构的复习时，通过在课堂中采用线上教学平台，复习金融学中的重点、难点。或者采取课堂讨论的形式，事先将美国国债收益率曲线走势的相关分析资料推送给学生并提出问题。什么是收益率曲线？收益率曲线有哪三种基本形态？收益率曲线走平或者倒挂时的经济含义是什么？为使学生带着问题去学习，课中还就美债收益率曲线的变化和经济走势之间的关系组织学生开展教学，从历史数据与金融运行中找出利率和到期期限之间的关系。

还通过设置恰当的课堂或课堂组织形式，将课程思政元素以最佳的方式渗透在专业教学之中，让学生在潜移默化中最大限度地接收、思考和感悟思政元素，尽量做到课程思政润物无声。在教学过程中增加银行风险管理场景模拟环节，让学生分组表演，使他们在"做中学"、提高职业素养的同时，也增强了团队协作意识。此外，邀请银行等金融机构的管理者、业务骨干来校开展讲座，让学生了解金融领域的发展动态，提升他们对热点问题的分析能力。

（三）课程思政教学理念与设计

1. 课前导入及相关思政元素

党的十九大提出，决胜全面建成小康社会，必打赢三大攻坚战，其中一项重要内容是防范化解重大风险。维护金融安全关乎我国经济社会发展全局。按照党中央的决策和部署，防范化解金融风险攻坚战取得了重大成效。"六稳"中的"稳金融"充分体现了金融的稳定对国家发展的重要意义。

【思政元素】风险防范、金融稳定对国家发展的重要意义。

审慎管理金融风险，并理解金融是国家经济的命脉，金融强国是责任，也能积极参与全球经济金融治理，有助于进一步放大我国的"金融稳定器"作用，构建人类命运共同体。

2. 课程内容及相关思政元素

（1）利率风险结构的概念

为了考察大家的掌握情况，老师预先设定了这样一道选择题，题目是：债券的风险溢价不会受到债券的下列哪个因素的影响？课前同学们通过软件互动答题，大屏幕上显示大家的答题结果。从结果来看，多数同学都掌握了影响利率风险结构的相关概念。作为课堂延伸，要同学思考商业银行面临的其他风险。

【**思政元素**】诚信、风险防范、职业操守。

信用风险防范：践行全民诚信观；操作风险防范：加强金融从业人员职业道德教育。

（2）收益率曲线控制与量化宽松政策的特征与功能

抛出两个案例分析，通过故事背景的叙述，讲述美国非常规货币政策的使用，以及收益率曲线控制与量化宽松的区别。2020年2月，为应对新型冠状病毒肺炎疫情的冲击，美联储常规的利率工具达到"零下限"，采用收益率曲线控制（YCC）政策作为扩充货币政策工具箱实属"无奈之举"。具体来说，受疫情影响，当年3月15日美联储联邦基金利率目标利率调降至0附近，利率降至0而暂时不考虑负利率的情况下，美联储不得不继续推进宽松政策。

课堂讨论：为什么中央银行会从QE转向收益率曲线控制？形式上美联储并没有瞄准国债收益率，不过最近10年期国债收益率的持平表明，情况并非如此。除了少数例外情况，10年期国债收益率自4月份以来一直异常稳定，在0.6%～0.7%的窄幅区间内徘徊，只有一次短暂飙升至0.91%。这是巧合吗？

【**思政元素**】金融强国、金融稳定对国家发展的重要意义。

金融是国家经济的命脉，金融强国是责任，也能积极参与全球经济金融治理，有助于进一步放大我国的"金融稳定器"作用，构建人类命运共同体。金融稳定对国家发展具有重要意义，"两个一百年"奋斗目标和中华民族伟大复兴的中国梦离不开强大的金融能力。

（3）收益率曲线的相关概念和特征

收益率曲线：反映风险相同但期限不同的债券到期收益率期限之间关系的曲线。收益率曲线的纵轴代表收益率，横轴则是距离到期的时间。

向同学们抛出三个收益率曲线背后的事实。事实A：不同期限的利率随着时间的推进呈现出相同的变动特征。事实B：短期利率较低，收益率曲线向上倾斜；短期利率较高，更多是向下倾斜的。事实 C：收益率曲线通常是向上倾斜的。

【思政元素】金融强国。

金融强国；积极参与全球经济金融治理，有助于进一步放大我国的"金融稳定器"作用。

（四）课程思政实施成效

1. 教学成果

本人在进行知识传授的过程中坚持致力于教学改革的研究，以期提高教学质量和学生满意度。在教育部全面推进高校课程思政建设以来，对自己所授课程的课程思想政治资源进行了充分挖掘，努力完善每门课程的育人作用。2019 年和 2020 年分别获得湖北中医药大学课程思政教学竞赛二等奖和三等奖。主持 2018 年湖北省教育科学规划课题，发表教学类论文多篇。本门课程考试及格率达到 100%。在课程学习期间，多名学生参与多项经济管理类相关知识技能竞赛，并获得多项国家级奖励。

2. 特色与创新

（1）"嵌入式"课程思政教学模式的实施是"金融学"课程与思政教育结合的关键方法。在金融学教学过程中，将专业课程教学与思想政治教育充分结合起。将教书育人的内涵落实在课堂教学主渠道，从而突出专业课程的育人价值。为了讲好与思政元素相对应的专业知识，在"嵌入式"思政教学模式实施时，通过选择恰当案例，对真实事件进行延伸，利用文字资料、视频等方式作为课程思政的载体，将思政元素具体化。

（2）通过设置恰当的课堂或课堂组织形式，将课程思政元素以最佳的方式渗透在专业教学之中，让学生在潜移默化中最大限度地接收、思考和感悟思政元素，尽量做到课程思政润物无声。

（五）课程思政实施反思

1. 教学设计视角

通过专业课程教学与思政教育有机融合，结合各章主讲内容找出适合切入点，将其嵌入各教学章节的课程内容中，实现教学目标"1+1>2"的协同效应。同时将课程中涉及的德育元素、思政元素提炼出来，与商业银行风险管理的典型案例充分结合，做到了将专业课讲出"思政味"。

"线上线下"混合式课堂的教学设计不仅提高了学生对课程学习的参与度，而且将课堂教学与课后互动相结合，让学生在课后"忙起来"。学生 100% 参与，线上线下授课教学效果突出，课堂教学中学生到课率、抬头率、前排率显著提升。更为重要的是，通过充分利用网络平台资源，开发金融学课程思政学习平台，不仅方便教师在线教学，也便于学生利用手机客户端随时学习。教师在课前将有关视频案例提前上传到平台供学生学习，然后在线下课堂中组织学习讨论、答疑或展示学习成果。借助网络公众平台，及时传递国内风险管理领域的政策动态，将社会热点、国际国内形势、金融风险领域的现实问题自然渗透于课程的方方面面，实现润物无声的教学效果。

2. 学生评价视角

通过"嵌入式"的金融学课程思政学习，学生对银行风控岗位要求有了切身体会，不仅在从业心理上变得更加成熟，而且认识到自觉规范职业行为的重要性，从而提升职业道德和业务素质，树立合规尽职、敬业爱岗的从业观。通过教学实践，实现了学生们树立金融机构从业人员的职业道德，正确理解我国的经济与金融政策，掌握习近平新时代中国特色社会主义思想的丰富内涵，弘扬爱国主义，树立"四个自信"等德育培养目标。

（李俊）

"国际贸易学"课程思政教学设计
——以贸易与资源：赫克歇尔—俄林模型为例

课程类型：专业课程　　　　　学科门类：经济学

一、课程简介

"国际贸易学"是一门应用经济学学科，主要研究国际贸易产生与发展的原因和贸易利益在各国间进行分配的制约因素，并揭示其中的特点与运动规律。通过本课程的学习，使学生能较为系统地了解国际贸易的理论和政策措施，理解西方经济学基础理论与国际贸易理论的相互关系，掌握国际贸易问题的理论分析模型和方法，以及国际贸易的基本知识，包括国际贸易的基本理论，也包括国际贸易政策以及国际贸易发展的具体历史过程和现实情况。帮助学生了解当前经济全球化下世界贸易的发展；掌握古典经济学框架下的李嘉图模型、特定要素模型、赫克歇尔—俄林模型以及在规模收益递增与不完全竞争条件下现代国际贸易理论；了解一国贸易政策（进口关税与配额）在完全竞争和不完全竞争条件下对一国福利产生的影响。学习过程中注重加强学生对西方经济学的学习、借鉴、批判和探索，促使学生将所学的知识结合我国国情进行思考，形成自己对现代国际贸易理论的探究。

二、案例简介

以"国际贸易学"课程第四章贸易与资源：赫克歇尔—俄林模型为例。课程设计以"我国中药进出口形势分析"案例引入，引领学生思考我国同世界各国相比其资源优势何在？通过课堂讲授赫克歇尔—俄林贸易模型，研究开放贸易如何影响每个国家给劳动和资本的支付的，并预期国际贸易开始后哪个要素会受益和哪个要素会受损。利用案例教学及互动讨论分析考察我国中医药商品资源的要素禀赋及其在世界的传播和影响力，引导学生关注中医药资源，推动中医药商品国际竞争力的增强。

（一）教学与育人目标

1. 知识学习目标

（1）掌握赫克歇尔—俄林模型及其模型扩展的基本思想、推导和应用，并能以此判断我国的生产要素禀赋优势所在。

（2）研究开放两国间贸易是如何影响每个国家给劳动和资本的支付的，掌握斯托尔珀—萨缪尔森定理。

（3）理解经济学家提倡自由贸易政策的理由和解决贸易收入分配困境的基本思路和方法。

2. 能力提升目标

（1）引导学生辩证思索对比李嘉图模型、特定要素模型和赫克歇尔—俄林贸易模型的异同点及其进步性。

（2）能利用赫克歇尔—俄林理论模型扩展知识学习，对现实国际贸易形势和我国对外贸易政策进行分析，增强知识探索能力及应用能力。

3. 思政育人目标

（1）结合当前国家"一带一路"倡议，引领学生思考和感悟我国国际贸易发展历程中的开辟和创新，思考我国如何避免陷入"比较优势陷阱"，如何从"贸易大国"向"贸易强国"迈进，如何增强国家在世界上的话语权等问题，帮助学生树立正确的国家利益观，了解在国际贸易理论指导下中国的价值观和贸易观。

（2）培养学生开放、合作、包容的发展观，摒弃"以邻为壑"的利己主义思想意识。

（3）结合我校医药背景，将西方经济贸易理论与中国国情及中医药资源有机结合起来，增强学生对中医药产业及中医药国际贸易的了解，推动中医药商品国际化进程。

（二）教学策略与方法

理论课联系实际，利用案例教学法、对比分析法和互动讨论法将课程思政融入知识中。使课堂内容能够引发学生兴趣而提高学习积极主动性，拉近理论与现实的距离，增强学生对思政理念的参与度与接受度。在知识讲解过程中引导学生对西学东渐的知识进行辩证思维，在案例分析中引入中医药商品的贸易新闻和数据，提高学生对我国中医药商品国际化的探索性思维。将教学内容和课程思政有机整合，在最大程度上实现学生在知识体系、思维能力和思政情感的全面提升。

（三）课程思政教学理念与设计

1. 课前导入及相关思政元素

首先以"我国中药进出口形势分析"案例切入本章所学知识点。"中药材及饮片出口均价上涨，出口势头旺盛。中药材出口自去年回暖以来，一直保持较旺盛的势头。市场需求高涨，拉动价格提升，今年上半年，大部分中药材的出口均价都有不同程度的上涨。最新数据显示，2021 年上半年我国中药材及饮片出口总额 6.56 亿美元，同比增长 5.7%；出口量 11.22 万吨，同比下调 5.3%。"

通过中药进出口贸易案例引出中国在国际贸易中的中医药资源禀赋，一方面要求学生思考世界上不同国家都具有何种生产要素资源优势，以此切入赫克歇尔—俄林贸易模型的学习，探寻各国如何根据自己的生产要素禀赋形成国际贸易上的比较优势；另一方面引导学生探讨我国中药进出口的资源优势何在，如何在赫克歇尔—俄林定理下进一步发挥我国中医药特色，将中医药商品的国际化进程发展得更好。

【思政元素】理解国际竞争中的中国优势，增强中医药文化自信。

根据赫克歇尔－俄林定理，为了更有效地利用各种生产要素，实现合理的国际分工，各国应该多生产并出口那些在生产中密集地使用了本国丰裕的生产要素的商品，进口那些在生产中密集地使用了本国稀缺的生产要素的商品。我国地大物博，拥有多种多样的自然条件，孕育了丰富的中药材资源。这使得我国培育、发展中药产业，开展中药出口贸易具有得天独厚的资源优势，即因土地要素丰裕而形成的中药材商品比较优势。此外，随着近年来全球兴起回归自然的潮流，国际植物药市场上对天然药物的需求急剧增加，这进一步带动中药商品市场需求增长，这也使得我国的中药商品的国际市场前景广阔。中医药商品在世界范围内更广泛地传播以及影响力的持续增强，将增强学生对于中医药文化的自信心和自豪感，引导学生主动传承与发展中医药文化，为推动中医药商品国际化进程而奋斗。

2. 课程内容及相关思政元素

赫克歇尔—俄林定理以及斯托尔珀—萨缪尔森定理及其模型扩展

通过赫克歇尔—俄林模型的内容及推导过程的学习，要求学生掌握如何通过赫克歇尔—俄林定理判断贸易模式，通过斯托尔珀—萨缪尔森定理理解商品相对价格的变化对收入分配的影响。此外，在考虑多种要素和国家时有效要素禀赋的重新测量，并以我国历年有效要素禀赋的变化来体现我国在有效 R&D 人员上投入的增长。

【思政元素】民族自信与文化认同。

我国在改革开放初期基本遵循赫克歇尔—俄林定理开展对外贸易，主要出口劳动密集型产品，进口资本密集型产业。但随着我国在经济和科技上的发展，也为了避免陷入"比较优势陷阱"，我国开始从"中国制造"转变为"中国创造"，加大科技研发力度、发展自主品牌。此后，我国在国际上的话语权及影响力明显逐年提升。此外与西方国家相反，在我国国际贸易收入分配效应中资本所有者和劳工间的收入差距减小，社会凝聚力高。从而使学生切实体会"四个自信"，即中国特色社会主义道路自信、理论自信、制度自信和文化自信。

（四）课程思政实施成效

1. 教学成果

本人在进行知识传授的过程中坚持致力于教学改革的研究，以期提高教学质量和学生满意度。在教育部全面推进高校课程思政建设以来，对自己所授课程的课程思想政治资源进行了充分挖掘，努力完善每门课程的育人作用。针对"国际贸易学"这门课程，本人拟深入研究 TBL 教学法与课程思政在课堂教学中的整合应用。在课程学习期间，多名学生参与多项国际商务专业相关知识技能竞赛，并获得多项国家级奖励。

2. 特色与创新

（1）采用 TBL 教学法与课程思政的整合教学模式，通过"课前导入（激发兴趣）—课堂讲解（深入理解）—TBL 专题研究报告（分析实践）"的教学方式。

（2）在课程中结合我校医药背景，多引用与中医药相关案例和数据，引导学生关注"中医药文化"的传承与发展，运用所学国际贸易理论分析中医药商品国际贸易策略。

（五）课程思政实施反思

1. 教学设计视角

本案例在赫克歇尔—俄林模型这一章的整个教学中，巧妙穿插各个维度的"思政元素"，将"民族自信""科技创新""中医药传统文化传承"等精神内核融入案例。但由于赫克歇尔—俄林模型及其定理的推导性较强，过程较为枯燥且难度相对较大，不容易调动学生兴趣和对知识的理解消化，因此还需针对学生在本课程学习进一步开展创新教学设计的思索。

2. 学生评价视角

学生在学习过程中能感受到思政元素对自身知识、能力和情感上的提升，并对我国中医药商品的国际贸易发展模式有了一定认识。但感觉国际贸易理论结论和现实中的国际贸易政策实践之间有时存在矛盾，理解起来有一定困难，还需加大课外知识的补充和思索。

（汪思齐）

"中国对外贸易"课程思政教学设计
——以中国对外经济贸易关系为例

课程类型：专业课程　　　　　　学科门类：经济学

一、课程简介

"中国对外贸易"是国际商贸学科的重要专业理论课程之一。本课程一方面从宏观的角度介绍中国对外贸易的基本理论、政策、发展战略等，另一方面根据高等教育的目标，突出实践操作环节，是理论与实践紧密结合的综合性的国际商贸专业课程。授课内容主要包括中国对外贸易的源起、中国对外贸易发展概述、中国对外贸易发展战略、中国对外贸易宏观管理体制改革、中国的国际货物贸易、中国的国际技术贸易、中国的国际服务贸易、中国的 FDI 和 OFDI 以及中国对外经济贸易关系等九个对外贸易专题。帮助学生了解我国在国际商务领域的国家战略、法律法规和相关政策，引导学生了解我国对外贸易发展历程以及关注当前我国对外贸易所面临的现实问题。注重培养学生的批判性思维和探索性思维，促使学生将所学的知识融会贯通并加以运用，能对国家出台的经济贸易政策和措施进行思考，逐渐提高自己的相关见解。

二、案例简介

以"中国对外贸易"课程第九讲中国对外经济贸易关系为例。课程设计从"中美贸易战对医药行业的影响"案例引入，引领学生思考在当今世界百年未有之大变局的时代背景下如何提升我国同世界各国的经贸关系；通过课堂讲授中国发展对外经济贸易关系的历程、方式、特点、问题、前景，以及中国走和平发展道路、与世界合作共赢的政策主张等热点问题；利用案例教学及互动讨论分析考察中国同欧盟、美国、东盟、日本等主要贸易伙伴经贸关系，并通过 TBL 教学法指导学生开展对外经济贸易专题研究，培养学生的表达能力、团队协作能力；通过医药行业的对外贸易相关新闻和数据，给学生展示中医药商品在世界的传播和影响力，加强中医药文化自信，推动中医药商品国际化进程。

（一）教学与育人目标

1. 知识学习目标

（1）了解中国发展对外经济贸易关系的历程、方式、特点、问题、前景，以及中国走和平发展道路、与世界合作共赢的政策主张等热点问题。

（2）掌握中国同欧盟、美国、东盟、日本等主要贸易伙伴的经贸关系发展状况并能结合实例分析。

2. 能力提升目标

（1）引导学生思考在当今世界百年未有之大变局的时代背景下，如何提升我国同世界各国的经贸关系，培养学生的思辨能力、分析能力等。

（2）利用案例教学、互动讨论以及 TBL 教学法，培养学生的表达能力、团队协作能力。

3. 思政育人目标

（1）结合古丝绸之路和当前国家"一带一路"倡议，引领学生思考和感悟我国的文化传承和经济发展。将"大国胸怀""人类命运共同体"等精神内核融入案例，帮助学生树立正确的国家利益观，了解经济全球化下中国价值观和贸易观，提高学生对我国传统文化认同度，从国家担当、国家自信、文化自信的角度加强课程思政在学生中的渗透性。

（2）培养学生的大局意识、宏观意识，用爱国精神指引思想。通过 TBL 教学法与课程思政的整合教学模式应用，全面提升学生的团队协作能力、人际交往能力、思辨能力和人文素养，以此全面提升学生职业素养。

（3）结合我校医药背景，将培养医学人文情怀与经世济民的情怀有机结合起来，激发学生对中医药历史文化的兴趣，增强中医药文化自信，热爱并传播中医药文化，推动中医药商品国际化进程。

（二）教学策略与方法

采用理论课和实践课相结合的办法。理论课主要通过案例教学法、对比分析法和互动讨论法将课程思政融入知识中，使课堂内容能够引发学生兴趣而提高学习积极主动性，拉近理论与现实的距离，增强学生对思政理念的参与度与接受度。实践课设置富含"思政"元素的研究专题，开展以问题为导向的 TBL 教学。将知识体系、思维能力和情感共鸣三位一体的创新教学巧妙融入授课过程中，培养学生的批判性思维、探索性思维，引导学生树立正确的国家利益观，了解经济全球化下中国价值观和贸易观。在案例中引入中医药商品的贸易新闻和数据，提高学生对我国中医药商品国际化的认识及认同。

将教学新模式和新理念有机整合，在最大程度上体现 TBL 教学法与课程思政整合后"1+1>2"的育人效果。实现学生在专业知识上具有勤学慎思、刻苦钻研的学习精神；在专业能力上具有分析、沟通和团队协作能力；在专业素养上具有经世济民、服务社会的爱国情怀。

（三）课程思政教学理念与设计

1. 课前导入及相关思政元素

首先以"中美贸易战对医药行业的影响"案例切入本章所学知识点。"从 2018 年年初开始，中美贸易战成为我国在对外经贸关系中讨论的最为火热的一个话题。从最初的'301 调查'到人民币汇率破七，贸易战历经升级、谈判、再起、激化、休战、重启，似乎已走向深水区。医疗行业同样没能幸免，贸易清单中出现共百余项医药行业相关产品，主要为原料药、生物制品及相关医疗器械等。"

通过此案例导入，一方面以中美贸易战的背景和历程引出中国对外经济贸易关系所面临的挑战，要求学生思考在当今世界处于百年未有之大变局的时代环境下，美国挑起中美贸易摩擦的目的何在以及如何评价破解贸易战的中国方案。另一方面引导学生探讨中美贸易战中对医药行业设置的贸易壁垒，基于我校课程医药特色，讨论中美贸易战对"创新药研发"和"中医药产品出口"的影响。

【思政元素】思辨能力、创新意识和增强中医药文化自信。

当今世界，贸易保护主义抬头，一些区域贸易自由化的进程受阻。美国作为世界上最大的经济体，频频使用提高关税的手段打击贸易伙伴。事实上扩大中美自由贸易会提高美国的整体经济福利，既然如此，美国为何还要发动贸易战，阻碍和限制中美贸易呢？美国："美国优先"主张背后的贸易保护主义和逆全球化；中国：开放、合作、包容。

通过分析医药行业在中美贸易战中的境况，为学生讲述在一代代医药工作者前仆后继逐步自主创新的过程中，中国与美国医药产业规模差距逐渐缩小。当贸易战导致我国仿制药出口的发展前景被限制时，我国医药行业必须打破依赖美国进口，加快进口替代和带量采购力度，加强创新药研发。另外，给学生展示中医药商品在世界的传播和影响力，增强学生对于中医药文化的自信心和自豪感，引导学生主动传承与发展中医药文化，为推动中医药商品国际化进程而奋斗。

2. 课程内容及相关思政元素

（1）中国与主要贸易伙伴贸易关系的发展历程特点及问题

由古至今介绍中国与欧盟、美国、东盟、日本等主要贸易伙伴双边对外贸易额、商品结构演化、双向国际直接投资以及自由贸易协定等发展历程、存在的问题及产生的摩擦。

【思政元素】民族自信与文化认同。

"观今宜鉴古，无古不成今"。中华经济文化源远流长，从古丝绸之路打通中西方贸易到当前国家"一带一路"倡议普惠众国，让学生领略我国在经济、文化上的传承与发展，切实感受我国在国际话语权上的逐年提升，以此增强学生切实体会"四个自信"，即中国特色社会主义道路自信、理论自信、制度自信和文化自信。

（2）TBL 教学法：对外经济贸易专题研究报告

通过 TBL 教学法指导学生开展对外经济贸易专题研究报告，主要包括"中国与世界多边贸易体系""中国与区域贸易协定""中国的自由贸易区的建设""中美贸易摩擦""中国与东盟的经贸关系"等专题内容。

【思政元素】人类命运共同体与新型国际关系。

人类命运共同体不仅是中国的外交理念和治国原则，更是"一荣俱荣、一损俱损"世界变局下的必然国际秩序。人类命运共同体表达了中国在世界多极化、经济全球背景下的国际价值观，彰显了相互依存、合作双赢的大局意识。在经济全球化的趋势下，一国繁荣也为其他国家带来贸易机会，联动发展。新型的国际关系就是在构建人类命运共同体目标下的外交准则，是保证国际经贸关系平稳有效运行的软环境。随着中国国家软实力和国际话语权的日渐强大，我们提出"一带一路"倡议和"共建人类命运共同体"，让世界感知中国在经济领域的国际影响力。

（四）课程思政实施成效

1. 教学成果

本人在进行知识传授的过程中坚持致力于教学改革的研究，以期提高教学质量和学生满意度。在教育部全面推进高校课程思政建设以来，对自己所授课程的课程思想政治资源进行了充分挖掘，努力完善每门课程的育人作用。针对"中国对外贸易"这门课程，本人主持了 2021 年湖北高校省级教学研究项目"TBL 教学法与课程思政在"中国对外贸易"课堂教学中的整合应用研究与实践"。

本门课程考试及格率达到 100%。在课程学习期间，多名学生参与多项国际商务专业相关知识技能竞赛，并获得多项国家级奖励。

2. 特色与创新

（1）采用 TBL 教学法与课程思政的整合教学模式，通过"课前导入（激发兴趣）—课堂讲解（深入理解）—TBL 专题研究报告（分析实践）"，全面提升学生的团队协作能力、人际交往能力、思辨能力和人文素养。

（2）在课程中结合我校医药背景，将培养医学人文情怀与经世济民的情怀有机结合起来，激发学生对中医药历史文化的兴趣，引导学生关注"中医药文化"的传承与发展，热爱并传播中医药文化，推动中医药商品国际化进程。

（五）课程思政实施反思

1. 教学设计视角

本案例在中国对外经济贸易关系这一章的整个教学中，采用 TBL 教学法与课程思政的整合教学模式，巧妙穿插各个维度的"思政元素"，将"大国胸怀""一带一路""人类命运共同体""中医药传统文化认同"等精神内核融入案例。但对于接受能力不同的学生怎样才能做到分层次和分重点教学，如何能针对不同学生进行知识学习的定制化教学还有待进一步思考。此外，专题研究报告主题的丰富度、深度以及与中医药的结合度还有待进一步提升。

2. 学生评价视角

本课程授课前后对学生进行了两次问卷调查，学生普遍感受到了自己在知识、能力和情感上的提升，并对我国中医药商品的国际化道路有了基本认识。在学习过程中能处处感受到"思政元素"，却并不感觉生硬，情感上比较容易接受。

但在准备 TBL 专题研究报告过程中，由于不同小组成员的学习目标和知识接受程度可能存在不一致的情况，会导致一部分学生对报告准备不充分，从而使得最终的实践专题研究报告的实际效果打折扣。此外，如何将所学到的每门课的专业知识和能力融会贯通，真正用以提升自身全面职业素养，还有待进一步实践。

（汪思齐）

"国际贸易实务"课程思政教学设计
——以国际货款的收付（托收）为例

课程类型：专业课程　　　　学科门类：经济学

一、课程简介

国际贸易是世界各个国家（或地区）在商品和劳务等方面进行的交换活动。它是各国（或地区）在国际分工的基础上相互联系的主要形式，反映了世界各国（或地区）在经济上的相互依赖关系，是由各国对外贸易的总和构成的。国际贸易也称通商，是指跨越国境的货品和服务交易，一般由进口贸易和出口贸易所组成，因此也可称之为进出口贸易。进出口贸易可以调节国内生产要素的利用率，改善国际间的供求关系，调整经济结构，增加财政收入等。

自中国加入 WTO 以来，货物进口总额扩大约五倍之多，年增长近 20%，带动了国内经济发展。我国参与全球经济治理能力不断加强，有力促进了经济繁荣、社会发展、民生改善。商务系统以习近平新时代中国特色社会主义思想为指导，心怀"国之大者"，做到四个"始终坚持"。

本课程要求掌握国际贸易过程中的主要操作技能与操作方法，能够独立处理业务中所涉及的问题。实践操作部分，要求熟练掌握集装箱转装运计算，唛头的书写，包装条款，租船订舱的基本程序，运价表运费计算，处理各种海运单据。本专业教学按 54 学时设计，包括 34 学时理论课和 20 学时上机实验课，共计 3 学分。

二、案例简介

结合所学知识，分析有关国际结算中遇到的问题。

我国出口商出售一批货物给外国进口商，合同规定的支付方式是 50% 货款凭不可撤销信用证见票后 30 天付款，其余 50% 凭即期付款交单（D/P）付款。我出口商委托当地银行（托收行）转托进口国 A 银行凭单据向进口商收取货款，同时，凭进口商通过 A 银行开立的以我出口商为收益人的见票后 30 天付款的信用证开出了 50% 价款的汇票。其后，A 银行根据进口商按即期 D/P 支付的 50% 货款将全部货运单据交给了进口商，并将代收的 50% 货款划拨给了托收行。与此同时，对我出口商开立的汇票做了承兑。日后不久 A 银行宣布破产，已承兑的汇票在到期向其提示时也遭到退票。我出口商于是以货物已被进口商全部收取为由，向进口商追索尚余的原信用证项下边 50% 的货款。进口商借口开证押金收不回来而拒不偿还。为此，我出口商诉诸法院。

根据国际商会第 522 号出版物《托收统一规则》1995 年修订本，将适用于第二款所限定的并在第四款托收指示中列明适用该项规则的所有托收项目。除非另有明确的约定，或与某一国家、某一政府，或与当地法律和尚在生效的条例有所抵触，本规则对所有的关系人均具有约束力。

本案中银行没有义务必须办理某一托收或任何托收指示或以后的相关指示。如果银行无论出于何种理由选择了不办理它所收到的托收或任何相关的托收指示，它必须毫不延误地采用电讯，或者如果电讯不可能时采用其他快捷的工具向他收到该项指示的当事人发出通知。

1. 托收的定义

托收是指银行依据所收到的指示处理下述所限定的单据，以便于：

（1）取得付款和 / 或承兑；或凭以付款或承兑交单；或按照其他条款和条件交单。

（2）单据是指金融单据和 / 或商业单据。

①金融单据是指汇票、本票、支票或其他类似的可用于取得款项支付的凭证。

②商业单据是指发票、运输单据、所有权文件或其他类似的文件，或者不属于金融单据的任何其他单据。

（3）光票托收是指不附有商业单据的金融单据项下的托收。

（4）跟单托收：①附有商业单据的金融单据项下的托收。②不附有金融单据的商业单据项下的托收。

2. 托收的关系人

就本条款而言，托收的关系人：①委托人即委托银行办理托收的有关人。②寄单行即委托人委托办理托收的银行。③代收行即除寄单行以外的任何参与处理托收业务的任何银行。④付款人即根据托收指示向其提示单据的人。

国际贸易属跨国家、跨地区性质的交易，它具有不同于国内贸易的特点，其交易环境、交易条件、交易程序、贸易做法及所涉及的问题，都比国内贸易复杂，具有涉外性、贸易环境变化多端、风险大、中间环节多、竞争激烈等特点。因此，应熟悉并掌握国际货物贸易适用的法律与惯例，国际贸易遵循的准则，国际货物贸易的基本做法以及课程的研究对象和学习方法。

黎孝先、王健编写的"国际贸易实务"教材，分为四篇二十二章，适用于国际商务、物流管理本科专业学生使用。本教材主要介绍了贸易术语与国际贸易惯例，合同的主体与标的，国际货物运输，国际货物运输保险，进出口商品的价格，争议的预防与处理，国际商务谈判，进出口合同的履行，违约及其法律救济方法和国际贸易方式等内容。要求学生真正认识课程任务和研究对象，全面了解课程的体系、结构，正确掌握国际贸易实务知识。此外，通过学生对国际贸易实务的模拟培养职业技能。

通过本门课程的教学应当使同学们能够熟悉国际贸易的各项流程，了解并掌握对货物数量、质量、包装、贸易术语及出口价格核算，以及国际贸易中相关的各种条约惯例与习惯做法相关知识。

（一）教学与育人目标

1. 知识学习目标
（1）掌握托收的概念。
（2）理解托收和汇付的区别。
（3）了解托收方式的性质。

2. 能力提升目标
（1）案例分析能力。
（2）独立思考能力。
（3）处理进出口业务技术能力。

3. 思政育人目标
（1）诚实守信。
（2）家国情怀。

（二）教学策略与方法

按照教育部工作重点与安排，需要抓住教师队伍"主力军"、课程建设"主战场"、课堂教学"主渠道"，让教师承担好育人责任，守好一段渠、种好责任田，使专业课程与思政课程同向同行，将显性教育和隐性教育相统一，形成协同效应，构建全员、全程、全方位育人大格局。

根据学科专业的特色和优势，深入研究专业的育人目标，深度挖掘提炼专业知识体系中所蕴含的思想价值和精神内涵，科学合理拓展专业课程的广度、深度和温度，从课程所涉专业、行业、国家、国际、文化、历史等角度，增加课程的知识性、人文性，提升引领性、时代性和开放性。

（三）课程思政教学理念与设计

1. 课前导入（双语教学）及相关思政元素

In international trade, how and when an exporter receives payment for the goods are problems that concern him the most. Payment in domestic trade is a fairly simple matter. If the goods had been delivered abroad but the payment did not come back to the exporter, Who is liable for this loss? Must the seller wait perhaps several months for his money or shall the buyer pay several months before he sees the goods? What's more, in a case of non-payment, the seller will be involved in expensive legal action and possibly total loss. Because of these problems, different methods of payment have been adopted in international trade. Generally, in every contract for the sale of goods abroad, the clause dealing with the payment of the purchase price consists of four elements: time, mode, place, and currency of payment.

国际贸易中，出口商如何以及何时收到他发往国外的货物的货款是交易双方最关心的问题。国内贸易的支付是一件相当简单的事情。然而，在国际贸易中，如果遇到货物运出、货款不能收回，谁对这种损失负责？卖方必须等一定时间才能收到货款，还是买方必须在看到货物之前支付几个月的费用？更重要的是，在不付款的情况下，卖方将被卷入昂贵的法律诉讼中，并可能造成全部损失。由于这些问题，在国际贸易中采用了不同的支付方式。一般来说，在每份境外货物销售合同中，有关支付货款的条款由时间、方式、地点和支付货币四个要素组成。

【思政元素】业务操作能力训练。

小组讨论、撰写英文支付条款。

（1）即期付款交单条款

Upon first presentation the Buyers shall pay against documentary draft drawn by the Sellers at sight. The shipping documents are to be delivered against payment only.

（2）远期付款交单条款

在合同中应规定："The Buyers shall duly accept the documentary draft drawn by the Sellers at ×× days sight upon first presentation and make payment on its maturity. The shipping documents are to be delivered against payment only."

（3）承兑交单条款

在合同中应规定："The Buyers shall duly accept the documentary draft drawn by the Sellers at ×× days sight upon first presentation and make payment on its maturity. The shipping documents are to be delivered against acceptance."

2. 课程内容及相关思政元素

根据概念、定义，理解托收支付方式的内容、当事人、特点及其类型；理解支付方式的应用，了解跨境贸易人民币结算的相关问题。并根据实践场景，缮制汇款申请，制单、交单，按照合同规定的支付条款进行货款的支付。具体内容包括：①托收的含义及特点。②托收方式的种类。③托收方式的支付程序。④托收的国际惯例。

教学过程中侧重于① D/P at sight 即期付款交单；② D/P after sight 远期付款交单；③ D/A 承兑交单。

【思政元素】诚实守信。

使用托收方式时，需要注意：①应该在调查研究的基础上，选择资信好的和经营作风正派的国外商人作为采用托收方式的交易对象。②采用托收方式时，成交金额不宜过大，特别是不能超过国外商人的支付能力。③要了解进口国家的贸易管制和外汇管理制度，以免货到目的港后，进口人未领到进口许可证或未申请到外汇等，从而给我们造成被动和损失。④要了解进口国家的贸易习惯，以免影响安全迅速收汇。⑤为避免或减轻托收方式给我们带来的风险，可以按 CIF 价格成交。⑥采用托收方式成交，提单不应以进口人为收货人，最好采用"空白抬头、空白背书"提单。

3. 自主学习与布置作业

登录商务部网站，学习国际贸易实务教学资源，扩大知识面，提高磋商谈判能力、制单能力、进出口报关能力、商务函电书写能力；组建任务小组，小组成员讨论、撰写托收方式下的支付条款，为 simtrade 实验系统做准备。

（四）课程思政实施成效

1. 教学成果

经济学管理学类专业课程，要在课程教学中坚持以马克思主义为指导，加快构建中国特色哲学社会科学学科体系、学术体系、话语体系。帮助学生了解相关专业和行业领域的国家战略、法律法规和相关政策，引导学生深入社会实践、关注现实问题，培育学生经世济民、诚信服务、德法兼修的职业素养。

2. 特色与创新

首先，改革教学内容、方法、手段，坚持"以学生为中心"的理念，实现有效教学。①加强教学队伍建设，提高实践教学水平。课程团队积极参与行业会议，及时了解行业最新动态，积累外贸实践经验，形成良好的学术和教学氛围。②加强任务驱动，提高学习能力。组建任务小组，按照具体分工，增强小组成员使命感与责任感，激发学习兴趣和竞争意识，提高合作效率。

其次，教学改革创新的重点如下：①创新实践教学理念。实践教学强调能力培养，专业竞赛活动撬动全新实践教学理念，打破传统的知识输入的教学理念，课程实践贯穿教学全过程。②创新知识体系。新时期外贸企业人才应具有国际贸易知识，部门任职经验，计算机工具、外语、数据分析技能，业务沟通与管理决策能力，诚信品质和爱国情怀。课程以理论知识为主线，结合政策讲解实务，课程思政融入课程教育，培养学生健全的人格、正确的价值观与良好的职业素养。

（五）课程思政实施反思

1. 全面推进课程思政建设

培养什么人、怎样培养人、为谁培养人是教育的根本问题，立德树人成效是检验高校一切工作的根本标准。落实立德树人根本任务，必须将价值塑造、知识传授和能力培养三者融为一体。

新文科建设目标提出，全面推进课程思政建设，就是要寓价值观引导于知识传授和能力培养之中，帮助学生塑造正确的世界观、人生观、价值观，这是人才培养的应有之义，更是必备内容。这一战略举措，影响甚至决定着接班人问题，影响甚至决定着国家长治久安，影响甚至决定着民族复兴和国家崛起。

2. 新文科建设创新发展

要紧紧围绕国家和区域发展需求，结合学校发展定位和人才培养目标，构建全面覆盖、类型丰富、层次递进、相互支撑的课程思政体系。要切实把教育教学作为最基础最根本的工作，深入挖掘各类课程和教学方式中蕴含的思想政治教育资源，让学生通过学习，掌握事物发展规律，通晓天下道理，丰富学识，增长见识，塑造品格，努力成为德智体美劳全面发展的社会主义建设者和接班人。

3. 结合专业特点分类推进课程思政建设

专业课程是课程思政建设的基本载体。要深入梳理专业课教学内容，结合不同课程特点、思维方法和价值理念，深入挖掘课程思政元素，有机融入课程教学，达到润物无声的育人效果。

（张娟）

"跨境电商运营与管理" 课程思政教学设计
——以跨境电商运营模式为例

课程类型：专业课程　　　　　　学科门类：管理学

一、课程简介

当前跨境电子商务经历高速增长的阶段，中国正在以一种新型的商业模式加速与实体经济的融合，成为引领我国国民经济发展不可或缺的重要力量。我国促进跨境电子商务发展，建立健全适应跨境电子商务特点的海关税收、进出境检验检疫、支付结算等管理制度，提高跨境电子商务环节便利化水平，支持跨境电子商务平台经营者为跨境电子商务提供仓储、物流、报关、报检等服务，支持小型微型企业从事跨境电子商务。本课程总结中国跨境电子商务发展最新实践和成果，探讨跨境电商的理论、政策与实务的发展趋势，为新时期跨境电子商务与国际贸易人才培养提供最新教育介质。

本课程适合国际经济与贸易、国际营销、外贸英语等经济管理类专业。课程内容包括跨境电子商务理论、跨境电子商务运营模式、跨境电商海内外市场环境、跨境电商产品及货源策略、跨境电商价格策略、跨境电商多平台运营、跨境电商推广策略、跨境电商国际物流与运输、跨境电商支付与结算。

理论课在课时安排上，可以配套使用每章的复习思考题与练习题。根据专业的要求做灵活调整。讨论、案例分析等时间已经包括在章节的教学时间中。实验课安排 16 学时，通过对有关跨境电子商务操作方法的讲授与操作，使学生能够掌握跨境电子商务的相关概念，掌握跨境电子商务的基本流程，培养学生的实务操作能力。教学软件使用世格 Sim ALE 跨境电商理实一体化教学平台，把速卖通跨境销售的知识点串联起来，不仅包括平台的操作模拟、案例分析过程，还有对整个跨境电商行业，以及从业需要的相关技巧的介绍。

二、案例简介

根据案例，运用课程知识点分析跨境电商运营中存在的优势与问题。

2018 年 11 月 5 日，中国首届国际进口博览会（简称进博会）在上海开幕，本次进博会的召开为我国跨境电商的发展带来了巨大的机遇。寺库是我国跨境奢侈品电商行业的标杆企业，在本次进博会期间受到各种国际品牌的青睐，成功地与各大国际品牌签约，成了进博会中"现象级"的跨境电商企业。寺库创立于 2008 年，其销售额和库存量单位、高端品牌数量是全球行业的榜样，同时也是亚洲最大的奢侈品平台。这个平台提供二手奢侈品寄售、奢侈品网上零售、奢侈品辨别、奢侈品维护保养等服务。这次进博会，北京市商务委员会邀请寺库公司参加进博会，向国际品牌公司学习和交流并达成合作，使世界上高质量和更优质的商品将会在此平台售卖，让更多消费者体验到周到的服务并提高业绩。据报道，第一届进博会期间，寺库与来自不同国家例如意大利、美利坚合众国、澳大利亚、法国、韩国、英格兰等 100 多个奢侈消费品牌正式达成合作，同时蒙古国家馆和菲律宾贸易投资中心也与寺库签署合作协议。经过统计，最终在进博会上与寺库公司达成的交易总金额超过一亿美元。此外，借助进博会的平台，寺库公司还与大约 30 个一线品牌展开合作。例如意大利的范思哲 versace、美国的 Diane Von Furstenberg 等。打开供应链，使消费者体验到在线订购和店内取货的乐趣，使消费者更加便利地享受到网上和线下的双重体验。

本课程希望通过对跨境电子商务的基本理论与操作方法的讲授，使学生能够掌握跨境电子商务的相关概念，掌握跨境电子商务的基本流程，在处理实际的跨境电商问题时有清晰的思路，能够理论联系实际，培养学生的实务操作能力。前期需要掌握电子商务、国际贸易理论与实务等课程相关知识。

（一）教学与育人目标

1. 知识学习目标
（1）了解跨境电商运营模式分类。
（2）掌握跨境电商出口运营模式。
（3）掌握跨境电商进口运营模式。
（4）了解跨境电商发展新趋势。
（5）了解小语种市场。

2. 能力提升目标
（1）熟悉跨境电商整合分销能力。
（2）掌握跨境电商本土化运营能力。
（3）具有平台及模式的选择步骤及考虑分析能力。
（4）掌握跨境电商多平台运营策略。

3. 思政育人目标
（1）勇于探索的创新精神。
（2）善于解决问题的实践能力。
（3）培养诚实守信、遵纪守法的品格。

（二）教学策略与方法

立足于专业人才培养目标和课程标准，在对课程整体设计的基础上，根据知识点和技能点挖掘课程思政元素，设计融入方式，搜集思政典型素材，形成可执行的课程思政教学方案设计，在组织实施中不断完善。

（三）课程思政教学理念与设计

1. 课前导入及相关思政元素

2021年"双十一"全网交易额超9600亿元，事实上从10月开始，各大电商平台、主播、商家就跑步进入"双十一"周期。新零售、社交电商、网络销售平台等借助互联网信息技术与我们的生活紧密相连，电商已经悄无声息地深入到我们生活中的各个方面，不过你真的了解什么是电商吗？电商又是如何逐步渗透进我们的生活之中的呢？

【思政元素】求知务实、开拓创新的精神。

2018年8月31日制定的《电子商务法》，是我国建构与互联网时代的社会经济生活相适应的法律体系的重要立法举措。该法的制定对我国电子商务的健康可持续发展将会产生深远的影响。

第七十一条：国家促进跨境电子商务发展，建立健全适应跨境电子商务特点的海关、税收、进出境检验检疫、支付结算等管理制度，提高跨境电子商务各环节便利化水平，支持跨境电子商务平台经营者等为跨境电子商务提供仓储、物流、报关、报检等服务。国家支持小型微型企业从事跨境电子商务。

第七十二条：国家进出口管理部门应当推进跨境电子商务海关申报、纳税、检验检疫等环节的综合服务和监管体系建设，优化监管流程，推动实现信息共享、监管互认、执法互助，提高跨境电子商务服务和监管效率。跨境电子商务经营者可以凭电子单证向国家进出口管理部门办理有关手续。

据此，进一步分析目前的跨境企业经营模式。

（1）创业型企业

创业型企业最重要的是在创业前一定先设计好商业模式。由于创业冲动，许多创业者只考虑投资创业的两大要素：钱和事。至于有了钱又有了事怎么能够成功地赚来更多的钱，往往讨论不够，分析不够。

（2）成长型企业

处于成长期的企业一般来说已经初步形成了自己的商业模式。许多企业由于找不到突破口，长期徘徊在一定的销售规模，甚至出现亏损、创业失败。其间的企业最重要的就是要找创新的商业模式作为突破口。

（3）成熟型企业

这类企业的商业模式比较成熟，但容易因为已经取得的成功而犯下墨守成规和盲目自大的错误，因此在这个阶段，最好的办法是对原有的商业模式进行细节和操作层面的完善。

（4）扩张型企业

扩张型企业由于商业模式选择上的失误导致企业从此衰落甚至走上不归路的中国外国都比比皆是。盲目追求高速成长，缺乏对资本运营的把握能力，是招致失败的关键所在。

2. 课程内容及相关思政元素

（1）商业模式的概念及要素。

（2）跨境电商运营模式。

（3）跨境电商发展新趋势。

3. 教学重点及相关思政元素

（1）运营模式选择步骤。

（2）运营模式考虑因素。

【思政元素】商业模式的概念及创新求索的精神。

最古老也是最基本的商业模式就是"店铺模式（shopkeeper model）"，是在具有潜在消费者群的地方开设店铺并展示其产品或服务。今天，大多数的商业模式都要依赖于技术。互联网上的创业者们发明了许多全新的商业模式，这些互联网商业模式完全依赖于现有的和新兴的技术。利用技术，企业们可以以最小的代价，接触到更多的消费者。

商业模式的概念及要素如下：为实现客户价值最大化，把能使企业运行的内外各要素整合起来，形成一个完整的高效率的具有独特核心竞争力的运行系统，并通过最优实现形式满足客户需求、实现客户价值，同时使系统达成持续盈利目标的整体解决方案。

商业模式就是企业为了最大化企业价值而构建的企业与其利益相关者的交易结构。关于商业模式的要素有多种说法，不同的行业、不同的企业有不同的要素，如客户价值主张：指在一个既定价格上企业向其客户或消费者提供服务或产品时所需要完成的任务。价值主张确认了公司对消费者的实用意义。盈利模式：盈利模式是对企业经营要素进行价值识别和管理，在经营要素中找到盈利机会，即探求企业利润来源、生产过程以及产出方式的系统方法。关键资源：指企业拥有的那些对其具体业务保持持续性的竞争优势，至关重要的基于能力的资源。商业模式是一个动态过程，企业在不同时期所采用的商业模式也会不一样，所注重的影响要素也会不一样。处于不同状态的企业其对于商业模式的需求也是不同的。

4. 教学拓展题（速卖通平台操作知识）

（1）速卖通产品信息可以有哪几种语言的展示（正确答案：BCD）

A. 中文

B. 英语

C. 葡萄牙语

D. 俄语

（2）速卖通的买家主要有哪些（正确答案：ABCD）

A. 巴西

B. 美国

C. 西班牙

D. 俄罗斯

（3）决定价格的因素有哪些（正确答案：ABCE）

A. 利润率

B. 物流成本

C. 在线产品的定价

D. 商品库存

E. 商品成本

（4）卖家后台中的"诊断中心"有什么作用（正确答案：B）

A. 诊断网络是否稳定

B. 诊断商品问题

C. 诊断该账号是否异地登录

（5）产品详细描述需要包含哪些内容（正确答案：ABCD）

A. 服务信息

B. 物流信息

C. 产品基本描述

D. 店铺及产品的相关推荐

5. 课后作业（思考题）

（1）结合本章学习内容（如有关跨境电子商务特点的内容）及以上案例内容，请分析为什么跨境电商会成为外贸新引擎？

（2）结合案例中有关跨境电子商务发展现况及趋势的内容，请你谈谈以后跨境电子商务行业有哪些创业或创新的机会？

（3）你认为国内自贸区有关的各项政策，对跨境电子商务的发展有何影响？

（四）课程思政实施成效

1. 课程思政建设方向和重点

开展课程思政，需要坚持理论研究与实践研究的目标统一，坚持与时俱进，不断推进思想政治教育的观念创新、内容创新、方法创新，为思想政治教育探索新规律，开辟新境界。

2. 课程思政建设模式和方法途径

积极推进课程教育与思想政治教育的融合，增强大学生的价值观，培养大学生的责任担当。跨境电子商务是目前国家重点发展的领域，它帮助解决社会可持续发展中的重大问题，以及为国民经济和建设提供智力支撑和保障。所以，课程学习中应注重培养学生的社会责任感和使命感，树立为祖国建设事业奉献的理想信念。

（五）课程思政实施反思

1. 课程建设融入"全过程育人"理念

课程思政建设贯彻"全过程育人"理念，按照课程项目教学的实施过程，遵循教育教学和学生的成长规律，不同的阶段侧重点有所不同，并将育人贯穿课堂教学全过程。

2. 课程建设目标融入课程教学

首先，重点培养学生的自主探究、独立思考能力，激发学生学习的兴趣，借助网络资源，发布任务，设置讨论话题，对开展的教学内容进行启发引导。

其次，采用项目化教学方法，详细设计知识点或技能点所蕴含的思政元素，搜集典型素材，设计课程思政的实施途径，将价值塑造潜移默化地融入教学。

总之，课程教学过程中需要结合课堂学生的表现情况，因材施教，因地制宜地实施多种教学方法与手段的改革，进一步提高教学质量，培养新时代社会主义建设需要的合格人才。

（张娟）

"商务英语"课程思政教学设计
——以商务话题 Company 为例

课程类型：专业课程　　　　学科门类：管理学

一、课程简介

在国际化的今天，我们在商务环境中使用英语进行顺畅的沟通会提升我们的形象，帮助成功。"商务英语"课程旨在培养和提高在国际商务环境中外向型人才的商务英语听说读写的能力。学习者能用英语顺利完成国际商务活动中典型场景和主要商务环节中的沟通交流工作。

"商务英语"课程是当代商务和应用语言的重要课程之一。课程体系完整，框架合理，是商务英语经贸英语专业的专业基础课程，也是一门综合课程。本课程使用的是华夏出版社由 Sarah Jones-Macziola and Greg White 编写的《剑桥商务英语教程》，共分为20 个单元，36 个课时，共计 2 学分。

二、案例简介

本课程的目标为培养和提高学生商务英语的听说读写能力。学生完成本课程的学习后，在知悉不同商务场合的情景对话和惯用表达法，各种商务活动情景对话中的语言要点以及专业词汇的基础上，不同基础的同学分别以不同的进度做到在各种商务情境中都能说得正确，说得详细，即学生会在不同商务场合中灵活、综合地运用所学，就不同的商务交际情景做出恰当的反应，能够进行顺畅有效的商务沟通，解决不同商务问题。

（一）教学与育人目标

1. 知识学习目标

（1）了解商务文件书写体例。

（2）了解商务通信（电话、电传、书信）等语言规范。

（3）了解经贸英语知识，掌握商务语言知识点。

（4）基本掌握国际商务知识。

（5）掌握商务基本礼仪、经济、贸易等方面的基础理论。

2. 能力提升目标

（1）培养学生学习商务英语的兴趣。

（2）培养学生国际商务沟通能力。

（3）提高听、说、读、写、译的基本语言能力。

（4）能够胜任对外商务活动工作，成为复合型、国际型商务人才。

3. 思政育人目标

（1）加强职业素养教育。

（2）增强创新意识。

（3）培养商业意识。

（二）教学策略与方法

课程内容与商务活动紧密相连，侧重介绍与商务活动及日常业务相关的语言及语言技巧的运用。培养学生在各种商务活动及日常业务中英语语言的实际应用能力。这门课程还具有延伸性，与其他的商务英语专业课程（如国际商法、商务写作、外贸函电、外贸进出口实务等）的教学互相渗透，互相促进，互相支撑。

本课程讲授时把教材的重点和难点进行了综合补充，细分为诸多商务主题，比如Selling skills（销售技巧）、Business negotiation（商务谈判）、Answering question（回答问题）、Business presentation（商务演讲、陈述），以及提升口语听力的技巧和方法，以提高听说技巧。

（三）课程思政教学理念与设计

1. 课前导入（双语教学）及相关思政元素

There is no resting place for an enterprise in a competitive economy.——Alfred P. Sloan（在竞争激烈的经济中，企业没有安身之所。——阿尔弗雷德·P·斯隆）

Alfred Pritchard Sloan（May 23, 1875 — February 17, 1966）was an American business executive in the automotive industry. He was the President, chairman and CEO of General Motors Corporation. Sloan is remembered for being a rational, shrewd, and very successful manager who led GM to become the worlds largest corporation, a position it held for many years after his death.（阿尔弗雷德·普里查德·斯隆，生卒年 1875 年 5 月 23 日—1966 年 2 月 17 日，是一位美国汽车行业的商业主管。他是通用汽车公司总裁、董事长兼首席执行官。斯隆因其理性、精明和非常成功的经历而被人们铭记，引领通用汽车成为世界上最大的公司之一。）

【思政元素】商业语言能力培养。

根据"以市场需求为导向"的教学理念，学习主题涵盖国际商务活动中的主要环节和典型场景。商务主题以语言和商务技能为主线，将每一话题的"听""说""练"和词汇学习集于一体。"听"是教材中的已有素材；"说"是在案例教学中，以真实的商务交际为情景，给学生以真正的体验，为培养交际能力打下基础；"练"是提供大量的情景对话，角色扮演，为学习者提供交流实践机会。

2. 课程内容及相关思政元素

（1）教学目的和要求

Ask for and give information on companies and products; Say large numbers and lay out g business letter; Adjectives of nationality; Present time; Questions and short answers with do/does.

（2）教学内容

This unit deals with the language used to describe a company's activity: location, lines of business, types of products and services.The main language points are nationality adjectives and the present simple tense.

（3）教学重点

A. The famous companies in the world and its headquarters.

B. Different types of business.

C. The layout of a business letter.

D. Describing a company.

A. Look at the map and elicit anything about the companies, e.g. nationality, headquarters, what they produce, etc.

Read the company description and look at the map. Which company is it?

We have 70,330 employees world-wide and sales of $19,806m. We manufacture cars, trucks, buses and maritime and industrial engines. We also work in the aerospace industry. Our position as a major international group with large operations in Europe and North America is a result of quality, safety and caring for people and the environment.（Part A, P16）

（我们公司共有 70330 雇员，分布在世界各地。公司销售额为 198 亿 600 万美元。我们的产品包括小汽车、卡车、公共汽车、船用及工业用引擎，还有航天工业产品。作为一家国际集团公司，我们之所以能在欧洲和北美洲拥有广阔的市场，其原因就是我们注重质量、安全，关心人与环境。）

（4）课堂提问

A.Where is the company's headquarters?

B.What is its turnover?

C.What line of business is it in?

（5）教学互动

A. Match the company and ding its headquarters are.

B. Play the recording and complete the profiles.

C. Talk about your own company.

（6）Talking about types of business

A. Introduce lines of business and match the words in the box to the picture.

B. Learners give the names of local companies and wok in pairs to compare their answers.

C. Look at the words in the box and read out the words, correcting pronunciation as necessary.

D. Look at the examples in the books and understand when to use do and does.

（7）Finding the perfect partner

A. Play the recording once and learners compare their answers to the question in pairs.

B. Quickly read the text to answer the question.

C. Learners read the text and complete the chart with key words.

D. Writing.

（8）课堂小结

Learn to describe a company, find the perfect partner and write a letter to your potential partners.

【思政元素】职业精神与商业创新精神。

Steve Jobs（born as Steven Paul Jobs; February 24, 1955—October 5, 2011）was an American entrepreneur, businessman, inventor, and industrial designer.

Jobs was the chairman, and the chief executive officer（CEO）, and a co-founder of Apple Inc.; CEO and majority shareholder of Pixar; a member of The Walt Disney Company's board of directors following its acquisition of Pixar; and founder, chairman, and CEO of NeXT. Jobs and Apple co-founder Steve Wozniak are widely recognized as pioneers of the microcomputer revolution of the 1970s and 1980s.

史蒂夫乔·布斯（原名史蒂文·保罗·乔布斯；生卒年 1955 年 2 月 24 日至 2011 年 10 月 5 日）是美国企业家、商人、发明家和工业设计师。乔布斯是苹果公司的董事长、首席执行官（CEO）和联合创始人；皮克斯首席执行官兼大股东；在收购皮克斯后成为华特迪士尼公司董事会成员；NeXT 创始人、董事长兼首席执行官。乔布斯和苹果联合创始人史蒂夫·沃兹尼亚克被公认为 1970 年代和 1980 年代微型计算机革命的先驱。

乔布斯通过讲述他的三个故事：Adoption, Love and faith, death（遭遗弃被收养、爱与忠诚、关于死亡），得出个人感悟：Stay hungry, Stay foolish（求知若渴，求知若愚）。通过乔布斯的故事，请思考个人未来的计划。

（四）课程思政实施成效

1. 教学成果

商务英语主要培养面向企业、事业单位，从事商务管理的人员，本课程是专业基础课，学生对大学生活、学习习惯尚处在适应阶段，因此在课程学习的过程中，应引导学生养成良好的学习和生活习惯，形成良好的意识形态，提高个人品德修养，树立正确的价值观、人生观尤为重要。

2. 特色与创新

通过案例分析、视频学习讨论等方法，课程教学内容呈现"实践性、合作性强，专业要求高"的特点，结合职业素质要求，分析得出学生应具备"严谨认真、实事求是、团结协作、吃苦耐劳"的职业素养。

（五）课程思政实施反思

1. 凝练课程思政目标

在对课程的整体设计、对课程知识点所蕴含的思政元素进行梳理的基础上，凝练成了"个人修养、职业素养、理想信念"三个层面的课程思政培养目标，成为课程思政主线。

2. 推进课程思政建设

将做人做事的基本道理、职业道德和行为规范、社会主义核心价值观、实现民族复兴的理想和责任，分层次、有计划、潜移默化地融入教学全过程。

（张娟）

"国际金融学"课程思政教学设计
——以国际收支平衡表为例

课程类型：专业课程　　　　学科门类：经济学

一、课程简介

"国际金融学"属于经济学门类所属的金融学范畴，是国际商务的重要专业理论课程之一。课程旨在适应新文科的要求，全面、系统地阐述国际金融的基本理论、基础知识、基本业务，便于学生了解和掌握有关国际收支、外汇、汇率、外汇交易、国际金融市场等的基本原理及运行机制，并在此基础上，使同学们真正掌握国际、国内涉及国际金融活动的运行规律，以及根据经济与金融全球化的要求探讨我国面对国际金融风险、国际投机资本冲击的金融政策的实践。旨在让学生了解金融学的基本理念，掌握国际经济交往中所涉及的金融学知识，帮助学生更好地了解国际贸易、国际投资和国际金融中的原则和法律规范。

二、案例简介

以"国际金融学"课程第一章国际收支与国际储备的第一节国际收支平衡表为例。国际收支平衡表是一定时期内（通常为一年），一国居民与非居民之间经济交往的系统记录，反映了国际收支的构成与总额。课程设计从编制 2020 年国际收支平衡表案例引入，引领学生思考新型冠状病毒肺炎疫情下我国疫苗业务在国际收支平衡表的具体呈现；通过课堂讲授将新型冠状病毒肺炎疫苗研发、疫苗临床试验和疫苗销售、赠予等过程编制到国际收支平衡表中，一方面熟悉国际收支平衡表的编制原则，如有借必有贷、借贷必相等，另一方面了解借贷双方带来的外汇流出和流入情况。并通过案例介绍中国抗疫成果和与"一带一路"沿线国家的发展共赢，培养爱国热情。

（一）教学与育人目标

1. 知识学习目标

（1）掌握国际收支平衡表的基本概念。

（2）熟悉国际收支平衡表的编制原理和内容构成。

2. 能力提升目标

（1）理解国际收支平衡表中各项目的经济内涵及各项目之间的相互关系并能结合实例分析，培养学生的思辨能力、分析能力等。

（2）利用案例教学、互动讨论以及 TBL 教学法，培养学生的表达能力、团队协作能力。

3. 思政育人目标

（1）结合新型冠状病毒肺炎疫苗的研发、使用和当前国家"一带一路"倡议结合，引领学生思考和感悟我国"以人为本"的经济发展观。将"大国胸怀""人类命运共同体"等精神内核融入案例，通过向世界提供疫苗，尤其是向欠发达地区提供低价疫苗，帮助学生树立正确的国家利益观，从国家担当、国家自信、文化自信的角度加强课程思政在学生中的渗透性。

（2）培养学生的大局意识、宏观意识，用爱国精神指引思想。通过 TBL 教学法与课程思政的整合教学模式应用，全面提升学生的团队协作能力、人际交往能力、思辨能力和人文素养，以此全面提升学生职业素养。

（3）结合我校医药背景，将培养医学人文情怀与经世济民的情怀有机结合起来，以新型冠状病毒肺炎疫情下的疫苗研发为案例，激发学生的爱国热情。

（二）教学策略与方法

主要通过案例教学法、对比分析法和互动讨论法将课程思政融入知识的学习和使用中。将知识体系、思维能力和情感共鸣三位一体的创新教学巧妙融入授课过程中，培养学生的批判性思维、探索性思维，引导学生树立正确的国家利益观。通过近两年疫苗的案例，拉近案例和学生之间的距离，使课堂内容能够引发学生兴趣而提高学习积极主动性，拉近理论与现实的距离，增强学生对思政理念的参与度与接受度。既调动了学生的学习热情，也加深了学生对于疫苗研发困难的理解和"一带一路"发展观、人类命运共同体的理解。达到 TBL 教学法与课程思政案例整合后"1+1>2"的育人效果。

（三）课程思政教学理念与设计

1. 课前导入及相关思政元素

首先以"新型冠状病毒肺炎疫情的疫苗研发"案例切入本章所学知识点。"2020 年 1 月 24 日，中国疾控中心成功分离中国首株新型冠状病毒毒种。3 月 16 日 20 时 18 分，重组新型冠状病毒肺炎疫苗获批启动临床试验。4 月 13 日，中国新型冠状病毒肺炎疫苗进入Ⅱ期临床试验。6 月 19 日，中国首个新冠 mRNA 疫苗获批启动临床试验。10 月 8 日，中国同全球疫苗免疫联盟签署协议，正式加入"新冠肺炎疫苗实施计划"。截至 2021 年 2 月 25 日，中国已经附条件上市的新型冠状病毒肺炎疫苗已经达到 4 个，其中三个灭活疫苗，一个腺病毒载体疫苗。截至 3 月 27 日 24 时，全国累计报告接种新型冠状病毒肺炎疫苗超过一亿剂次。"

通过此案例导入，一方面以新型冠状病毒肺炎疫情的背景和历程引出中国疫苗研发所面临的挑战，引导学生回顾新型冠状病毒肺炎疫情下对疫苗的需求，克服了研发中的种种问题（科普巴西海外临床试验）。建立国家自豪和民族自信心。

【思政元素】医药文化自信和科研创新中攻坚克难的艰苦奋斗精神。

据世卫组织（WHO）数据，截至 2020 年 6 月 28 日，全球新型冠状病毒感染人数将近 1000 万，当天新增确诊接近 19 万，新型冠状病毒在全球的传播步伐仍未慢下来。

全世界都期待着新型冠状病毒肺炎疫苗的出现。

截至 2020 年 6 月 24 日，向 WHO 备案的候选新型冠状病毒肺炎疫苗中，已进入临床试验的共有 16 个，主要采用的技术路径是核酸疫苗、灭活疫苗、腺病毒载体疫苗、重组蛋白疫苗。其中腺病毒载体疫苗和灭活疫苗进展最快，均已进入三期临床试验阶段。

其中，中国占了 7 个，且有 4 支候选疫苗正在或即将开展三期临床试验，成为进入临床试验数量最多、临床试验进展最快的国家，走在世界新型冠状病毒肺炎疫苗研发的前沿。

全球首支新型冠状病毒肺炎疫苗很有可能于 2020 年 9 月上市，中国的新冠灭活疫苗很可能在 3 个月后完成三期临床试验，拔得全球新型冠状病毒肺炎疫情研发竞赛中的头魁。灭活疫苗赛道是最快的疫苗赛道也是我国大量生物公司的赛道，2020 年 4 月，中国生物武汉生物制品研究所与国药集团、中国科兴生物都完成了一、二期临床，但在三期临床试验，除了进一步做安全性与有效性的评估之外，更重要的是在更大范围的人群中（一般需要成千上万人），在真实的病毒流行环境中，考察疫苗的安全与有效性。最终，中国生物武汉生物制品研究所与国药集团选择了阿联酋，科兴生物选择了巴西完成各自的临床试验。

2. 课程内容及相关思政元素

（1）新型冠状病毒肺炎疫苗研发中的国际收支平衡表编制

通过巴西临床试验，查询 2020 年科兴生物的上市公司报表，编制 2020 年国际收支平衡表的具体项目。

【思政元素】爱国主义和民族自豪感。

案例 1：商务部网站发布最新消息显示，2021 年 1 月 7 日，巴西圣保罗州政府正式公布中国科兴疫苗在巴三期试验结果。数据显示，科兴疫苗有效性为 78%，其中对中、重症的有效性高达 100%。在 12400 名志愿者中，仅 218 名感染新型冠状病毒肺炎，其中 58 名为疫苗接种者，另外 160 人为未接种者。

（2）新型冠状病毒肺炎疫苗供应中的国际收支平衡表编制

指导学生团队根据 2021 年疫苗供应的新闻报告，编制 2021 年的国际收支平衡表。

【思政元素】人类命运共同体与新型国际关系。

案例 2：2021 年 1 月，巴西卫生部和布坦坦研究所签署购买合同，购买 1 亿剂由中国科兴生物和布坦坦研究所合作研发的新型冠状病毒肺炎疫苗。根据合同，到 2021 年 4 月 30 日为止，布坦坦研究所将分 4 次向巴西卫生部提供总计 4600 万剂的科兴疫苗。每剂疫苗费用为 58.2 雷亚尔（1 雷亚尔约合 1.2 元人民币，每剂大约 70 元人民币），总计超过 26 亿雷亚尔。到 2021 年底，布坦坦研究所将以相同的价格，向巴西卫生部再提供 5400 万剂。疫苗获得巴西国家卫生监督局紧急使用授权后，卫生部方可付款。据巴西《环球报》报道，巴西卫生部部长帕祖洛称，该机构购买的所有疫苗都将纳入国家免疫计划，并"公平"地分配给所有州。巴西疫情呈快速恶化趋势，巴西卫生部 7 日通报的数据显示，该国单日新增新型冠状病毒肺炎确诊病例超过 8.7 万例，创单日最大增幅；累计确诊病例接近 800 万例，累计死亡病例超过 20 万例。

（四）课程思政实施成效

1. 教学成果

（1）根据《国际收支和国际投资头寸手册》（第六版）编制国际收支平衡表，通过课堂模拟，熟悉经常账户、资本和金融账户、错误和遗漏、储备和相关账户等国际收支平衡表中具体项目对应的业务的具体划分。为具体分析国际收支平衡表的不平衡和不平衡的原因提供基础。

（2）通过作业演练，明确了任何一笔交易的发生，必然涉及借贷双方。资金来源增加、资金占用减少记入贷方。资金来源减少、资金占用增加记入借方。通过和学生的对话和沟通，大家表示本次教学改革前对于数学问题有疑虑，但是通过现实的案例很好地完成。本次课程随后进行了 1 次课后小组和 5 次课后作业演练，整体完成效果很好，正确率达到 70% 以上。

2. 特色与创新

（1）采用 TBL 教学法与课程思政的整合教学模式，通过"课前导入（激发兴趣）—课堂讲解（深入理解）—TBL 小组演练（分析实践）"，全面提升学生的团队协作能力、人际交往能力、思辨能力和人文素养。

（2）在课程中结合我校医药背景，将培养医学人文情怀与经世济民的情怀有机结合起来，通过案例中疫苗研发的紧迫发展过程以及全球疫情视角，激发爱国热情，进行新文科教学方式的探索。

（五）课程思政实施反思

1. 教学设计视角

在国际收支与国际储备一章的整个教学中，本案例采用 TBL 教学法与课程思政的整合教学模式，以"新型冠状病毒肺炎疫情的疫苗研发"为基础编制国际收支平衡表，穿插各个维度的"思政元素"，将"济世安民的医者情怀""一带一路""人类命运共同体""科研创新"等精神内核融入案例。在结构设计中承上启下，既承接了上一章国际收支和居民等基础概念，对此做了延伸。也利用本节课的内容进一步，在下一节课介绍国际收支平衡表的不平衡的具体内容，包括经常项目差额、资本和金融项目差额、总差额等，便于分析线上项目与线下项目，自主性交易与调节性交易。同时还通过储备和相关项目引入本章最后一个知识点国际储备。

2. 学生评价视角

本课程结合了医药行业的案例，尤其是学生们都有接触新型冠状病毒肺炎疫苗，但是对于新型冠状病毒肺炎疫苗研发的具体过程、新型冠状病毒肺炎疫苗研发临床的费用、新型冠状病毒肺炎疫苗研发抢时间的小故事并不了解。用实际的案例，既可以让学生们了解技术上编制报表的过程，也让学生们回顾了新型冠状病毒肺炎疫苗研发和全球疫苗供应，感觉比较有趣。但是学生们也反映，第一次编制的时候对于应该放入哪个科目以及是资产还是负债，是外汇流入还是流出经常感觉混乱。但是整个过程有趣，而且没那么纯粹数学计算的感觉了。在具体的讲授上还可以注意调整顺序和表达，强化知识的穿插。

（张露　李灵珊）

"战略管理"课程思政教学设计

——以外部环境分析为例

课程类型：专业基础课程　　　　学科门类：工商管理

一、课程简介

"战略管理"是工商管理专业（国际商务专业和市场营销专业）的核心专业课程。设置在"管理学原理"等管理类课程之后，学生掌握了管理学的基本理论以后，通过"战略管理"课程进行管理学理论的应用和实践过程。教学内容包括战略管理输入（外部环境分析和内部环境分析）、战略形成（业务层战略、竞争性对抗与竞争动态、公司层战略、合并与收购战略、国际化战略、合作战略）和战略实施（公司治理、组织结构和控制、战略领导力、战略性创业）。涵盖了从环境分析到战略选择和绩效评估的整个战略实施过程。

本课程以相关理论和最新的研究成果为基础，通过教学使学生掌握企业战略管理的基本知识、基本原理，熟悉基本的企业战略分析、制定、实施等方法和工具。使学生学会观察和分析影响企业经营的社会经济环境的变化，时刻关注企业战略发展的新动向，能够制作一个简单的战略方案，明确战略方案的基本组成部分。

二、案例简介

以"战略管理"课程的第 2 章（外部环境：机遇、威胁、竞争和竞争对手分析）为例。作为中医学院校的管理专业，课程设计从《"十四五"中医药发展规划》解读引入，并结合中医药产业发展规划对医药企业的外部环境即一般环境和行业环境、竞争环境进行深入讨论，分析医药企业所面对的机遇和挑战（也就是 swot 分析中的 O 和 P）。课程通过 BOPPPS、TBL、PBL 教学法指导学生开展传统中药企业面对市场外部环境的专题研究，培养学生的表达能力、思辨能力、团队协作能力；通过中医药相关新闻和数据，让学生分析中医药企业的外部环境变革，加强中医药文化自信，明确中医药企业战略发展方向。

（一）教学与育人目标

1. 知识学习目标

（1）分析和理解公司外部环境的重要性。

（2）定义和描述总体环境和行业环境。

（3）讨论外部环境分析的四个步骤。

（4）描述总体环境的七个要素。

（5）识别五种竞争力量（五力模型），并解释它们如何决定行业的潜在盈利能力。

（6）定义战略集团并描述它们对公司的影响。

（7）说明公司应了解竞争对手的哪些情况，在收集竞争对手情报时可采用的不同方法（包括道德标准）。

2. 能力提升目标

（1）引导学生思考我国中医药产业发展的外部环境，中医药企业如何应对一般环境和行业环境的变化，培养学生的思辨能力、分析能力等。

（2）利用案例教学、互动讨论以及 TBL、PBL 教学法，培养学生的表达能力、团队协作能力。

3. 思政育人目标

（1）培养学生的职业认同感。通过实践教学，让学生搜集资料，讨论和分析中医药行业发展中的外部环境中的机遇和威胁问题，培养学生良好的职业道德，帮助学生建立医药行业，尤其是中医药行业的认同感。

（2）增强传统医药振兴的使命感。在案例分析过程中，让学生了解国家大力发展和改革中医药的国际背景，以及背后我国经济社会发展的时代变化，真正认识到传统医药振兴的紧迫性，增强学生的责任感和使命感。并进一步加强对中医药的文化认同。结合中医药产业发展，将培养医学人文情怀与经世济民的情怀有机结合起来，增强中医药文化自信，热爱并传播中医药文化。

（二）教学策略与方法

采用理论课和实践课相结合的办法。理论课主要通过 BOPPPS 教学法，通过案例导入、目标、前测、参与式学习、后测和总结的方式，将课程思政融入知识中，通过《"十四五"中医药发展规划》，帮助学生熟悉环境战略分析的应用，并探讨国家持续快速推进中医药改革的原因和时代背景，引发学生思考。

实践课则是开展以问题为导向的 PBL 教学，通过小组讨论式的 TBL 教学，培养学生解决问题的能力。结合医药企业案例，充分理解外部环境分析的内容与层次，通过熟练掌握各类分析模型的理论知识及运用对应的分析框架，清晰地了解企业所处各个层次的外部环境，如运用 PESTCEL 模型进行宏观环境分析；运用波特五力模型进行企业竞争环境分析；通过竞争态势矩阵针对性地了解企业与主要竞争对手的相对实力概况；等等。从而，进一步地思考和体悟周遭环境的变化会对企业所产生的诸多影响，系统地了解并掌握外部环境分析的内容、层次及逻辑，学习如何利用环境中的各种因素来扬长避短、趋利避害。将知识体系、思维能力和情感共鸣三位一体的创新教学巧妙融入授课过程中，引导学生树立正确的职业道德和价值观，增强学生民族振兴的责任感和使命感。

（三）课程思政教学理念与设计

1. 课前导入及相关思政元素

首先以 2022 年 3 月 29 日国务院印发的《"十四五"中医药发展规划》切入本章所

学知识点战略管理中的外部环境分析，一方面从中医药发展规划出台的时代背景、实践意义和社会效益等多角度进行解读，让学生体会到中医药发展的重要性和振兴中药产业的紧迫性，坚定学生的制度自信，增强学生的责任感和使命感。另一方面，从中医药行业角度，分析在政策指导下，医药行业的机遇和面对的挑战，并分别站在不同的医药企业角度探讨企业所面对的总体环境 PESTEL 分析模型。总体环境包括七个因素：人口、经济、政治/法律、社会文化、技术、全球化和自然环境。公司需要针对每一个因素，确定战略与环境变化趋势间的相关性。

【思政元素】爱国主义和中医药情怀的培养。

中医药在疫情防控中的重大作用和中医药改革的必要性

——《"十四五"中医药发展规划》的历史背景

2020 年以来，中医药在新型冠状病毒肺炎疫情防控中发挥了重要作用，世界卫生组织（WHO）谭塞德总干事于 2022 年 2 月赴北京向国家中医药管理局咨询中医药治疗新型冠状病毒肺炎的经验。国家重视中医药在公共卫生领域的作用，医药卫生法规不断涌现。

从政策层面看，全国中医药发展的标志性事件之一是全国人大 2016 年 12 月 25 日表决通过《中华人民共和国中医药法》，2017 年开始实施。第二个则是疫情中展现出的中医药预防控制传染病的重要作用。从具体政策数量上就可以看到 2009 ～ 2014 年的五年时间，中医药相关的政策法规非常稀少仅有 6 个，同时国务院和中共中央发布相关文件中仅有一个是专门针对中医药发展的政策文件，其他文件只是在当时的改革如社区、护理、信息化中提到了中医而已。而中医相关政策密集出台时间正是 2016 ～ 2018 年以及 2020 ～ 2022 年这两个时期。第一个时期对应了中医药法的出台，第二个时期则对应了中医在新型冠状病毒肺炎疫情防控的重要作用。

从领域上看，2015 年《健康中国 2030 行动计划》和 2016 年的《中华人民共和国中医药法》将视线转移到中医药"治未病"领域，中医药领域相关法规政策开始大量涌现。将中医和护理、基层医疗服务、养老、妇幼保健等领域进行了有机结合，并积极探索综合医院（实际上的西医医院）开展中医诊疗服务和中西医结合、西学中等，扶持中医药发展。中医自身发展规划则强调了中医药服务体系、中医药特色人才建设、中医药传承创新、中医药产业和健康服务、中医药文化几个方面，尤其在提供制度保障和配套体系方面反复发文。强调要在项目上立项实施中医药发展重大工程如中医药特色人才培养工程、中医医疗服务体系建设、中医药科研平台建设、名医堂工程、中医药产学研医政联合攻关工程、道地中药材提升工程。建设国家中医药综合改革示范区、中医药开放发展工程。可见对于中医发展的问题或者说制约因素，国家层面非常清晰，准备从中药标准化和药材体系、中医服务体系、创新科研体系和顶尖人才培养体系入手来完成。

具体看 2022 年 3 月出台的《"十四五"中医药发展规划》，针对中医药服务体系、人才、传承创新、产业和健康服务业、文化、开放发展、治理能力等方面，提出了医疗、科研、产业、教育、文化、国际合作等十个方面的任务。具体来看，在医疗服务方面提出了比较有建设性的一些政策，例如打造中医药高地，依托优质中医药资源，进行国家和区域医疗中心建设。在医保层面支持中医药传承创新发展，将符合条件的中医医药机构纳入医保定点，并将适宜的中药和中医医疗服务项目纳入医保支付范围，探索中医医保支付方式。

2. 课程内容及相关思政元素

（1）BOPPPS 教学法：行业环境、战略集团和竞争者分析

外部环境主要包括三部分：①总体环境（社会中影响行业和公司的所有因素）。②行业环境（影响公司的竞争行为、反应以及行业潜在盈利能力的因素）。③竞争者环境（分析主要竞争对手的未来目标、当前战略、假设和能力）。与总体环境相比，行业环境对公司战略行动的影响更直接。五力竞争模型包括：新进入者的威胁、供方力量、买方力量、替代品以及竞争者之间的竞争强度。通过研究这些力量，公司可以确定在行业中的位置，从而使这些因素朝有利于自己的方向发展，或者避开这些因素的不利影响，获得竞争优势和超额利润。

通过 BOPPPS 教学法，在课程中借助《"十四五"中医药发展规划》引入，结合波特五力模型，组织学生以专题讨论的方式开展参与式学习，引导学生搜集现有的 68 家中药上市公司信息，将目前的中药企业按照不同的战略集团进行划分，接着让学生进行行业环境和竞争者分析评价，最后对课程内容和知识点进行总结。

【思政元素】职业精神的责任感 & 中医药和民族医药认同感。

上市 68 家中药企业的 2021 年年报

根据 2021 年年度报表显示，上市中的 68 家（剔除 3 家未发布年报）中药公司 2021 年收入总额为 3284.05 亿元，同比增长约 8.7%。归母净利润 392.02 亿元。归母净利润同比增长率超过 30% 的有 22 家，占到整体比率约 32.4%。从统计数据来看，盈利能力较强的前十家公司为 ST 康美，奇正藏药，新光药业，桂林三金，寿仙谷，济川药业，大唐药业，天士力，片仔癀，康恩贝。成长能力较好的前十家公司为东阿阿胶，康恩贝，众生药业，特一药业，ST 康美，健民集团，天士力，佐力药业，华神科技，金陵药业。一方面，2021 年年报在反映了中药产业发展的同时，也反映出科技投入不足、创新研发不够的问题。统计的 68 家中药上市公司 2021 年研发费用总额为 87.07 亿元，仅占到企业营收总额的 2.65%，其中 79.41% 的企业研发费用不足总营收的 5%，研发投入水平远低于国内生物制品和化药行业。行业研发人员总数同比下降 3.02%，51.47%的企业研发人员数量占比下滑。从研发人员占比来看，上海凯宝研发人员 450 人，占全部员工比例为 31.42%，也是唯一一家研发人员占比超过 30% 的公司。众生药业、太龙药业、华神科技研发人员占比超过 20%，另外，华森制药、康惠制药、香雪制药等 25 家公司研发人员占比超过 10%。此外，有 13 家中药企业研发人员占比不到 5%。另一方面，以天士力为代表的部分企业，已经开始加大研发投入力度。天士力研发投入 7.61 亿元，同比增长 26.8%，占公司营业收入比例为 9.58%，研发人员增至 1377 人。目前

天士力共布局 94 款在研管线产品，涵盖 46 款 1 类创新药，并有 52 款药品已进入临床阶段，其中 19 项处于临床Ⅱ、Ⅲ期研究。

（2）TBL 教学法：某中药企业外部环境分析报告

通过 TBL 教学法指导学生开展战略分析的外部环境分析，外部环境的分析过程主要包括四步：扫描、检测、预测和评估。通过外部环境的分析，公司可以识别机会、威胁。主要包括总体环境（人口、经济、政治/法律、社会文化、技术、全球化和自然环境）、行业环境（波特五力模型：新进入者的威胁、供方力量、买方力量、替代品以及竞争者之间的竞争强度）、战略集团和竞争者环境等专题内容。

【思政元素】职业精神。

请在上述 68 家医药企业中选择一家企业，假设该企业目前正在向你所在的咨询公司申请提供战略规划服务，并根据目前的外部环境制定有效的企业发展战略。请根据外部环境分析进行扫描、检测、预测和评估。帮助公司识别机会和威胁，并提供包括行业环境和竞争者环境分析在内的外部环境分析报告。

（四）课程思政实施成效

1. 教学成果

"战略管理"是一门实践性很强的课程，因此单纯课上讲授的效果弱于学生全程参与的 TBL 教学法。本次课程是整个企业战略分析的第一部分，也是同学们第一次进行战略管理的案例分析，对于案例的分析往往需要老师的指导和参与，以及学生的互动和讨论。36 学时的课程有 10 学时都安排为实践课程进行课堂实践。本门课在一开始授课时就进行了小组分组。坚持每个章节进行一次小组讨论，小组搜集资料和以报告的方式进行汇报。演练对于战略管理的分析工具和方法的使用。因此每学期都进行了至少五次的小组汇报和一次正式企业研究报告的汇报，并提交了相关文字版报告。

2. 特色与创新

（1）采用 BOPPPS 教学法与课程思政的整合教学模式，通过"导入—目标—前测—参与式学习—后测—总结"六个步骤展开课程学习，在每一个环节中引导学生参与思考和讨论，全面提升学生的思辨能力和专业素养。

（2）采用 TBL 教学法与课程思政的整合教学模式，用问题引导学生思考，通过小组讨论解答问题以提高学生的思辨能力，全面提升学生的团队协作能力、语言表达能力。

（3）在课程中结合我校中医药背景，将培养医学人文情怀与经世济民的情怀有机结合起来，激发学生对中医药的行业认同，引导学生关注"中医药文化"的传承与发展，热爱并传播中医药文化，推动中医药行业的发展。

（五）课程思政实施反思

1. 教学设计视角

战略管理外部环境分析的整个教学中，采用多种教学法相结合，并与课程思政整合的教学模式，从政策解读、行业分析和企业分析等多维度融入"思政元素"，将"职业道德修养""文化自信""中医药传统文化认同"等精神内核融入案例。

但是在具体实践中，进行有效的案例选择来增强课程的思政元素的嵌入需要较为巧妙的构思。例如本章在企业外部环境分析中进行医药行业外部环境分析，在全球化战略中加入天士力等案例，在合作战略中加入新型冠状病毒肺炎疫苗研发的中巴企业合作等。需要进一步将思政元素更加柔和地嵌入到课堂实践中，既进行学生能力的锻炼，也进行社会主义核心价值观的洗礼。

2. 学生评价视角

对于学生来说，搜集全部上市公司的资料存在一定的难度。实践中最好将学生进行分组，同时教师预先按照案例资料，将相似战略的企业在实践中划分为一组，以团队之间资料共享的方式进一步进行团队合作。降低资料搜集和分析的难度，提升战略管理实践课题的可完成度。例如将重视研发的天士力、重视原材料资源的康美药业、拥有独家技术的片仔癀和东阿阿胶等分别分组，引导学生选择不同的企业模型。另外学生反馈对于外部环境分析和后文的内部环境分析容易混淆，需要在引导学生进行案例分析时对两者加以区分。

（张露）

第五章　物流管理 ▷▷▷▷

"物流信息管理"课程思政教学设计
——以物流信息技术应用为例

课程类型：专业课程　　　　　学科门类：管理学

一、课程简介

"物流信息管理"课程要求学生对物流信息管理的基本知识、基本理论、基本技术到基本应用各方面有较全面的理解和掌握，为今后在物流管理领域从事专业实务运作奠定坚实的基础。在本课程的学习中，要求学生了解信息的概念，物流信息管理的特点，物流信息系统的组成、要求和特点；理解与物流信息系统相关的计算机网络基础、数据库基础、条码技术、GPS、GIS 等技术的基本原理和应用方向；掌握系统分析、系统设计、系统开发与组织的理论和方法。

二、案例简介

以"物流信息管理"课程中 RFID 技术为例。课程设计从"九州通医药物流接管武汉抗疫物资物流配送"案例引入，让学生了解物流信息技术对提升物流运营效率的重要作用；从"医药物流企业运用 RFID 技术使冷链物流不断链"的案例，阐述 RFID 系统的功能和作用，并通过 TBL 教学法指导学生开展 RFID 在医药物流企业中应用方向的专题研究，培养学生的表达能力、团队协作能力；通过"RFID 在快递行业中应用"的案例，引导学生讨论 RFID 技术的优点和不足之处。

（一）教学与育人目标

1. 知识学习目标

（1）了解 RFID 的概念和技术原理。

（2）掌握 RFID 系统的组成。

（3）熟悉 RFID 系统的运用场合。

（4）掌握 EPC 编码的作用和结构。

2. 能力提升目标

（1）引导学生思考 RFID 在医药冷链物流领域的应用方向。

（2）利用 TBL 教学法培养学生的表达能力、团队协作能力。

（3）培养学生实践动手能力，进行 RFID 读卡系统的简单编程实验。

3. 思政育人目标

（1）结合医药物流企业在抗击新型冠状病毒肺炎疫情中发挥的作用，引领学生思考和感悟我国企业的责任感和担当意识，引导学生充分认识自身的时代责任，感知时代，融入时代，推动时代。引导学生充分认识集中力量办大事是中国特色社会主义伟大实践的经验总结，加强"社会主义核心价值观""人类命运共同体"等精神内核在学生中的渗透性。

（2）培养学生的"专业主义"精神。通过思政案例激发学生专业学习热情，引导学生树立明确的专业课程目标，促使学生形成热爱专业、勤奋努力、锐意进取、精益求精、勇于创新的新时代敬业精神。

（3）结合我校医药背景，通过介绍医药冷链物流企业的信息化建设，激发学生对医药物流相关知识的兴趣，增强对专业和学校的认同感。

（二）教学策略与方法

采用"线上＋线下、课上＋课下、校内＋校外"多情景教学模式，贯穿案例式、启发式、讨论式等多种教学方法，从物流信息技术的应用中，围绕家国情怀、道德素养、文化素养等主题挖掘思政内容，做到在"方向上旗帜鲜明，方法上润物无声"。培养专业素质过硬、理想信念坚定的全方位物流人才。

（三）课程思政教学理念与设计

1. 课前导入及相关思政元素

首先以"九州通医药物流接管武汉抗疫物资物流配送"案例切入本章所学知识点。

在 2020 年新型冠状病毒肺炎疫情初期，九州通医药物流临危受命，"接管"武汉市红十字会物资管理，引发各方关注。

突如其来的疫情，打乱了所有人的计划，城市被封、交通被管制、人口被限制流动……尽管疫情从武汉到全国，但由于物流人的坚守，让支援从全国迅速赶到了武汉，一批批医疗物资、生活物资通过绿色通道被运抵武汉。在各方大爱汇集武汉之时，却出现了这样一幕：2020 年 1 月 27 日，国务院总理李克强在视察疫情时，医护人员当场反映防护服和护目镜告急。

一边是救灾物资短缺，一边却是大量物资不能及时发放，到底哪里出了问题？专业的事情还得靠专业的企业来解决。在这个分秒必争的关键时刻，武汉本土企业——九州通医药集团物流有限公司（简称九州通医药物流）临危受命，"接管"了武汉市红十字会物资管理。

谈起当时的形势，九州通医药物流总经理张青松记忆犹新，他向记者介绍了当时的具体情况："我们是 1 月 29 日晚上 10 点接到武汉市防控指挥部指令，需要协助武汉市红十字会管理捐赠物资。一接到通知，公司内部立马就召开了会议，统筹安排协助红十字会事宜。1 月 30 日一大早公司团队便开始了准备工作，包括现场勘察、库容规划、系统搭建、人员调配等，也完成了托盘、叉车、标签纸、打印机、计算机等硬件设施的运送，同时也制订了组织架构和流程方案等。1 月 31 日中午 12 点，我们的团队正式进驻了武汉市国博仓库 A2、A3 馆，开始正常运转。仅用一天时间，九州通医药物流就在现场搭建了一个现代化的应急仓库。"

据了解，九州通医药物流主要负责所有进出捐赠物资的物流管理工作，以保证及时准确、账目清晰，同时保证出库速度以及手续齐全。"在捐赠物资运达仓库后，卸货由武汉城投负责，入库商品的分类、堆码、系统等物流的管理工作由我们负责，商品质量和是否医用由市场监督管理局负责，商品数量由市统计局派驻人员统计，待核验无误后，三方在入库单上签字确认。所有物资调配发放由市防控指挥部相关单位负责，医用物资由市卫健委统一调配，非医用物资是现场指挥部统一调配，两单位根据我们上报的统计数据，再给我们下达分配指令，最后由中国邮政完成配送。"

值得一提的是，在这个过程中，九州通医药物流应用了自主研发的九州云仓物流信息管理平台，进行商品、货位、库存、出入库等管理，该平台可实现运输与仓储、分拣任务一体调度协同，无缝对接，仓储、运营管理和运输配送，以实现路径最优化、低差错、高效率，而且全程可视、可控、可追溯。

经过两个多月的奋战，3 月 31 日，国博中心仓完成清仓，正式关仓。凭借专业的团队与技术，九州通医药物流实现了 5 个"零"——零库存、零差错、零投诉、零失误、零感染，得到了各方的高度评价。

【思政元素】对企业责任和伟大抗疫精神的深刻理解，对信息技术在物流活动中的重要作用的深刻感悟。

2020 年以来，武汉突发新型冠状病毒肺炎疫情，各大企业积极践行社会责任，投入到抗疫一线中。以九州通医药物流为代表的医药物流企业发扬自己的专业技术优势，利用现代信息技术优化抗疫物资的物流效率，诠释了企业的社会责任感，进一步证明了我国"集中力量办大事"的制度优势，同时也展现了现代信息技术在物流管理中的重要性。

2. 课程内容及相关思政元素

（1）从"医药物流企业运用 RFID 技术使冷链物流不断链"的案例，阐述 RFID 系统的功能和作用。

受技术限制，目前一些物流公司采用人工确认温度进行温度管理，但这种方式只限于出货和进货时进行测定，缺少运输环节的连续性温控数据。如何实现全程实时温度监测与控制，是药品经营企业进行冷链管理时突出的重点和难点之一。

某大型医药流通集团投资 3 亿元建立了现代医药物流中心，这个新物流中心引进了多项现代化物流信息管理技术，其中应用了 RFID（俗称电子标签）技术对全程冷链管理系统进行温度管理。

在冷链物流环节，RFID 技术多应用于食品药品等高附加值物流系统的管理中。通过药品出库时在冷藏箱中放置带有温度传感器的 RFID 标签，把货物信息包括药品温度实时地储存在 RFID 芯片中。货物到达后通过手持型读写器批量读取货物及温度信息，可以实现全程的温度信息瞬间获取，降低人工成本及出错率。

该公司通过全程连续的温度追踪，实现了可靠的温度管理，据了解，除药品经营企业外，一些第三方物流企业也在应用 FRID 技术以实现冷链物流的专业化管理。贴有 RFID 标签的冷链箱，如同有了一张电子"身份证"。"身份证"可以记录货物所有的信息，其中包括货物的实时温度信息。一批冷链周转箱出库时，读写器能一次性读取到该批次各冷链保温箱内的所有 RFID 温度标签的信息。这使冷链周转箱出入库的信息录入实现了自动化，缩短时间的同时也确保了出入库信息的准确性。当货物量很大时，出入库自动读取信息能够解决物流操作环节的瓶颈问题。

【思政元素】我国医药物流企业信息技术水平不断提升，增加学生的民族自豪感，增强学生对学习信息技术必要性的认识。

（2）通过"RFID 在快递行业中应用"的案例，引导学生讨论 RFID 技术的优点和不足之处。

快递业是邮政业的重要组成部分，是融合信息交流、物品递送、资金流通等多种功能于一体的复合型新兴服务业。由于国家政策的大力扶持，快递行业迎来了发展新纪元。根据国家邮政局的数据显示，近年来我国快递业发展迅猛，2020 年全国快递服务企业业务量累计完成 833.58 亿件，同比增长 31.2%；业务收入累计完成 8795.4 亿元，同比增长 17.3%，虽然增速较往年有所放缓，但仍然保持较快增速。

目前，RFID 技术在快递行业的应用，主要涉及如下几个方面：一是在快递集散配送中心对大批量的包裹及快件，通过 RFID 技术，利用 RFID 中的相关物流信息，实现快件的自动、高速分拣。在我国民营中小快递公司普遍采用人力手工分拣的情况下，运用 RFID 技术，同时配以自动分拣系统，可以极大地提高分拣的效率，为快递公司在激烈的行业竞争中赢得优势。二是在快件运输的过程中，通过附着在快件上的 RFID，运用 GPS 技术，实现对快件的实时跟踪，使发件人和收件人能够通过互联网对快件的位置进行查询，获得更好的服务体验。三是对快递企业的可重复利用的资产，如车辆、托盘等进行管理，利用 RFID 可读可写的特性，将资产相关信息记入 RFID，再配合相关系统，实现对资产的精益管理。

虽然 RFID 技术已经在快递行业的部分环节得到应用，也体现出明显的降低成本、提高效率的良好效果，但作为一项新技术，现阶段的研究和应用仍然不够成熟，有待进一步完善。主要体现在如下几个方面：一是价格昂贵。二是可靠性差，相比条形码，RFID 读取资料的准确性不那么尽如人意。在联邦快递的测试中，他们发现读取 RFID

卷标资料的准确度约为 75%，而读取条形码资料的准确度则高达 99%。实际应用时，准确度更可能因货件内的物品性质（是否载有液态、金属或电子物品）以及卷标所在的位置而进一步降低。三是兼容性差，有的 RFID 技术并不兼容现有的系统和技术，缺乏统一的标准。

【思政元素】以我国快递行业的迅猛发展为例，向学生描述我国经济发展的强大动能，进一步增加学生的四个自信。通过案例讨论，引导学生思考我国在快递行业中普及 RFID 遇到的阻力和解决策略，进一步培养学生的科学素养和分析能力。

（四）课程思政实施成效

1. 教学成果

本门课程考试及格率达到 100%。在课程学习期间，多名学生参与专业相关知识技能竞赛并取得良好成绩。学生普遍反映在学习专业知识的同时，增加了对信息技术的兴趣，80% 的同学课后自学了程序设计、数据库原理、计算机网络等信息技术知识，提升了学生学习信息管理与信息技术类知识的主观能动性。

2. 特色与创新

（1）采用案例教学法和情境教学法结合，通过角色扮演、小组讨论等多种手段实现课堂的互动与翻转。

（2）在课程中结合我校医药背景，以医药物流企业利用信息技术手段提升物流效率主题开展课程思政教学，使专业与医药背景相结合，培养复合型人才。

（五）课程思政实施反思

1. 教学设计视角

本案例在 RFID 技术的教学中，采用案例教学法与课程思政的整合教学模式，巧妙穿插各个维度的"思政元素"，将"我国独特的制度优势""企业的社会责任""当代大学生的责任与担当""新时代大学生应具有的专业精神"等精神内核融入案例。但对于思政主题的丰富度、深度以及与医药的结合度还有待进一步提升。

2. 学生评价视角

本课程授课前后对学生进行了问卷调查，学生普遍感受到了自己在知识、能力和情感上的提升，并对 RFID 系统的组成及应用有了初步认识。学生在学习过程中能感受到思政元素，通过课程思政进一步明确了自己的使命与担当，并对专业课学习有了明确的目标。

（伍宁杰）

"运输管理"课程思政教学设计

——以航空货物运输为例

课程类型：专业课程　　　　　**学科门类：管理学**

一、课程简介

"运输管理"是物流管理学科的重要专业理论课程之一。本课程一方面从宏观的角度介绍运输规划制定、运输成本测算、运输策略优化，另一方面则从微观角度对运输环节中的公路运输、水路运输、航空运输和铁路运输等各种运输方式中的管理环节进行介绍，并突出实践操作环节，是与实践紧密结合的物流管理专业课程。授课内容主要包括运输管理概述、公路货物运输、水路与管道货物运输、铁路货物运输、航空货物运输、冷链运输、物流运输决策、国际货物运输、运输成本管理、运输合同与保险以及运输管理信息系统等专题。要求学生掌握物流运输管理的特性与作用要求，具备运输管理能力，能够熟悉企业运输管理中的工作任务要求，为学生适应本专业管理岗位打下坚实的理论基础和实际操作基础。

二、案例简介

以"运输管理"课程第 5 章航空货物运输为例。课程设计从"航空运输在抗击新冠肺炎疫情中的关键作用"案例引入，通过讲授我国在 2020 年年初调动全国运力向武汉运送防疫物资以及中国利用航空运输向多国输送抗疫物资的案例，引导学生理解航空运输相对于其他运输方式的优势；利用案例教学及互动讨论疫情对航空货物运输存在哪些影响，并通过 TBL 教学法指导学生开展航空运输企业应对疫情影响的措施的专题研究，培养学生的表达能力、团队协作能力；通过介绍我国航空运输企业向全球运送新型冠状病毒肺炎疫苗的新闻和数据，给学生展示医药品通过航空运输的流程和特点。

（一）教学与育人目标

1. 知识学习目标

（1）了解航空运输的技术经济特点和经营管理特点。

（2）掌握航空运输的业务流程。

（3）掌握航空运输运费计算方法。

2. 能力提升目标

（1）引导学生思考航空运输企业如何以习近平新时代中国特色社会主义思想为指导，化危为机，减小疫情对航空运输企业的影响，培养学生的思辨能力、分析能力等。

（2）利用案例教学、互动讨论以及 TBL 教学法，培养学生的表达能力、团队协作能力。

3. 思政育人目标

（1）结合航空运输在抗击新型冠状病毒肺炎疫情中发挥的巨大作用，引领学生思考和感悟我国集中力量办大事的制度优越性，树立只有坚持中国共产党的领导才能有效应对重大风险挑战的正确观念，引导学生充分认识集中力量办大事是中国特色社会主义伟大实践的经验总结，是我国社会主义制度巨大优越性的重要体现，并将"社会主义核心价值观""人类命运共同体"等精神内核融入案例，从国家担当、国家自信、文化自信的角度加强课程思政在学生中的渗透性。

（2）培养学生的大局意识、宏观意识，用爱国精神指引思想。通过 TBL 教学法与课程思政的整合教学模式应用，全面提升学生的团队协作能力、人际交往能力、思辨能力和人文素养，以此全面提升学生职业素养。

（3）结合我校医药背景，通过介绍医药品冷链航空运输，激发学生对医药冷链运输的兴趣，增强对专业和学校的认同感。

（二）教学策略与方法

通过案例教学法、TBL 教学法将课程思政融入知识中，以学生为主体，教师为导向，通过引入真实生活情景或典型案例，指导并启发学生围绕案例问题展开讨论，启发学生自主思考问题并解决问题。使课堂内容能够引发学生兴趣而提高学习积极主动性，拉近理论与现实的距离，增强学生对思政理念的参与度与接受度。构建以学生为教学活动中心，教师为观察者、指导者、资料的提供者的新型课堂关系，将知识体系、思维能力和情感共鸣三位一体的创新教学巧妙融入授课过程中，培养学生的批判性思维、探索性思维，引导学生树立正确的国家利益观。

（三）课程思政教学理念与设计

1. 课前导入及相关思政元素

首先以"航空运输在抗击新冠肺炎疫情中的关键作用"案例切入本章所学知识点。2020 年年初开始，新型冠状病毒突袭武汉，从最初的"抢购物资"到各医院医疗物资紧缺，再到 1 月 23 日开始封城，如何快速向武汉运送医疗防疫物资和生活必需品，成了各级决策者关注的热点问题。关键时刻，航空运输发挥了中流砥柱的作用。而根据中央军委的命令，2 月 2 日凌晨，中国空军出动 8 架大型运输机，分别从沈阳、兰州、广州和南京起飞，向武汉紧急空运了 795 名军队医疗队员和 58 吨物资。1 月 24 日至 2 月20 日，民航局通过重大航空运输机制，共组织协调 28 家国内航空公司执行各省市医疗队驰援湖北、接回滞留海外湖北籍旅客和运送各类医疗防疫物资等航空运输任务 316 架次。通过此案例导入，以为什么面临重大应急事件时，首选航空运输方式运送应急物资为问题导向，要求学生思考航空运输相对于其他运输方式的优势，并增加学生对伟大抗疫精神的内涵的深入理解。

【思政元素】思辨能力、对伟大抗疫精神的内涵的深入理解。新型冠状病毒肺炎疫情出现后，我国政府本着"生命至上"的原则，用最快的速度通过航空运输方式向武汉运送了大批人员和抗疫装备。

2. 课程内容及相关思政元素

（1）航空运输概述

通过介绍我国航空运输的发展史，让学生了解我国航空运输的基本情况。1949 年以前，我国大陆用于航空运输的主要航线机场仅有 36 个，包括上海龙华、南京大校场、重庆珊瑚坝、重庆九龙坡等机场，大都设备简陋。除上海龙华和南京大校场机场可起降 DC–4 型运输机外，一般只适用于当时的 DC–2、DC–3 型运输机。这些机场历经多年的战乱破坏，急需改造和建设。

2020 年，我国境内运输机场达到 241 个，运输航空公司 64 家，民航全行业运输飞机期末在册架数 3903 架，共有定期航班航线 5581 条，国内航线 4686 条，国际航线 895 条，按重复距离计算的航线里程为 1357.72 万公里。

【思政元素】通过介绍民航事业翻天覆地的变化，促使学生坚定道路自信、理论自信、制度自信和文化自信，增强学生的政治意识、大局意识、核心意识和看齐意识。

（2）航空货物运输流程

通过介绍我国航空运输企业运送新型冠状病毒肺炎疫苗的过程，让学生了解医药冷链物流的主要环节和基本流程。

2021 年，在首都机场地服公司的库房里，工作人员增设近 600m² 的专用存储区，并配置了 24 小时大容量充电设备，用以停放新型冠状病毒肺炎疫苗运输的"大冰柜"，这种"大冰柜"是目前国际上最高端的医药空运冷链集装箱，也就是主动式温控箱。

与去年下半年记者采访时看到的相比，现在库房里的温控箱多了不少。"去年运输高峰时，停放有十多个温控箱，那会儿我们就觉得不少了，可现在更多了。"地服公司货运部国际业务分部经理说，2 月 24 日，停放装有疫苗的温控箱达 34 个，当天就出港了 3 班疫苗包机，达 540 万剂。地服公司货运冷链操作组成立于去年，其目的就是为了应对正在增加的新型冠状病毒肺炎疫苗航空货运压力，主要任务就是服务"大冰柜"里装着的新型冠状病毒肺炎疫苗。据介绍，组员全部经过专业培训，培训项目包括温控货物规则、鲜活易腐规则、危险品规则、温控箱管理等。随着疫苗运输量的攀升，操作组推出一系列 VIP 级专人"管家"式服务。

疫苗到达货站前，操作组向负责运输疫苗的航空公司或相关代理部门充分了解疫苗件数量、重量，为集装器、温控箱的停放提前做好准备，由专人全链条跟踪运输情况，做到每个环节没有疏漏，保障出港运输万无一失。

温控箱检查、货物交接点检查、跟踪单检查、双人复核、全程拍摄……疫苗货物非常重要，货库里视频监控做到没有死角，便于今后查档，防止疏漏。同时，操作组也固定了操作人员，提高操作速度，降低风险因素。此外，工作人员对新型冠状病毒肺炎疫苗的保障流程不断进行推敲、完善，强化各个环节的互补性操作。

针对新型冠状病毒肺炎疫苗的运输，民航局向相关单位下发了《新冠疫苗货物航空运输保障指南》，近期又下发了第二版指南。据悉，新版指南比第一版更加详细，操作内容指向性更强。新版指南提出，在新型冠状病毒肺炎疫苗的前期准备环节，对信息申报、包装准备、文件准备、标记标签等进行细化；提出如何检查包装，包装上应该有何内容，温度记录仪应该如何处理，标签应该贴几个，每一个环节都有明确要求。此外，在收运环节，提出要建立新型冠状病毒肺炎疫苗运输绿色通道，要具备检查单，工作人员要核对哪些信息内容，应该优先安检等。

在运输环节，新版指南同样提出具体要求，包括疫苗运输到机坪之后，如何通知航司、通知机长；飞行员应根据不同机型设置货舱温度、使用疫苗运输的特殊代码等。

【思政元素】企业责任担当，主人翁意识。新型冠状病毒肺炎疫苗作为特殊货物，需要严格的温度控制，我国航空运输企业和主管部门以高度的责任感和使命感，不断优化完善新型冠状病毒肺炎疫苗航空运输流程，有力保障了新型冠状病毒肺炎疫苗的高效供应，彰显了我国航空运输企业的社会责任感和当代航空运输工作者的主人翁意识。

（四）课程思政实施成效

1. 教学成果

本门课程考试及格率达到 98%。在课程学习期间，多名学生参与专业相关知识技能竞赛，学生获得国家级创新创业训练项目 2 项。

2. 特色与创新

（1）将教学新模式和新理念有机整合，在最大程度上体现 TBL 教学法与课程思政整合后"1+1>2"的育人效果。实现学生在专业知识上具有勤学慎思、刻苦钻研的学习精神；在专业能力上具有分析、沟通和团队协作能力；在专业素养上具有经世济民、服务社会的爱国情怀。

（2）在课程中结合我校医药背景，以疫苗运输和航空抗疫为主题开展课程思政教学，使专业与医药背景相结合，培养复合型人才。

（五）课程思政实施反思

1. 教学设计视角

本案例在航空货物运输的教学中，采用 TBL 教学法与课程思政的整合教学模式，巧妙穿插各个维度的"思政元素"，将"我国独特的制度优势""航空助力抗击疫情""人类命运共同体"等精神内核融入案例。但对于思政主题的丰富度、深度以及与医药的结合度还有待进一步提升。

2. 学生评价视角

本课程在授课前后对学生进行了三次问卷调查，学生普遍感受到了自己在知识、能力和情感上的提升，并对医药航空物流有了初步认识。学生在学习过程中能感受到"思政元素"，通过课程思政树立了专业自信，同时增强道路自信、理论自信、制度自信、文化自信。下一步需进行持续性的实践维度评价，通过学生日常管理、综合测评等手段关注在校期间有无行为失范，通过跟踪调查、校友走访等手段进一步考查学生毕业后从业期间有无职业失范、是否坚持正确价值观、积极工作的持续性动力是否充足等方面，有效整合更多数据评价课程思政的有效性。

（伍宁杰）

"物流管理"课程思政教学设计
——以配送为例

课程类型：专业课程　　　　　学科门类：管理学

一、课程简介

"物流管理"课程是物流管理专业必修的核心主干课程，是专业知识学习的开篇课程，采用理论课程与实践课程相结合的教学方式，承载着专业人才培养和思想引领的重任。课程思政立足知识传授、能力培养、价值引领和素质提升的育人目标，秉承知行合一的思政教育理念，按照教、学、做一体化的思路进行课程的教学设计，实现课程思政全过程融入。实践探究模式让学生亲身体验实践创新，了解物流各实操环节，团结协作与个人成长的重要，科技强国战略和无私奉献精神的伟大。通过学思践悟的循环达成知识内化于心，外化于行的思政教育目标。培养具备扎实的物流管理基础理论、分析解决企业常见物流问题能力的创新型物流人才。

二、案例简介

以"物流管理"课程配送章节为例。课程设计通过播放疫情期间物流基层服务人员，不畏困难不惧危险，把物资送入千千万万家庭中的实际案例引入，引导学生学习其健康积极的工作态度，培养学生不惧困难的敬业精神，同时也突出了配送在物流中的重要作用；通过课堂讲授与案例结合的方式，将通用配送流程中备货、理货和送货几个阶段各项作业活动，有机融入无人仓、无人配送车等先进物流设施使用的新技术元素，引导学生思考新技术在场景中的实际应用，结合国家建设现代化物流体系对智慧物流的愿景，帮助学生理解在应对风险挑战时智慧物流在我国现代化建设和国民经济社会发展中具有重要的战略地位。采用启发式教学方法，以疫情期间救援物资配送路线的选择为案例背景，讲解基础求解方法进行求解计算，引导学生思考为保障配送的时效性，如何才能更快捷地计算出适合的配送路线。通过小组讨论共同研习计算机求解实际问题的方法，引导学生将理论知识运用到实际情况中去，不畏工作辛劳，爱岗敬业，将爱国主义情怀倾注到自己的专业中去。

（一）教学与育人目标

1. 知识学习目标

（1）了解配送在物流中的地位与作用，以及在疫情期间的"无接触"配送的重要作用。

（2）了解物流配送的主要流程备货、理货、送货在实践中的应用。

（3）掌握基本的选择物流配送路径的方法。

2. 能力提升目标

（1）引导学生思考在疫情防控日常化的情况下，如何提升我国配送的高效性、安全性，如何选择更合适的配送方法。

（2）利用案例教学、互动讨论模式，培养学生的表达能力、团队协作能力。

3. 思政育人目标

（1）以疫情常态化为教学背景，以学生亲身经历无接触配送物流为教学实例，将物流基层配送工作者坚守岗位、兢兢业业、严谨踏实的工作态度（思政目标），与物流配送活动的内涵、复杂性及配送在整个物流系统中的重要性结合起来，进一步明确影响配送的各项因素（教学目标）。

（2）展示无人配送车、无人仓等现代化物流设施和先进技术的物流应用场景，解读无人操作技术在疫情期间对物流行业的推动助力，将国家智慧物流建设内容（思政目标），与通用配送流程结合起来，帮助学生理解现代化配送流程，掌握配送路线制定的具体原则及方法（教学目标）。激发学生的创新热情，帮助学生树立从事专业创新工作的决心，培养具有改革创新精神的物流人才。

（二）教学策略与方法

本课的内容以物流配送功能为例，通过疫情期间学生接触到的无接触配送，使学生对配送产生情感共鸣，引导学生理解配送深层次的含义，逐步深入介绍通用配送流程及相关现代化设备，最后以疫情期间无接触物流配送为例讲解 TSP 问题，引导小组讨论与团队协作，提高对知识的理解，锻炼解决实际问题的能力。

在授课过程中理论与实践相结合，分享学生生活实例、讨论社会现象、解读国家政策等思政案例，将踏实勤劳、爱岗敬业的职业观，善于发现、勇于实践的创新理念，埋头苦干、勇于攀登的科研精神，有机地融入课堂，将思想理论转化为行为实践。思政案例与课程内容结合紧密，知识传授与价值引领相辅相成。

（三）课程思政教学理念与设计

1. 课前导入及相关思政元素

首先播放视频"疫情防控下的快递的安全配送"引入本章的重难点，配送在物流中的作用与地位。然后播放视频"京东无人仓＋无人配送车"，引导学生思考与探讨疫情期间无接触配送物流是怎么通过配送流程实现的，运用了哪些先进的物流设施设备，在配送路径的选择上需要考虑哪些因素，才能使货物安全高效地传递到客户手中。

2. 课程内容及相关思政元素

配送是在经济合理区域范围内，根据客户要求，对物品进行拣选、加工、包装、分割、组配等作业，并按时送达指定地点的物流活动。可以看出配送虽然是从送货发展起来的，但现代物流的配送功能并不是简单的送货，日常接收快递只是物流配送的末端活动，它是一种更加完善、高级的输送活动，其活动的内容是综合性的，是从物流节点到用户的一种特殊的送货形式。

【思政元素】讲解配送概念之前，知识串联物流的七大基本职能中运输也是将物品从一个地点向另一个地点运送，运输和配送在物流系统中职能是否相同，引导学生探讨运输与配送存在哪些区别。通过播放视频让学生讨论生活实例的方式，引出疫情期间坚守岗位、逆势而行的物流工作者们。以物流基层服务人员工作不惧风险、服务人民保障社会正常运转的逆行事迹，引导学生建立健康、积极、正确的学习工作态度，培养学生不畏艰险、一丝不苟的敬业精神，同时也突出配送工作在整个物流系统中的重要作用。

配送流程主要分为三个阶段：备货、理货、送货。在备货阶段有订货、接货、验收、存储，其中对于验收不合格产品进行退货，而对于与用户需求不一致商品进行简单的加工作业；在理货阶段包括分拣、包装和配货；在送货阶段主要为装车和送货。疫情期间，应急物资的备货、理货和派送货物作为整个配送环节的"最后一公里"，虽只占整个医用物资物流配送里程的很小一部分，但耗费相当大一部分的时间成本和金钱成本。应急医疗用品、生活用品能否按时送到疫区人民的手上，"收派"环节的流畅性起到决定性作用。疫情期间来自不同地方、不同途径的救灾药品和医疗设备都要在医疗物资仓库完成初步的分拣、再包装等工作，运送体量大且物品繁杂、人力作业模式成本快速攀升、工作负荷加剧、管理难度升级、人员密集增加疾病传播风险，因此高度且急切依赖无人配送。疫情期间医药物流配送的时效性尤其重要。医药产品作为特殊的商品，其对物流配送的要求更高。有些医药物资例如疫苗、血清等需要低温冷藏，通过使用先进的物流设施设备和无接触的配送模式，在备货阶段要注意其储存温度和条件，尽量缩短停滞时间；理货配货阶段针对特殊药品在配送包装上做特殊标识，从而提高装货送货的效率，节约配送时间。

【思政元素】通过将配送流程中备货、理货和送货几个阶段各项作业活动与实践活动中医药物流配送相结合，有机融入无人仓、无人配送车辆等先进物流设施的新技术元素，引导学生思考如何将新技术、新设备应用到实践中去，以及针对在疫情期间医用救援物资这类对配送时效性要求较高的商品，在实际操作中无接触配送模式会遇到哪些瓶颈。结合国家建设现代化物流体系对智慧物流的愿景，以及后疫情时代国家对医药相关产业的重视，帮助学生理解在应对风险挑战时智慧物流在我国现代化建设和国民经济社会发展中具有重要的战略地位。以疫情期间医药物流实际配送为例，将新科技、新技术应用到物流实操各环节中，鼓励学生刻苦钻研、开拓创新，力争为中国物流的发展添砖加瓦。

Tsp 方法在数学领域中主要解决商旅路径选择的问题，其运用在物流中，主要用来解决货物配送到各个地点，如何通过合理的选择路径，从而使总的配送距离最短最高效。为防止末端配送可能引发的疫情，按照卫健部门的要求，对于进出武汉的邮件、生活物资采取定点收寄、定点投递的模式，由快递员与客户进行电话联系，优先选择投递到智能包裹柜或指定代收地点，以减少人员间的接触。多家外卖、生鲜、及时配送企业集中宣布开始提供"无接触配送"服务，通过智能包裹柜、驿站、代收点或客户指定地点实现寄递物品投放，避免与收件人直接接触。这就涉及大量的货物要集中到多个指定地点的投放，如何合理地规划配送路径，提高配送效率，如何让居民尽快收到所需货物，是疫情背景下配送急需解决的问题。

【思政元素】通过案例计算与小组讨论的形式，逐级递增学生对于新方法的参与感和体验感，初步接触行业前沿内容。采用启发式教学方法，以疫情期间如何把大量的口罩、药品、防护服等医用救援物资以及各种生活物资，送达到各个医院、防疫站以及各生活社区，如何规划其配送路线的这一实际案例背景下，通过讲解基础求解方法进行求解计算，引导学生思考为保障疫情期间配送的时效性，如何才能计算出更合适、高效的路径解决方案。通过分析疫情背景下物资运输路线的真实事件，梳理学生科学严谨的学习态度，学会用科学的方法解决实际问题，培养学生勇于探索的科研精神。

（四）课程思政实施成效

1. 教学成果

通过将思政元素与物流教学内容和案例结合，提高了学生的爱国、敬业、诚信、友善修养；教育引导了学生深刻理解并自觉实践的职业精神和职业规范，增强了学生的职业责任感；帮助学生树立了正确的人生观和价值观。通过课后反馈及问卷调查，学生普遍认为实施课程思政对其树立良好的价值观有正向促进作用。

2. 特色与创新

（1）打破传统教学模式，充分发挥教师和学生的双主体作用，运用启发式、探究式、讨论式、参与式等教学方法，调动学生学习的积极性、主动性，实现从被动接受到主动学习方式的转变。

（2）采用了案例教学方法，以疫情期间学生经历的口罩、药品等医用物资配送的真实案例，贴近学生生活，更具有参与性与互动性，让学生学会在实践中解决问题，提高其专业技能。

（3）融入思政要素，积极推进思政课程建设。本课程制定了思政教学大纲，编写了思政教学教案及案例，制作了思政教学 PPT，积极推进思政教学改革。

（五）课程思政实施反思

1. 教学设计视角

本节内容配送对于学生而言比较贴近生活，疫情期间的医用物资、生活物资的物流配送现状也是大多数学生亲身体验过的生活经历。大多数思政结合点也紧跟社会热点与社会动向，学生接受起来也比较容易。

本节内容与思政元素相融合时，结合点较多，有些内容可以做到比较自然的渗透结合。有些教学内容在挖掘思政结合点时，由于教学经验的不足，会存在少许结合生硬、生搬硬凑的痕迹，内容衔接上稍欠自然。

2. 学生评价视角

本课程讲课前后对学生进行了两次问卷调查，学生普遍感受到了自己在知识、能力和情感上的提升，并对疫情期间医药物流无接触配送有了初步认识。通过思政教学的开展有益于学生培养爱国主义情怀，帮助学生树立正确的人生观和价值观，结合专业知识教学可以培养学生专业自信、爱岗敬业、诚实守信的职业品格和行为习惯，有利于提高学生对专业知识多维度的认知。

（邱江雪）

"采购管理"课程思政教学设计
——以采购的作用、特点和分类为例

课程类型：专业课程   学科门类：管理学

一、课程简介

"采购管理"课程是物流管理专业学生的核心基础课程，关注采购职能的经营管理和战略战术问题。在现代企业管理中，采购职能可使企业降低成本获取利润，也是企业获取竞争优势的重要手段。课程内容设计包括采购管理的理论与操作流程，并对招标采购、政府采购、国际采购和现代化采购做了重点阐述。

本课程一方面强调学生对重要基本概念的记忆理解和理论知识点的讲解，另一方面根据高等教育的目标，突出实践操作环节，实现理论与实践紧密结合的综合性。讲课内容从采购管理和供应商关系、采购价格与成本管理、采购绩效评价、采购与供应链管理四个理论板块进行系统剖析；从采购原计划与预算管理、供应商选择、采购谈判与合同管理、采购方式选择及采购物品的验收、结算与库存等各个环节介绍了采购的整个流程。帮助学生了解采购管理的概念、流程、技术和方法，提高分析和解决采购实际问题的能力。

二、案例简介

以"采购管理"课程第 1 讲采购的作用、特点和分类为例，贯穿民族精神为主线，课程设计从华为芯片事件受到美国卡脖子的制裁，让学生知道采购受阻影响企业正常经营，鼓励学生为祖国变大变强而努力奋斗。课堂讲述了华为的奋斗、发展和变革历程，从华为芯片断供给华为带来的影响为切入点，分析采购的作用、特点和分类。

（一）教学与育人目标

1. 知识学习目标

（1）识记：采购的概念，领会采购的作用和特点。

（2）应用：通过给定的材料，分析判断采购的类型。

目的是熟悉采购流程，根据企业特点合理选择采购方式，确定采购品种、采购批量、采购地点和采购时间，以有限资金保证企业生产经营。

2. 能力提升目标

（1）通过学习，掌握采购的概念和重要性。采购物流是企业物流过程的起始环节，引导学生思考在新零售行业背景下，如何提升采购质量以增强企业竞争力。

（2）培养学生分析问题、解决问题的逻辑思维能力。利用案例教学，锻炼学生借助少数代表性案例，从而得出整体性结论。

（3）培养学生的表达能力、团队协作能力。通过群体学习和小组讨论，以学生为主体，引导学生积极有针对性地分析讨论，及时给学生评价和鼓励，调动学生清楚地表达自己的观点，互相了解对方观点。通过讨论、争辩，达成共识，解决问题。

3. 思政育人目标

（1）引领学生思考和感悟科技发展对我国经济发展和大国战略的重要作用。结合华为芯片时间，将"五个自信"融入案例，激发学生对我们中华民族的自豪感，帮助学生树立正确的国家利益观，要坚定实现中华民族伟大复兴的自信。

（2）塑造学生的全局观，用长远眼光观察形势，分析问题。通过无领导小组谈论案例与课程思政的整合教学模式应用，帮助学生清晰自我定位，培养学生的合作能力。

（3）培养学生爱校荣校和家国情怀。结合我校中医药背景，拓展到中医药文创产品的采购，科普中医药健康文化和知识，增进学生中医药服务的认知与认同，推动中西医结合，实现中医药采购走进医共体，推动中医药走向国际化。

（二）教学策略与方法

（1）理论讲授。围绕采购的概念，讲授物流企业的采购发展现状，通过案例教学和课后实践，从华为芯片采购业务受阻出发，将课程思政融入知识中。

（2）群体合作。创设学习情境，讲解学习内容和要求；确立分组，合作与竞争用于教学过程；各组独立分板块搜集华为公司背景和芯片采购来龙去脉。

（3）小组讨论。小组合作讨论华为芯片断供的影响及应对措施；监控学生的互助学习，必要时给予学生支持和干预。培养学生敢于提出自己的意见和建议，也勇于接受别人的批评，积极主动配合，发扬助人为乐、甘于奉献的精神。

（4）展评完善。评价小组学习情况；讨论应用提高练习；面向全体学生又关注个体差异，提高学生自主学习积极性。多种学习策略使课堂内容的理论知识落地实践，实践环节将"思政"元素引入的华为案例，延展到中医的医学地位和国际地位需要认同，宣传普及中医文化影响中医认同，强化中医文化的认同与国际传播，培养学生爱校荣校意识，树立正确的国家利益观。

教学采用理论和实践结合，创新教学模式，探索教学策略，有机结合新模式和新策略，体现新教学法与课程思政协同育人效果；实现学生勤读多思、探索钻研的学习精神，理解并熟练运用掌握的专业知识；提升学生专业分析问题、有效沟通技能和团队协作能力，确立"教师主导、学生主体、平等合作、教学相长"的师生合作关系。

多种教学策略的运用，生生合作、师生合作能有效改善个体学习能力与学习方法，群体合作、讨论学习可以促进不同学习能力和不同知识结构的学生互补，激活学生思维，提高学习效率的同时，还能锻炼学生的合作能力、竞争意识和社会适用能力。

（三）课程思政教学理念与设计

1. 课前导入及相关思政元素

课程以立德树人、德智兼修为目标，通过讲解采购发展的历史观、全局观及未来观，将思政内容融入课堂。

历史观：从采购的变迁看祖国在历史中扮演着举足轻重的作用，追本溯源，激发学生在采购发展史中感悟家国情怀，激发学生专业自豪感。

全局观：以华为芯片断供后到国家出手救援，从受制于人到新时代青年的使命与担当，从民族复兴到大国强国的崛起开端，展现大国的责任与担当，映射社会主义制度的优越性。

未来观：采购行业面临新的机遇和挑战，鼓励学生畅所欲言探讨行业发展、产业变革与热点问题，培养学生的思辨能力。

【思政元素】通过华为芯片案例分析，结合中医药国际化进程艰难破局，讨论推动中医药产品的全球采购发展途径，学生结合所学知识头脑风暴，对未来中医药产品全球化进程的传播和影响力进行探索。中医药是中华文明瑰宝和钥匙，挖掘中医药文化精髓，增强学生民族自信和文化自信，自豪中医药文化，为推动中医药商品国际化进程而奋斗。

2. 课程内容及相关思政元素

（1）从全球采购发展史到我国采购发展历程，融入采购方式创新

以发达国家采购功能的变化为例，陈述我国自 1949 年以来到现在的采购历程，由原来的高度集中制采购到现在的电子化采购和供应链采购，不断地改进不足之处进行创新，发挥采购的最大作用。

【思政元素】结合学校中医药特色，过渡到我国药品集采历史变迁：医院分散采购、地市招标采购、省级招标采购、联盟带量采购。创新推动医药事业发展，实现知识传授和思政教育同频共振。

（2）场景驱动创新，思政路径融入

以企业案例为载体创设情境教学，培养供应理念，练就学生实战本领，构建模拟采购谈判情境学习项目。在"互联网+"大背景下，"实体经济+互联网"模式证实可行有效，采购电子商务平台应运而生，互联网与采购结合的共赢模式无声到来，促进采购优化。

【思政元素】药品采购政策的变化开启了药品带量采购的新篇章。场景设置让学生分角色扮演、小组讨论药品采购模拟训练，引导学生结合实际互动与思考，增强课程趣味性，思政要点润物细无声。

（四）课程思政实施成效

"采购管理"以情境教学为导向，融合课程思政教育的新教学模式，综合采用理论讲授、群体合作、小组学习和展评完善的教学方法，选取头脑风暴、模拟演练、角色扮演等多种教学策略，提高学生学习自主性，参与度和专注度大大提高。在创设情境中模拟演练解决实际问题的能力，掌握采购管理的基本理论和方法。

思政教育方面，可以感觉到学生有触动、有思考和改观。通过和学生课后交流和访问，学生对本课程教学认可较高，比任务型教学能让学生更好地专注课堂时间，了解到国家发展过程中青年人的艰巨使命，增加了中医药文化自信。

（五）课程思政实施反思

1. 教学设计视角

课程对学生产生了一定的影响，基本达到了思政教育目的。学生们在后来的实践报告中或进行实地调研或应用方法提升自己的专业能力，有效实现课程知识点与岗位技能

融会贯通，达到专业教学与思政育人的有机统一。

我国采购管理发展相对迅速，但仍有很多不足，采购发展亟待提升。头脑风暴的发散思维方式环节中，有学生提到了中国的采购要勇于创新，尤其是中医药在国际化进程中，中医药仍是以保健品形式出现，要作为药品得到国际认可仍有很长的路要走，激发了学生的奋斗精神和使命感。

2. 学生评价视角

当然，教学中的困难也是有的。如何能够更好地将课程思政与专业知识融合在一起，潜移默化，不刻意，是需要继续努力去做的。需要考虑更好、更科学、更巧妙的表达方式。不同的学生认知程度、听课的认真程度均不同，如何能够促进更多的学生加深学习效果，也需要继续努力。

（邱映贵）

"计量经济学"课程思政教学设计
——以非线性回归模型为例

课程类型：专业课程　　　　　　学科门类：经济学

一、课程简介

"计量经济学"是一门结合经济理论与数理统计，并以实际经济数据做定量分析的学科，是一门从数量上研究经济关系和经济活动规律及其应用的科学。该课程主要面向经济学和管理学本科三年级的学生开设。课程以计量经济模型为主线，介绍计量经济学的基本理论、基本知识和应用实践，是一门重要的专业课程。主要内容包括：一元线性回归模型、多元线性回归模型、非线性回归模型、联立方程模型、时间序列模型、特殊解释变量，以及当模型的假定条件不成立时出现如异方差、自相关、多重共线性等问题。要求学生真正认识"计量经济学"的课程任务和研究对象，全面了解课程的体系和结构，正确掌握计量经济学知识。课程教学中注重理论和实践并重。通过案例教学和 20 学时的实验操作，能够联系实际，应用计量经济学知识解决社会经济和管理问题，提升学生与社会共情的能力。

二、案例简介

以"计量经济学"课程的非线性回归模型为例。课程设计从"连花清瘟出口新加坡、泰国等国家情况"案例引入，引领学生思考中药的重要地位，如何通过中药提升我国同世界各国的经贸关系；通过课堂讲授非线性回归模型建立的原因、模型形式和线性化过程等，让学生掌握基本知识点；利用案例教学加深对概念的理解以及对模型形式的基本掌握；通过案例互动讨论分析考查学生对我国中药产品以及其在世界市场发展状况的了解，加强中医药文化自信，推动中医药商品国际化。

（一）教学与育人目标

1. 知识学习目标

（1）了解变量间的非线性关系。

（2）掌握常见的非线性回归模型类型。

（3）熟练掌握常见的非线性回归模型的线性化方法。

2. 能力提升目标

（1）通过社会现象和实例，引导学生对实际问题的思考，利用计量经济学模型构建方法，解决实际问题。

（2）通过对课程理论知识和方法的讲解，揭示计量经济学所蕴含的辩证法思想，培养学生的抽象概括能力和逻辑思维能力。

3. 思政育人目标

（1）通过引入"连花清瘟出口新加坡、泰国等国家情况"案例，启发学生思考中药在"人类卫生健康共同体"建设中的重要价值，激发民族自豪感和文化自信。

（2）通过变量的设置，使学生充分了解现象与本质、实践与理论、主要矛盾等重要哲学原理，培养思维能力，梳理辩证唯物主义的世界观和方法论。

（3）通过课后作业布置，引入研发对中药企业发展的重要作用，具有较强的现实意义；引导学生对创新的认识和思考，激发学生为国图强的爱国情怀。

（二）教学策略与方法

采用问题驱动、案例分析和互动讨论相结合的办法，将课程思政融入知识学习中。通过问题驱动，引发学生兴趣，提高学习积极主动性，引导学生思考，提高知识点的理解和掌握程度，并拉近理论与现实的距离。通过设置富含"思政"元素的案例材料，提升学生理论联系实际的思考能力，同时增强对我国优秀传统文化的了解和兴趣，增强学生对思政理念的参与度与接受度。通过互动讨论，QQ投票活跃课堂氛围，减轻学生心理压力，同时起到活跃思维的作用。

（三）课程思政教学理念与设计

1. 课前导入及相关思政元素

首先以"连花清瘟出口新加坡、泰国等国家情况"案例切入本章所学知识点。疫情发生以来，我国迅速开展药品研究以应对病症。目前，连花清瘟胶囊已在印度尼西亚、泰国、新加坡、菲律宾、蒙古国等20余个国家注册获得上市许可并实现销售。该药品曾在新加坡、泰国等国，以及中国香港等地遭到疯抢，但也遭到部分国家海关查扣和禁止使用，原因是其成分和疗效令人质疑。比如，瑞典海关实验室对连花清瘟胶囊进行了检测，声称其成分"只有薄荷醇"，认为对新型冠状病毒"没有作用"；美国海关也拦截查扣了大量来自中国的连花清瘟胶囊，称其未获美国食品药品监督管理局（FDA）

批准，可造成健康威胁；在加拿大，人们可以网上购买，但禁止医院给患者使用，加拿大卫生部认为其部分说明存在"误导"性信息；意大利警察也扣押了 5000 件中药产品，其中包括连花清瘟胶囊，涉案华人面临销售非法药品的起诉。

通过此案例导入，一方面介绍新型冠状病毒肺炎疫情的发展情况，引导学生了解世界抗击疫情的现状，关注时事。另一方面介绍中药出口海外的规模和流向，引导学生探讨中药在海外发展中遇到的阻碍，以及西方发达国家对我国中药产品不同程度的"敌意"，激发学生的爱国情怀，以及为国图强的意志。

【思政元素】爱国情怀、创新意识、中医药文化自信。

中药是我国的瑰宝，它能够走向世界市场造福全人类，但却遭到了多数发达国家的阻碍，激发学生的民族自豪感和爱国热情。通过分析中药出口中遭遇的阻碍境况，为学生讲述在一代代医药工作者前仆后继、逐步自主创新的过程中，中国与发达国家医药产业规模差距逐渐缩小，深化创新意识；同时，给学生展示中医药商品在世界的传播和影响力，增强学生对于中医药文化的自信心和自豪感，引导学生主动传承与发展中医药文化，为推动中医药商品国际化而奋斗。

2. 课程内容及相关思政元素

（1）非线性回归模型的概念和类型

在复杂的实际问题中，只有很少一部分经济变量之间存在线性关系，对于大多数经济变量而言，非线性关系是普遍存在的，而非线性关系的形式又是多变多样的。主要的模型类型包括非标准线性回归模型、可线性化的非线性回归模型和不可线性化的非线性回归模型。

【思政元素】理论联系实际、矛盾观。

由于经济关系的复杂性和多样性，影响因素众多，不可能找出每一个影响因素，所以要抓主要矛盾，找出影响较大的、较为重要的影响因素，构建模型。

模型本身是可以无限变化的，但要掌握模型的最基本形式，遇到实际问题再调整模型形式，做到理论联系实际。

（2）影响因素分析，投票互动

利用课程 QQ 群的投票互动环节。包括，你对中药产品了解吗？你用过中药产品吗？你用过哪些中药产品？与西药相比，中药有哪些优势呢？你知道有哪些企业生产这些产品吗？这些企业在中药的研发投入如何？引导学生进行思考：这些因素会影响中药的出口吗？还有其他的因素吗？

【思政元素】创新意识、中医药文化自信、爱国情怀。

案例中选用中药产品，加深学生对我国中药产品的了解，加强中医药文化熏陶。但同时出口受阻，激发学生的民族自豪感和爱国热情；通过与国外一些医药企业的创新形成对比，展示我国中药企业在创新中的弱势，深化学生的创新意识。

（四）课程思政实施成效

1. 教学成果

在教育部全面推进高校课程思政建设以来，本人对自己所授课程的思想政治资源进行了梳理和挖掘，努力完善该门课程的育人作用。撰写并发表教学方法改革论文和课程思政论文，使自己对课程思政的塑造功能也有了更加深刻的感悟和体会。

2. 特色与创新

（1）采用课堂讲解、互动讨论、QQ 投票与课程思政的整合教学模式，通过"课堂知识点讲解（理解概念）—案例导入（启发思考）—互动讨论（思维与协作训练）—QQ 投票（活跃氛围）"，提升学生理论联系实际和逻辑思辨能力。

（2）通过课堂中药出口案例引入和课后中药企业研发的问题的作业布置，将课程思政从课堂延伸到课后，深化课程思政的渗透效果。

（五）课程思政实施反思

1. 教学设计视角

通过案例互动和 QQ 投票相结合方式能够促进学生的思维活跃度和发言积极性，但也存在"浑水摸鱼"的情况，如何调动每个学生的积极性，需要进一步实践和探索。该课程的理论知识都依赖于上机实践来完成，为课程思政提供了一个很好的实践途径，在不断实践的过程中进行思路梳理和思考，这本身就是将思政教育融入了课程教学，两者相辅相成。如何衔接理论学习与上机实践的课程思政需要进一步研究和实践。

2. 学生评价视角

本案例将思政元素贯穿课堂始终，但存在较为单一的问题，需要进一步挖掘思政元素，丰富思政内容；同时和班级的其他授课教师进行沟通和交流，尽量做到思政元素不重复，增加思政的新鲜度。

（邱映贵　王云丽）

"物流学概论"课程思政教学设计
——以快递为例

课程类型：专业课程　　　　　**学科门类：管理学**

一、课程简介

"物流学概论"是物流管理专业的第一门专业课程，是物流管理专业学生大学四年专业学习的基础。通过讲授这门课程，能够让学生了解现代物流的基本概念、基本原理和基本理论，掌握现代物流的基本方法，也能够让学生对行业物流有一定的认识和了解，还能够帮助学生树立专业意识，培养专业兴趣，为后续认识专业，学习专业，明确专业方向奠定基础。本课程的学习主要为课堂讲授并辅以案例讨论。课程内容分为物流总论篇和物流的基本功能要素篇，物流总论篇包括物流概述和物流的分类与形式，物流的基本功能要素篇包括包装、集装化与集装单元器具、装卸搬运、运输、储存、流通加工、物流信息和配送等。

二、案例简介

以"物流学概论"课程第二章第三节物流的分类与形式的第五种形式——快递为例。

课程设计从"快递大考双十一"案例引入，通过我国历年"双十一"电商和物流数据，剖析我国快递物流发展的历程，引导学生思考我国如何在起步相对较晚，物流对象多样，物流需求井喷式爆发的时代背景下，摸着石头过河，去发展、追赶和超越欧美发达国家快递行业，促进我国经济发展的，并顺势引导学生思考，目前我国快递行业还存在哪些问题，他们有什么改进建议，培养学生作为主人翁的意识和使命感；通过对比我国和美国、英国等国的快递时效、价格、服务质量等数据，让学生明白，我们生活在中国最好的时代，物质充盈，贸易自由，享受着全世界质量最高的快递服务之一，使学生树立民族自豪感；并通过 TBL 教学法指导学生开展对我国快递企业从事医药物流方面的研究，主要包括医药物流的特殊性，我国对快递企业从事医药物流的资质要求，最后让学生经过资料查阅，总结出在我国，目前最有可能成为医药物流行业龙头的快递企业是哪家，并给出论据和可行性报告，培养学生的独立思考能力、表达能力和团队协作能力。

（一）教学与育人目标

1.知识学习目标

（1）掌握快递的概念、特点和分类。

（2）了解我国快递业发展历程、特点、存在的问题、典型企业和发展前景，以及"618""双十一"等大促，电商对快递发展的影响等热点问题。

（3）了解国外快递发展现状。

（4）了解医药物流的概念，GSP及我国医药物流相关的政策。

2. 能力提升目标

（1）引导学生思考在当今的中国，如何才能更好地利用科学技术和服务意识，发展我国快递行业和医药物流行业，培养学生的思辨能力和分析能力。

（2）利用案例教学、互动教学以及TBL教学法，培养学生独立思考的能力、整合信息的能力、表达能力和团队协作能力。

3. 思政育人目标

（1）从学生对快递的切身感受入手，通过数据对比，让学生树立国家自信，对目前的生活更有获得感、幸福感和安全感。

（2）通过互动教学法，让学生去思考和讨论如何解决我国快递目前存在的一些问题，扭转学生可能存在的受害者心态，不去一味地抱怨，转而作为主人翁，去思考解决问题的方法，同时提升学生的思辨能力和人文素养。

（3）通过对快递包装材料的教学，让学生意识到快递行业对环境的影响，培养学生低碳、节能和环保的意识。

（4）通过TBL教学法，让学生去研究快递企业从事医药物流的可行性，让学生意识到医药物流跟医学一样，同样是"性命相托"的大事，快递从业人员应该严格遵循国家GSP的要求，在运用新的物流技术，提高效率降低成本的同时，时刻不能忽视医药物流的安全性，树立担当意识和社会责任感。

（二）教学策略与方法

主要通过案例教学法、数据对比分析法、启发式教学法、互动讨论法和TBL教学法将课程思政的内容融入具体的知识中，使课堂内容能够引发学生兴趣和思考，从而提高其学习的主动性，拉近理论与现实的距离，增强学生对思政理念的理解度和接受度。

（三）课程思政教学理念与设计

1. 课前导入及相关思政元素

首先以"快递大考双十一"案例引入同学们在生活中接触得比较多的"快递"，讲述近年来我国快递行业的巨大成就。

大家觉得每年规模最大的电商促销活动是在什么时候呢？对！"双十一"肯定是有姓名的，其实，"双十一"走进人们的生活已有十三年，而作为电商行业和消费者之间重要连接载体的快递行业，它也在年复一年的网购高峰周期中默默完成着"进化"。去年的"双十一"，很多人最惊讶的莫过于它的快递配送速度了，"凌晨付款，上午快递就到了"也不是什么新鲜事，要知道，从国家邮政局的数据来看，2021年11月1日—16日，全国共揽收快递包裹68亿件，人均4.82件，可谓时间紧，任务重，全国人民在疯狂买买买之后，都对自己的快递翘首以盼，那你说，我国快递行业的大考，可还算合格？必需的！如果咱们中国的快递速度都不能让你满意，那么，在世界上任何一个国家，都满足不了你的要求了，在中国，快递到底有多快：从发货到送达，平均只需48小时。零售巨头京东，已在去年"双十一"期间，实现了送货范围覆盖了全国几乎所有的城镇和乡村，而且在全国93%区县和84%乡镇实现了当日达和次日达。而美国呢，最有代表性的亚马逊，通常是3～5日到达，其中还不包括节假日，当然，如果你愿意花钱，也可以很快送达，但是这个钱嘛，我觉得有点贵。比如，老师有个朋友的签证，从美国中部发往纽约，付费50美元，实现了次日达。而英国的快递呢？留学生们戏称，仿佛还停留在飞鸽传书的时代，慢、贵、拒收，是常有的事，要命的是，快递员上门送快递的时间让人捉摸不透，只告诉你哪天来，周一到周六，朝九晚七，中间十个小时，什么时候都可能来，来了你不在家，也不跟你打电话，所以究竟你能在哪天收到你心爱的快递，谁也说不准，老师也去英国生活过几个月，留学生们说的，基本上都是事实，我们也可以从英国快递巨头Hermes和美国快递巨头FedEx的官网查到具体的价格信息。

【思政元素】通过切实的经历的数据对比，树立国家自信，让学生对目前的生活更有获得感、幸福感和安全感。

2. 课程内容及相关思政元素
（1）快递的概念、特点和分类

首先询问学生，如果让你给"快递"下个定义，你会怎么说？然后针对学生的回答，引出不同的学者、机构对快递概念的界定，再结合生活中的案例，分析快递的特点和分类。

【思政元素】作为拥有独立人格的人，大学生不能是人云亦云的，也不能一味地迷信权威，通过提问和讨论，引发学生独立思考，进而锻炼其思辨能力和总结能力。

（2）我国快递业发展历程、特点、存在的问题、典型企业和发展前景及国外快递发展现状

通过大量数据、案例，讲述我国快递业发展历程、特点、典型企业和发展前景，同时对比国外快递发展现状。通过互动教学法指导学生思考我国快递行业目前还存在的问题，并鼓励他们提供一些解决方案。

【思政元素】让学生去思考和讨论如何解决我国快递目前存在的一些问题，扭转学生可能存在的受害者心态，不去一味地抱怨，转而作为主人翁，去思考解决问题的方法，同时提升学生的思辨能力和人文素养。同时通过引导，让学生意识到快递行业中的车辆和包装材料对环境的影响，培养学生低碳、节能和环保的意识。

（3）医药物流的概念，GSP 和我国医药物流相关的政策

医药物流的主体是医药产品，医药产品不同于其他物品，它要严格遵守 GSP 规范，严格执行药品批号有效期管理，很多药物在运输、储存和配送过程中要严格控制温／湿度，有些企业为了降低成本，让本来需要冷链运输的药品出现了"断链"现象，从而直接影响了药品的品质，威胁到人民的生命安全。通过 TBL 教学法，让学生去研究快递企业从事医药物流的可行性，让学生了解医药物流，了解 GSP，了解我国医药物流相关的政策，并给出可行性报告。

【思政元素】让学生意识到医药物流跟医学一样，同样是"性命相托"的大事，快递从业人员应该严格遵循国家 GSP 的要求，在运用新的物流技术，提高效率降低成本的同时，时刻不能忽视医药物流的安全性，树立担当意识和社会责任感。同时让学生在组内和同学进行思想火花的碰撞，再统一，然后形成小组报告并讲述，可以很好地锻炼学生搜索信息、总结信息、辩论和表达的能力。

（四）课程思政实施成效

1. 教学成果

在进行知识传授的过程中致力于尝试教学改革，以期提高教学质量和学生满意度。在教育部全面推进高校课程思政建设以来，对自己所授课程的思想政治资源进行了充分挖掘和整合，努力完善每门课程的育人作用，学生听课时情绪饱满，从课间和平时的接触中，能感受到他们积极向上、爱党爱国、独立自信的一面。

2. 特色与创新

（1）启发式教学，把学生作为课堂的主人，通过不断的提问、启发、聆听、讲解，再提问，最后总结，在这种互动中，激发学生的兴趣，提升学生的思辨能力。

（2）在中国大国崛起的特殊时期，通过和英美国家快递行业实效和服务质量的对比，让学生树立国家自信。

（五）课程思政实施反思

1. 教学设计视角

本案例贴近生活，学生们平时或多或少对教学内容的某些方面有所了解和思考，所以学生对这部分内容的接受度较高，教师可以展开的地方，以及学生们有话可说的地方非常多，而"快递"这个知识点，属于物流的分类这一节，但这一节，除了要讲解快递这种分类以外，还有如汽车物流、家电物流、零售物流等其他知识点，如果这一节展开多了，其他处于并列地位的内容就会由于课时原因而被压缩，所以应该尽量在这一个知识点讲得丰富和这一节内容讲得全面之间权衡好关系。

2. 学生评价视角

经过课后与部分学生的座谈反馈到的结果是，课上教师通过不断的提问、启发、聆

听、讲解，再提问，在这种互动中，学生的学习兴趣得到了激发，思考了一些以前从来没有思考过的问题，转变了思维方式，而不是人云亦云；教师讲解的案例都是自己有切身体会的，所以有情感共鸣、认同感、使命感。学生们提出的建议是，希望这门课后续章节的教学内容，思政元素也能保持本次课的水准，不枯燥，不死板。

（周蓉）

第六章　医疗保险 ▷▷▷▷

"保险法"课程思政教学设计
——以保险合同内容为例

课程类型：专业课程　　　　学科门类：经济学

一、课程简介

"保险法"课程是保险学专业的必修基础课程之一，是一门课程内容丰富、综合性高、实务性强的法律学科课程。课程旨在使学生通过对保险法各项基础理论知识的学习，系统掌握保险法的基本理论、基本制度及基本原则，培养学生运用各项保险法律、法规等分析和解决经济生活中实际问题的能力。此外，课程还旨在培养学生良好的法治精神和正确的法律意识，内化学生平等、公正、诚信地参与各项经济活动的理念，弘扬平等、公正、法治、爱国、诚信等社会主义核心价值观，使学生在毕业进入社会后能更好地实现自身价值，并且为推动中国特色社会主义法治建设做出自己的一份贡献。

二、案例简介

"保险法"课程作为专业基础课程，主要结合社会主义核心价值观和全面依法治国理念，在"保险合同"教学单元中，通过"烽火戏诸侯"的寓言故事引入，引导学生思考诚信的重要性，并通过讲授保险合同的基本原则、合同的效力与合同的履行义务等内容，引导学生树立合同订立及履行中需遵循的"平等、公正、法治、诚信"等正确观念。同时，利用情景教学模式，以社会主义核心价值观为主体的各种思政元素通过案例分析、小组讨论、模拟情景剧等丰富多样的形式自然融入，以此培养学生良好的法治精神和正确的法律意识。

（一）教学与育人目标

1. 知识学习目标

（1）了解保险的概念、基本职能与作用，以及保险制度的发展历程。

（2）掌握保险合同的基本原则、保险合同的效力、合同的履行、当事人的权利义务等问题。

2. 能力提升目标

（1）在学习保险合同相关理论知识的基础上，能够运用所学的各项保险法律、法规及相关理论知识分析和解决经济生活中的实际问题。

（2）利用案例教学、情景教学法，培养学生的表达能力、团队协作能力。

3. 思政育人目标

（1）培养学生良好的法治精神和正确的法律意识，内化学生平等、公正、法治、诚信地参与各项经济活动的理念，弘扬平等、公正、法治、爱国、诚信等社会主义核心价值观，使学生在毕业进入社会后能更好地实现自身价值，并且为推动中国特色社会主义法治建设做出自己的一份贡献。

（2）培养学生的法律素养，用爱国精神指引思想。通过情景教学法与课程思政的整合教学模式应用，全面提升学生的团队协作能力、人际交往能力、思辨能力和人文素养，以此全面提升学生职业素养。

（3）结合我校医药背景，将培养医疗道德与医学伦理有机结合起来，让学生深刻领会"大医精诚"这句几千年来的中国医家铭训，体现了华夏医道中诚信与医术并重的亘古真理，以增强学生的社会责任感和职业认同感。

（二）教学策略与方法

在教学方法上主要采取情景教学模式，即每一个教学单元基本涵盖"自主学习、创设情境、确定问题、协作学习、效果评价"5个部分，将课程实施过程分为"课前先行组织、课中教学、课后复习巩固"3个步骤，过程中根据每一个教学单元授课内容的实际情况，把上述以社会主义核心价值观为主体的各种思政元素通过案例分析、小组讨论、模拟情景剧等丰富多样的形式自然融入，从而激发学生思考我国确立依法治国战略目标的意义，并了解其中存在的道德问题及思政理念，帮助学生形成正确的价值观及人生观。

（三）课程思政教学理念与设计

1. 课前导入及相关思政元素

【思政元素】诚实信用。

首先，通过"烽火戏诸侯"的寓言故事导入课程，传达言而无信可能会遭遇的不良后果，可能会丧命，甚至是亡国。其次，再从现实案例向学生传达，作为现代人，如果丧失信用将会失去作为自然人的许多权利，比如在生活中无法乘坐飞机、高铁，从而导致寸步难行的严重后果。诚信更是中华民族传统美德，从歌颂诚信精神的成语就可见一斑，例如，一言九鼎、一诺千金、一言为定、言而有信、言出必行等。最后，引出诚信原则在保险法、保险合同中也同样重要，保险合同的订立、履行及合同的效力无不体现出诚实信用原则的适用。

2. 课程内容及相关思政元素

（1）保险合同的订立、合同的履行

【思政元素】社会主义核心价值观、正确事业观。

在讲保险合同订立阶段，当事人互相负有依诚实信用原则而承担如实告知、说明、保密等先合同义务，也就是说，即使合同未成立，也可能因违反上述先合同义务而要承担缔约过失责任；在合同成立生效后，若一方当事人违反诚信原则，不按照合同约定来履行合同义务，则要承担违约责任。在讲合同效力时，进一步提炼合同无效情形的共性是损害合同以外不特定或特定第三人利益，进而引申出成就事业终究不能依靠损人利己以达成的观点，帮助学生树立正确的事业观。同时，引导学生讨论、分析和研判每一个案例背后的价值意蕴，培养和强化学生学法、懂法、守法的法律意识及法治、平等、公正、诚信等社会主义核心价值观。

（2）情景教学法

【思政元素】法律意识、法律思维、团队协作。

每一个教学单元基本涵盖"自主学习、创设情境、确定问题、协作学习、效果评价"5个部分，将课程实施过程分为"课前先行组织、课中教学、课后复习巩固"3个步骤，通过案例分析、小组讨论、模拟情景剧等丰富多样的形式，要求各小组学生根据前述课堂内容完成合同生效要件的总结归纳，以图表形式进行可视化呈现，教师进行点评归纳，培养学生的团队协作意识和能力。并以案例引导学生展开辩论，探讨案例保险合同中的纠纷该如何解决，思考并归纳合同无效或被撤销情形下应承担哪些法律责任，从而自然地将法律意识和法治思维根植于学生的头脑。同时，通过对保险合同相关内容的分析，激发学生思考依法治国的战略目标，并了解其中存在的道德问题及思政理念，帮助学生形成正确的价值观及人生观。

（四）课程思政实施成效

1. 教学成果

学生对课程参与积极性和评价普遍提高。2021 年至 2022 年第一学期 2018 级保险学班级上课，课程的出勤率达到 95%、教学任务完成度达到 100%。学生反映课程理论联系实际、有针对性，内容丰富充实、信息量大，收获颇丰，通过学习，自身法律风险意识得到提高。本门课程考试及格率达到 100%。

2. 特色与创新

（1）采用情景教学法与课程思政的整合教学模式，通过"自主学习、创设情境、确定问题、协作学习、效果评价"5个部分，将课程实施过程分为"课前先行组织、课中教学、课后复习巩固"3个步骤，通过案例分析、小组讨论、模拟情景剧等丰富多样的形式，全面提升学生的团队协作能力、人际交往能力、思辨能力和法律素养。

（2）结合我校医药背景，将培养医疗道德与医学伦理有机结合起来，让学生深刻领会"大医精诚"这句几千年来的中国医家铭训，体现了华夏医道中诚信与医术并重的亘古真理，以增强学生的社会责任感和职业认同感。

（五）课程思政实施反思

1. 教学设计视角

本案例在保险合同这一章的整个教学中，采用情景教学法与课程思政的整合教学模式，巧妙穿插各个维度的"思政元素"，将社会主义核心价值观、正确事业观、法律意识、法律思维等精神内核融入案例。

2. 学生评价视角

由于每位学生的法学专业知识基础不同、掌握及运用知识的能力不同，如何在情景设计中有针对性设置每位同学的角色、体现各自的专长需要进一步探索与思考。

（李敬）

"卫生经济学"课程思政教学设计
——以卫生服务市场的政府管制为例

课程类型：专业课程　　　　学科门类：经济学 –02

一、课程简介

"卫生经济学"是医疗保险等专业的重要专业理论课程之一。本课程一方面从宏观角度介绍卫生经济学的主要研究内容、研究方法和历史发展等，另一方面根据卫生经济学实际研究内容，突出实践操作环节，重点强调卫生服务供给、需求、市场等方面的学习，是理论与实践紧密结合的经济类专业课程。讲课内容主要包括卫生经济学绪论、卫生服务需求、卫生服务供给、卫生服务价格、卫生服务市场、卫生服务的政府管制、卫生总费用、卫生保障制度、卫生资源优化配置等十余个卫生经济专题。帮助学生理解我国当前卫生经济学发展阶段以及关键节点上的政策、法规制度等，引导学生关注医疗体制卫生支付方式改革、卫生筹资挑战等现实热点问题，促使学生将所学的卫生经济学基础理论知识与实际热点问题融会贯通并加以分析运用，提高学生的批判性思维和探索性思维。

二、案例简介

以"卫生经济学"课程第六讲卫生服务市场的政府管制为例。课程设计从"卫生服务市场配置失灵"的案例引入，引领学生思考在市场机制失灵条件下资源配置失效；通过课堂讲授当前医疗服务市场上市场失灵的主要问题、现状以及潜在的经济学原因等理论基础问题；同时利用当前新型冠状病毒肺炎疫情下我国政府行动（例如全民免费疫苗接种、核酸检测等医疗服务）的典型案例互动讨论帮助学生分析，在市场失灵条件下，我国政府在卫生服务资源配置上的关键作用，增强学生的爱国主义情感，做到社会主义制度自信和道路自信，达到"立德树人"的思政教学目标。

（一）教学与育人目标

1. 知识学习目标

（1）了解卫生服务市场失灵的主要问题、现状以及背后潜在的经济学原因。

（2）掌握政府在卫生服务市场失灵条件下发挥的关键作用以及作用背后的原因机制。

2. 能力提升目标

（1）引导学生分析当前卫生服务市场存在哪些问题，哪些反映市场机制失灵。帮助学生理解如何发挥政府作用解决卫生服务市场失灵问题，培养学生的思辨能力与分析能力。

（2）利用案例教学、互动讨论，培养学生的表达能力、团队协作能力。

3. 思政育人目标

（1）结合当前全球新型冠状病毒肺炎疫情背景下各国行动方案，引领学生思考和感悟我国在新型冠状病毒肺炎疫情市场配置失灵情况下，如何发挥大国作用，将"爱国主义""人类命运共同体"等精神内核融入案例，帮助学生树立正确的爱国价值观，树立社会主义制度自信，提高学生的国家民族自豪感，从国家担当、国家自信、文化自信的角度，加强课程思政在学生中的渗透性。

（2）培养学生的大局意识、宏观意识，用爱国精神指引思想。通过案例教学、课程思政教学模式应用，全面提升学生的团队协作能力、思辨能力和人文素养，以此全面提升学生的综合素质和能力。

（二）教学策略与方法

教学策略主要通过案例教学法、对比分析法和互动讨论法将课程思政融入课程知识中。通过当前所处新型冠状病毒肺炎疫情时代背景下各国对比，拉近经济学理论与现实问题之间的距离，使课堂内容能够引发学生兴趣而提高学习积极主动性。实践课设置富含"思政"元素的研究专题。将知识体系、思维能力和情感共鸣三位一体的创新教学巧妙融入授课过程中。

在案例中，课程引入全球各国在新型冠状病毒肺炎疫情下医疗卫生服务领域的市场失灵以及政府发挥的作用，对比我国政府在新型冠状病毒肺炎疫情之下采取医疗卫生服务领域的行动，通过数据对比分析引导学生树立爱国主义情怀和民族自豪感，树立社会主义制度自信，同时培养学生的批判性思维和探索性思辨能力。

（三）课程思政教学理念与设计

1. 课前导入及相关思政元素

首先以新型冠状病毒肺炎疫情下我国政府在卫生服务资源配置上发挥的作用作为案例切入本章所学知识点。

尽管中国是全球较早暴发新型冠状病毒肺炎疫情的国家，但中国政府很快就采取了非常严格且有效的管控措施，这不仅使得中国国内的疫情没有大规模蔓延，而且还得到了迅速的控制。各国政府也采取了种种举措，不过也有几位国家领导人反其道行之。美国、英国、加拿大等多个国家的权力中心，游走在"权力的走廊"中。

通过此案例导入，一方面以新型冠状病毒肺炎疫情下市场配置卫生资源失灵作为问题开端，要求学生思考在当今新型冠状病毒肺炎疫情肆虐的特殊背景下，各国在医疗卫生领域采取的主要措施以及我国政府方案。另一方面，引导学生探讨市场失灵下，不同政府在医疗卫生服务领域采取措施的效果以及不同措施背后潜在的原因。

【思政元素】爱国主义、社会主义制度自信。

有外国媒体认为，中国实际上从来没有暴发过全国性的疫情，疫情只在湖北一省范围内有过暴发。相反，尽管美国政府很早就已经认识到新型冠状病毒的可怕，但却一直没有采取有效的控制措施，而是一直在向美国民众撒谎，一直没有采取有效的控制疫情的措施。这不仅使得美国的疫情数字不断扩大，而且还使得美国的经济遭受重创，普通民众的生活受到严重影响。

通过分析对比不同国家在新型冠状病毒肺炎疫情下医疗卫生领域政府发挥的作用以及不同措施的效果对比，一方面给学生展示在市场失灵下政府作用在医疗服务市场资源配置的优势，另一方面给学生展示我国在新型冠状病毒肺炎疫情下卫生服务领域例如全民免费核酸检测以及疫苗接种等防疫政策的独特优势，增强学生爱国主义情怀的培养，引导学生树立社会主义制度自信，推动大学生树立制度自信以及文化自信。

2. 课程内容及相关思政元素

市场失灵下政府作用的主要领域以及其潜在的原因

通过结合新型冠状病毒肺炎疫情特殊时代背景下各国采取的主要措施对比，进一步聚焦于我国在医疗卫生服务领域中政府发挥的管制作用、当前遇到的挑战及潜在的解决方案。

【思政元素】全局观、宏观思想。

国家卫健委：疫情防控是一项总体战，必须坚持全国一盘棋。疫情防控是一项总体战，必须增强大局意识、坚持全国一盘棋，只有疫情被有序控制才能为人民生命健康提供坚实的保障，才能为正常的生产生活创造有利的条件。只有各地坚持"动态清零"不动摇，努力控制住本地的疫情，才能赢得全国疫情防控的全面胜利。如果个别地方"动态清零"不坚决果断，搞变通，病毒就可能在当地生根，导致当地疫情迅速扩散，导致疫情外溢，甚至出现跨区域的传播，成为疫情的"传播器"和"放大器"，造成人民生命财产的重大损失，严重影响经济社会的发展。在坚持"动态清零"总方针不动摇的前提下，我们鼓励地方根据当地的疫情形势和特点，探索总结一些好的经验和做法，进一步提高疫情防控的科学精准的水平，努力用最小的成本取得最大的防控效果。例如推动核酸检测结果全国互认，技术上完全可行，是高效统筹疫情防控和经济社会发展、维护正常生产生活秩序的"关键小事"。

（四）课程思政实施成效

1. 教学成果

两位教师在进行知识讲授的过程中坚持致力于教学改革的研究，以期提高教学质量和学生满意度。自教育部全面推进高校课程思政建设以来，对自己所授课程的思想政治资源进行了充分挖掘，努力完善每门课程的育人作用。

2. 特色与创新

在课程中结合所处的特殊时代背景，将培养理论能力与实际问题分析结合起来，激发学生培养爱国主义情怀，引导学生关注我国在国际社会中采取的雷霆行动并与其他国家进行对比，推动学生树立社会主义制度自信，培养学生的文化自信。

（五）课程思政实施反思

1. 教学设计视角

本案例在卫生服务市场的政府管制这一章的整个教学中，采用案例教学法与课程思政的整合教学模式，巧妙穿插各个维度的"思政元素"，将"爱国主义""社会主义制度自信""文化自信"等精神内核融入案例。但对于接受能力不同的学生怎样才能做到分层次和分重点教学，如何能针对不同学生进行知识学习的定制化教学还有待进一步思考。此外，专题研究报告主题的丰富度、深度以及与中医药的结合度还有待进一步提升。

2. 学生评价视角

本课程讲课结束后对学生进行了调查，学生普遍感受到了自己在知识、能力和情感上的提升，并对市场失灵的本质以及政府在医疗服务市场失灵时的作用有了更加深刻的认识。在学习过程中能处处感受到"思政元素"，却并不感觉生硬，情感上比较容易接受。但在准备案例讨论和对比分析的情况下，由于不同小组成员的学习目标和知识接受程度可能存在不一致的情况，会导致一部分学生对报告准备不充分，从而使得最终实践专题研究报告的实际效果打折扣。此外，如何将所学到的每门课的专业知识和能力融会贯通，真正用以提升自身综合素质方面，还有待进一步实践。

（王丹　陈曼莉）

"医院管理学"课程思政教学设计
——以公立医院改革为例

课程类型：专业课程　　　　　**学科门类：管理学**

一、课程简介

"医院管理学"是医疗保险等专业重要的基础课程之一。随着我国新一轮医改方案的推进，特别是公立医院改革进入攻坚阶段，医院管理学发展面临重大机遇与挑战。本课程一方面从宏观的角度介绍中国公立医院改革与医院管理发展历程等，另一方面紧密结合医药管理相关专业的特点和学生就业趋势，紧跟国际学科发展，同时注重学生人文修养和实践能力的培养，是理论与实践紧密结合的综合性医药相关专业课程。讲课内容主要包括医院管理学概论、医院战略管理、医院文化管理、医院组织管理、医院人力资源管理、医院质量管理、医院医疗管理、医院护理管理、医院药事管理等十余个重点专题。帮助学生理解医院的改革与医院管理学科发展本质，引导学生了解我国医院管理发展历程并关注当前我国医疗体制改革所面临的现实问题。注重培养学生的新思维和新理念，促使学生将所学的知识融会贯通并加以运用，能对国家近年来出台的相关方针、政策进行分析，使学生深刻提升自身素养。

二、案例简介

以"医院管理学"课程第一讲公立医院改革为切入点。课程设计从"福建三明医疗改革"案例引入，引领学生思考当今医疗体制改革的主要阶段；通过课堂讲授我国医疗体制改革面临的背景、挑战、主要阶段、主要实践以及实践效果、未来公立医院改革发展趋势等热点问题；利用案例教学及互动讨论分析三明医改的关键切入点，培养学生的问题分析以及团队协作的能力；通过公立医院改革中福建三明医疗改革的关键案例分析，向学生展示"以人民至上"的理念在推进公立医院改革中的作用，凸显其为更高质量医药、医保、医疗领域改革保驾护航，最终以服务人民群众，促进人民健康作为医药领域改革的关键目标。

（一）教学与育人目标

1. 知识学习目标

（1）了解我国历次医改的主要内容，公立医院改革发展阶段、发展机遇与挑战等热点问题。

（2）掌握中国当前医疗体制改革的关键切入点和核心内容并能结合典型案例分析。

2. 能力提升目标

（1）引导学生思考在当今公立医院改革背景下，如何破解公立医院改革面临的主要问题及挑战，培养学生的思辨能力、分析能力等。

（2）利用案例教学、互动讨论以及 PBL（problem based learning）教学法，培养学生的表达能力、团队协作能力。

3. 思政育人目标

（1）结合我国医疗体制改革背景以及三明医改，引领学生思考和感悟三明改革内核，将"人民至上""一切都是为了人民"等精神内核融入案例，帮助学生树立正确的价值观，理解公立医疗体制改革的核心原则，提高学生对我国医院改革和管理核心规律的理解，从"人民至上"角度加强课程思政建设。

（2）通过剖析当前医疗机制"三医联动"的改革路径（改变了以往"九龙治水"的管理体制），培养学生的全局意识。通过应用 PBL 教学法、课程思政等整合教学模式，全面提升学生的团队协作能力和思辨能力。

（3）结合我校医药背景，将培养医学生医疗改革意识与人文情怀有机结合起来，激发学生对中医药历史文化的兴趣，增强中医药文化自信，热爱并传播中医药文化。

（二）教学策略与方法

采用理论课和实践课相结合的办法。理论课堂主要应用案例教学法和互动讨论法，通过典型案例设计将课程思政融入专业知识中。使课堂内容能够提高学生的自主分析和思辨能力，拉近理论与现实的距离，增强学生对思政理念的参与度与接受度。

实践课设置富含"思政"元素的研究专题，开展以问题为导向的 PBL 教学。培养学生的批判性思维、探索性思维，引导学生树立正确的价值观。在案例中引入我国中医药领域改革的主要内容，提高学生对我国传统中医药的认同，培养激发学生对中医药历史文化的兴趣，增强中医药文化自信。

（三）课程思政教学理念与设计

1. 课前导入及相关思政元素

首先以"福建三明医疗改革"案例切入本章所学知识点。

2012 年，小城三明市启动了后来全国瞩目的"三明医改"。9 年来，三明为求解医改这一世界性难题不断探路，其经验探索有的已上升为国家层面医改制度设计。但医改涉及的利益格局调整深刻，利益博弈复杂，随着改革逐渐进入"深水区"，外界对三明医改的好奇从未停止，诸如"好医生跑了""好药进不了三明"等说法一度甚嚣尘上。事实真相究竟如何？记者对此进行了调查。

通过此案例导入，以当前我国医疗体制改革面临的主要问题及挑战，要求学生思考和总结三明医改的主要内容。

【思政元素】全局价值观和宏观视角。

　　三明医改之所以得到党中央、国务院的高度肯定，并要求推广，主要原因在于三明为全国医改提供了可复制推广的模式，改变了"九龙治水"的管理体制，找到了"三医联动"的改革路径，揭示了改革红利的来源。抓住关键"六个头"："管好医院户头、斩断药品抽头、激励仁心笔头、用好基金斗头、减少病人床头、延长健康年头"。这"六个头"是三明医改十年历程始终不变的改革脉络，首先解决看病难和看病贵的表象问题，进而解决医疗行为与医学本质不吻合的根本问题，彻底改革不合理的管理体制、管理制度，改变医院的运行机制。

　　通过分析三明医改的主要理念和做法，引导学生思考破解当前医改难题，树立全局观理念，从宏观视角把握医疗体制改革中主要的问题和痛点，通过医疗、医药和医保等领域联动推动问题的解决。

2. 课程内容及相关思政元素

（1）引导学生思考三明医改背后体现的主要医院管理的原则以及价值内涵

【思政元素】人民至上、生命至上、一切为了人民。

　　三明医改的目标是建设好新时代健康保障体系（即政府办医责任体系、医疗保障服务体系、健康管护组织体系、健康绩效考评监督体系），让医务人员从过去希望病人越多越好（收入才能越多），转变到希望病人越少越好（越健康收入还能越高），真正实现以健康为中心。十年来，三明医改做到了坚持以健康为中心。三明医改坚定不移贯彻落实习近平总书记以人民为中心的发展思想，践行人民至上、生命至上的理念。

　　通过分析三明医改的主要内容，一方面让学生分析医疗体制改革背后体现的核心价值观。另一方面，给学生展示作为未来医药相关工作者，将人民健康作为首要目标的重要意义。医改有了红利，就必须回馈给人民，助推医改惠民政策落地见效，让群众有更多获得感。

（2）PBL 教学法：中医药领域改革重点

　　通过 PBL 教学法指导学生开展对中医药领域改革的讨论，重点探索在传统中医药领域下，中医院医疗改革的关键点、关键路径以及面临的主要问题及挑战等专题内容。

【思政元素】提升中医药文化自信、传播传统中医药文化。

　　国务院办公厅印发《"十四五"中医药发展规划》。规划提出，推进中医药领域综合改革。建设 10 个左右国家中医药综合改革示范区，鼓励在服务模式、产业发展、质量监管等方面先行先试，打造中医药事业和产业高质量发展高地。开展全国基层中医药工作示范市（县）创建工作。开展医疗、医保、医药联动促进中医药传承创新发展试点，发扬基层首创精神，完善更好发挥中医药特色优势的医改政策，让学生树立传统中医药文化自信和影响力，促进中医药文化传播。

（四）课程思政实施成效

1. 教学成果

本人在进行知识讲授的过程中致力于教学改革的研究，以期提高教学质量和学生满意度。自教育部全面推进高校课程思政建设以来，对自己所授课程的思想政治资源进行了充分挖掘，努力将思政建设融入课程专业知识讲授中。"医院管理学"课程考试及格率达到 100%。

2. 特色与创新

（1）采用 PBL 教学法与课程思政整合教学模式，通过"课前导入—课堂讲解—PBL 专题研究报告"，全面提升学生的团队协作能力、人际交往能力、思辨能力和人文素养。

（2）在课程中结合我校中医药院校背景，激发学生对中医药历史文化的兴趣，引导学生关注"中医药文化"的传承与发展，热爱并传播中医药文化。

（五）课程思政实施反思

1. 教学设计视角

本案例在公立医院改革这一章的整个教学中，采用福建三明医改作为主要切入点，巧妙穿插思政元素，将"人民至上""生命至上""一切为了人民""中医药传统文化认同"等精神内核融入案例。但对于接受能力不同的学生怎样才能做到分层次和分重点教学，如何能针对不同学生进行知识学习的定制化教学还有待进一步思考。此外，专题研究报告主题的丰富度、深度以及对案例后续的追踪进展还有待进一步挖掘。

2. 学生评价视角

本课程讲课后对学生展开调查，学生普遍感受到了自己在知识、能力和情感上的提升，并对我国医疗卫生体制改革有了更加深刻的认知，进一步深刻理解医疗卫生事业发展的"人民至上""生命至上"等核心内容。在学习过程中能感受到"思政元素"，接受程度较高。

（王丹）

"人寿与健康保险"课程思政教学设计
——以健康保险为例

课程类型：专业课程　　　　学科门类：经济学

一、课程简介

"人寿与健康保险"是保险学重要的专业理论课程之一。本课程一方面注重基本理论的研究，将保险创新与保险基础理论、基本知识、基本技能相结合，帮助本专业学生既能获得现代人身保险的理论原理与技能，又能获得人身保险实务知识，从而适应保险学作为应用型学科的需求。另一方面也吸纳国际、国内保险界最新的研究成果与应用技术，突出实践，符合保险学高等教育的培养目标。本课程包含的主要内容：人身风险、人身保险的发展简史、人身保险概述、人身保险合同、人寿保险合同的条款、人寿保险的种类、人身意外伤害保险、健康保险、团体保险、人身保险的承保、人身保险理赔、人寿保险的数理基础。这些课程内容有助于学生了解和掌握人身保险的基础理论、基本知识、基本技能，引导学生了解我国人身保险工作的最新情况，了解最新的保险政策法规，关注我国人身保险发展的重点和难点问题，强调并突出保险实践环节，培养学生对问题深入研究的能力，逐步提升学生对保险行业的认知和参与保险实践的能力。

二、案例简介

以"人寿与健康保险"中第八章健康保险为例。课程从"发展健康保险，助推健康中国，助力健康扶贫"入手，在"健康中国"战略背景下，党和政府高度重视人民的健康福祉，同时新型冠状病毒肺炎疫情常态化，人们的风险意识不断提高，对商业健康保险的需求不断增强，引导学生思考探究商业健康保险发展的新路径，完善健康体系架构的顶层设计，促进商业健康保险持续发展，满足人们对医疗卫生服务的需求，减轻政府的负担，保障全体人民的健康。通过课程讲授健康保险的概念、特征、分类，重点讲授医疗保险、疾病保险和长期护理保险的基础理论知识，利用案例来深刻理解商业健康保险的内涵与发展难点和重点；结合我国医疗领域的热点问题，带领学生思考商业健康保险在我国医疗保障制度中的地位与作用，探究商业健康保险与健康中国的关系，讨论如何从健康保险发展的角度助力健康扶贫，保障全体人民的健康。全面培养学生的实践分析能力、表达能力及思辨能力，引导学生将课程的理论学习融入社会发展的整体框架，加深对保险专业的认识和理解。

（一）教学与育人目标

1. 知识学习目标

（1）了解健康保险的分类，医疗保险的类型，残疾收入保险的基本内容。

（2）掌握健康保险的概念及内涵、特征；医疗保险的基本内容，疾病保险的概念与要件，重大疾病保险的基本内容，长期护理保险的基本内容；掌握并理解健康保险的标准条款和特殊条款。

（3）掌握并理解《重大疾病保险定义及适用规范》；理解健康保险与基本医疗保险的联系与区别；理解健康保险在我国社会发展中的重要作用。

2. 能力提升目标

（1）引导学生思考和探究在"健康中国"战略大背景下，在新型冠状病毒肺炎疫情常态化的社会背景下，商业健康保险如何更快更好地持续发展；讨论商业健康保险发展的创新路径，助力健康中国和健康扶贫。

（2）利用案例教学、小组讨论以及"翻转课堂"等教学方法，利用思维导图等学习工具，培养学生的分析能力、表达能力、团队协作能力及逻辑思维能力。

3. 思政育人目标

（1）健康是促进人类全面发展的必然要求，也是最具普遍性的民生诉求。党的十九大报告明确提出"人民健康是民族繁荣昌盛和国家富强的重要标志"，这充分体现出党和政府对人民群众健康的重视，也表明了政府积极处理与人民健康相关问题的态度与决心。引导学生对我国健康保险发展问题进行多方面思考，在明确发展健康保险重要价值和意义的基础上，对我国商业健康保险发展现状、存在问题进行详细分析，并提出针对性的对策建议，以期推动我国健康保险发展，助力"健康中国2030"规划实施。

（2）树立正确的世界观、人生观、价值观，树立较为远大的个人发展目标；理解个体与社会发展、国家发展之间的关系；培养学生的大局意识、宏观意识，将专业学习融入社会发展、国家发展的整体战略之中；通过多种教学方法与课程思政的整合应用，激发学生的学习兴趣，明确专业学习的重要性，提升学生的思辨能力，理论联系实践的能力，培养适应新时代发展需求的大学生。

（3）依托我校的医药特色背景，培养学生医学人文素养，理解医学知识及医疗活动与健康保险发展的紧密联系；加强医学基础知识的学习，提升学生的健康保险专业技能。

（二）教学策略与方法

强化"课程思政"协同育人的理念，"课程思政"理念的终极价值在于育人为本、以德为先，旨在促进学生全面发展。创新"课程思政"方式，选择贴近学生思想特点的内容。从学生感兴趣的例子出发，找准学术突破口，创新教学载体，不单向灌输，不强加观点，坚持恰当、自然渗透的原则。让学生融入课堂，既紧扣时代发展又回应学生关切。思政课要与其他课程特点相融合，用学生乐于接受的方式讲述思政课，实现"教师在不知不觉中实施教育，学生在不知不觉中深受教育"。

在本课程中，采用理论课和实践课相结合的教学方法。理论课主要通过课堂理论讲授、案例分析和小组讨论，在健康保险理论知识的讲解过程中，融入商业健康保险在我国医疗保障制度建设中，积极参与地方大病医疗保险制度的实施，参与地方健康扶贫的机制设计的典型案例，增强学生对健康保险的理解，它不仅仅是一种市场经济的金融职能的具体体现，更是承担社会整体健康风险分担补偿的重要力量，也是促进国家整体健康水平提升的重要组成部分，理论联系实践，提升学生对本课程中思政元素的了解；在实践课程环节，让学生们收集健康保险在我国发展的实践资料，分析总结商业健康保险参与国家医疗保障建设、健康中国发展的典型案例和创新模式，并进行集体展示和分享，引导学生树立集体国家整体观念，树立保障全体人民健康的保险发展观念。

（三）课程思政教学理念与设计

1. 课前导入及相关思政元素

首先以"健康保险参与精准扶贫的地方实践"案例切入本章知识点。"因病致贫、因病返贫"是重要的致贫因素。据国务院扶贫办调查，截至 2018 年年底，全国还剩 1660 万贫困人口，其中因病致贫占 40% 以上。因此，建立更加合理、更加完善的健康扶贫保障体系具有重要战略意义。为了充分发挥保险优势，助力精准扶贫，原中国银保监会、国务院扶贫办曾于 2016 年 5 月联合发布《关于做好保险业助推扶贫攻坚工作的意见》，提出"到 2020 年，基本建立与国家扶贫攻坚战相适应的保险服务机制""精准对接健康保险服务需求，加强基本医保、大病保险、商业健康保险、医疗救助、疾病应急救助和社会慈善等衔接……鼓励保险机构开发面向贫困人口的商业健康保险产品"。上述"意见"出台后，各地积极探索引入健康保险参与精准扶贫，在一定程度上推动了地方扶贫攻坚工作。

通过此案例的导入，一方面引导学生深刻理解健康保险的内涵，健康保险的本质是互助共济，与扶贫具有天然的内在联系。将健康保险与整个医疗保障制度的建设，健康中国宏伟目标的规划，对健康扶贫的助力关联起来，让学生认识到健康保险不仅仅是市场经济下的市场行为的商业活动，更是有效降低全体人民健康风险，维护全体人民健康权的一个重要手段。另一方面，引导学生深入思考和探讨，在健康中国大背景下，在精准扶贫、健康扶贫的国家大政方针全面推行，新型冠状病毒肺炎疫情常态化的形势下，健康保险如何面对政策和社会环境的剧烈变化，创新发展思路，探索健康保险持续发展的新路径；如何规划顶层设计，完善制度，明确定位，加强科技赋能，创新健康保险种类，优化产品，提升服务质量。

【思政元素】全局意识，思辨意识，创新思维。

健康保险是增强人民福祉、提升获得感的重要途径，要鼓励健康保险的发展，提高健康保险服务的服务能级，充分发挥其应有的保障作用。要认真研究"十四五"规划和党的十九届五中全会精神，积极发挥保险同业公会的作用，协调行业力量为健康保险发展的顶层设计建言献策，加强问计于民。基于此，在精准扶贫的大背景下，深入研究健康保险扶贫的地方经验，寻求可持续发展的健康保险扶贫路径，对于优化我国健康扶贫政策、推进健康中国战略具有积极的参考价值。

我国各地因地制宜，推进健康保险参与精准扶贫工作，形成了很多具有地方特色的经验和做法。其中，以福建福州和浙江衢州较有代表性。通过对这些地方实践经验的总结归纳，引导学生理解健康保险的本质，思考如何在健康中国和健康扶贫中发挥健康保险的最大效用。实践证明，保险业参与健康扶贫工程，将政府支持和市场运作相结合，有效放大了财政资金的使用效益，提高了健康扶贫的精准性和稳定性，提升了健康扶贫工作的服务能力。随着 2020 年现行标准下的贫困的消除和全面建成小康社会目标的实现，我国将进入一个新的相对贫困阶段，应该如何进一步优化健康保险扶贫参与机制，探索解决健康贫困问题的长期制度性安排。通过本章的学习，引导学生创新思维，充分结合课本的基础知识，提出建设性意见，鼓励学生利用自己的专业技能为全体人民的健康保障添砖加瓦。

2. 课程内容及相关思政元素

（1）健康保险的特征与类型

通过健康保险与人寿保险的比较，健康保险与人身意外伤害保险的比较，深入理解健康保险的内涵与本质；对健康保险的常见类型进行介绍，导出健康保险的创新发展。

【思政元素】创新思维，全局意识。

衢州市位于浙江省西部，是浙江省扶贫工作的重点地区。衢州市积极探索引入保险机制参与扶贫攻坚工作，研究扶贫健康保险相关制度和实施方案，专门出台了《关于进一步加强扶贫健康保险工作的意见》，并于 2016 年开始启动扶贫健康保险试点工作。衢州市扶贫健康保险率先开展医保外费用补偿，保障重点是救大病、防意外。2017 年，衢州市各县结合试点将扶贫健康保险责任范围覆盖到参保对象患常见重大疾病住院医保报销范围外费用、意外身故和意外残疾等，其中住院医保外费用最高赔付 3 万元，意外身故赔付 1 万元，意外残疾赔付最高 2 万元。2018 年，进一步提高住院医保外费用最高赔付额至 5 万元。理赔支付便捷。市扶贫办、社保局、保险公司三方合作，开通"住院理赔支付系统"。

（2）案例分析与讨论

健康保险专题案例分析讨论。

通过多例健康保险案例的分析讨论，主要包括医疗保险、疾病保险、重大疾病保险、残疾收入保险、长期护理保险等常见健康保险类型中的案例，也涵盖了城市惠民保、大病医疗保险等健康保险参与国家医疗保障制度建设的案例。

（四）课程思政实施成效

1. 教学成果

本人在进行知识讲授的过程中坚持致力于教学改革的研究，以期提高教学质量和学生满意度。在教育部全面推进高校课程思政建设以来，对自己所授课程的思想政治资源进行了充分挖掘，努力完善每门课程的育人作用。本门课程考试及格率达到 100%。

2. 特色与创新

（1）采用案例分析教学法与课程思政的整合教学模式，通过"课前导入（激发兴趣）—课堂讲解（深入理解）—典型案例分析（分析实践）"，全面提升学生的团队协作能力、思辨能力和创新能力。

（2）在课程中，依据我国健康保险发展的实际，结合国家"健康中国 2030"的规划，以及精准扶贫中健康扶贫的广泛开展；将健康保险行业发展与整个社会的健康改善，全体人民的健康保障紧密联系起来，激发学生的整体观，全局意识，创新思维，树立更远大的发展目标。

（五）课程思政实施反思

1. 教学设计视角

讲课对象主要为大三学生，即将走出校门的他们既热血沸腾又满是迷茫，需要引导他们在祖国建设的大潮中实现青春梦想，坚定不移地为实现伟大的中国梦而奋斗，更自信地坚定这条正确的道路，脚踏实地，学好、用好专业知识，为中华民族的伟大复兴而努力。从内容映射度来看，本课程改革实施阶段恰逢中华人民共和国成立70周年，70周年的伟大成就梳理有利于增强同学们的爱国主义情怀。只有祖国强大才能有不断发展的民生事业，此环节内容映射度较高。

2. 学生评价视角

本课程讲课后对学生展开调查，学生普遍感受到自己在知识、能力和情感上的提升，并对我国健康保险有更加深刻的认知，对"思政元素"的接受程度较高。

（王慧）

"保险核保与理赔"课程思政教学设计
——以人身保险理赔的基本原理为例

课程类型：专业课程　　　　学科门类：经济学

一、课程简介

"保险核保与理赔"是保险学专业的核心专业课之一。随着市场经济体系的建立与完善，保险竞争日趋激烈，中国保险业的发展必须与国际保险同步，以技术管理型经营代替以往粗放型经营管理。"保险核保与理赔"正是为了适应激烈的市场竞争要求，并结合我国保险市场及保险经营管理的特点，吸收和借鉴世界发达国家的先进技术和保险业务管理的科学原理和方法而开设的一门实用性较强的保险专业课程。本课程主要介绍保险核保理赔的基础理论和基本知识，包括保险核保理赔的概念、目的意义、作用、原则、实务技术及保险核保与理赔的关系，包括财产保险核保理赔，人身保险核保理赔，通过大量案例阐述核保理赔的基本原理和基本方法。本课程的任务是讲授在保险经营管理环节中如何运用核保、核赔的基本原理，有效控制保险公司的"人、出口"风险，通过教学要求学生系统掌握保险核保理赔的基本理论、基本内容、基本方法、基本技能，为将来从事保险专业工作奠定良好的基础。

二、案例简介

以"保险核保与理赔"中第九章人身保险理赔的基本原理为例。课程从"人身保险理赔应当遵循的法律原则与依法治国"入手。"十四五"开局之年，2021 年 1 月 9 日，习近平总书记做出重要指示："要认真贯彻党的十九届五中全会和中央全面依法治国工作会议精神。"李克强总理也曾经指出，要理出"责任清单"，政府该怎么管市场，"法定职责必须为"，以建立诚信经营、公平竞争的市场环境，激发企业动力，鼓励创新创造。依法治国和社会主义市场经济有着密切的联系，一方面，社会主义市场经济是依法治国的经济基础，另一方面，推进依法治国是完善社会主义市场经济体系的必然要求。只有坚定地贯彻党的依法治国基本方略，才能更好地发展和完善社会主义市场经济体制，提高人们的生活水平。保险是市场经济的重要组成部分，是关系民生的重要经济生活。人身保险理赔是保险经济补偿作用和职能充分发挥的重要环节。通过课程讲授法律与保险理赔，保险法律体系、保险理赔相关法律，人身保险理赔遵循的法律原则，人身保险合同理赔中的常见问题。利用案例来分析和讨论人身保险理赔过程中的法律难点问题，结合我国的保险法律体系，引导学生理解法律知识对理赔工作的意义，掌握人身保险理赔应当遵循的法律原则，掌握人身保险理赔中的常见法律问题；讨论我国保险法律体系目前存在的问题及改进，思考在理赔工作中保险法律与其他法律在解决实践问题中的适用难点，全面培养学生的实践分析能力、表达能力及思辨能力，引导学生将课程的理论学习融入社会发展的整体框架中，加深对保险专业的认识和理解。

（一）教学与育人目标

1. 知识学习目标

（1）了解法律知识对理赔工作的意义，了解民法相关法律体系，如《婚姻法》《继承法》《合同法》《民事诉讼法》等。

（2）掌握人身保险合同的订立、生效、基本内容及履行等基本知识，掌握人身保险理赔应当遵循的法律原则，掌握人身保险理赔中常见的法律问题。

（3）掌握《保险法》。理解《保险法》等相关法律对于保险理赔起到的原则性的指导作用，掌握法律对于保险理赔中的具体问题起到的规范和指引作用。

2. 能力提升目标

（1）引导学生思考和探究在依法治国大背景下，在发展环境日趋严峻复杂，保险市场竞争日益激烈的情况下，人身保险理赔如何贯彻"以事实依据，以法律为准绳"，实事求是，遵纪守法地提供优质的理赔服务；引导学生发掘保险业出现的新问题，典型的理赔纠纷，积极探索保险相关法律体系的调整和完善的途径。

（2）利用案例教学、小组讨论以及"翻转课堂"等教学方法，利用思维导图等学习工具，培养学生的分析能力、表达能力、团队协作能力及逻辑思维能力。

3. 思政育人目标

（1）通过学习，引导学生认识法律在保险业发展中的重要作用，同时理解保险业的法律实践有助于完善相关的保险法律体系；引导学生进行多方面的探索，寻找保险业法律完善的方法，探索在保险实践中贯彻落实法律精神的具体路径。

（2）树立正确的世界观、人生观、价值观，树立较为远大的个人发展目标；理解个体与社会发展、国家发展之间的关系；培养学生的大局意识、宏观意识，将专业学习融入社会发展、国家发展的整体战略之中；培养学生的法律意识，理解依法治国对国家社会发展的重要性，理解在工作过程中遵纪守法的必要性。

通过多种教学方法与课程思政的整合应用，激发学生的学习兴趣，明确专业学习的重要性，提升学生的思辨能力，理论联系实践的能力，培养适应新时代发展需求的大学生。

（二）教学策略与方法

强化"课程思政"协同育人的理念，"课程思政"理念的终极价值在于育人为本、以德为先，旨在促进学生全面发展。创新"课程思政"方式方法，选择贴近学生思想特点的内容。从学生感兴趣的例子出发，找准学术突破口，创新教学载体，不单向灌输，不强加观点，坚持恰当、自然渗透的原则。让学生融入课堂，既紧扣时代发展又回应学生关切。思政课要与其他课程特点相融合，用学生乐于接受的方式讲述思政课，实现"教师在不知不觉中实施教育，学生在不知不觉中深受教育"。

在本课程中，采用理论课和实践课相结合的教学方法。理论课主要通过课堂理论讲授、案例分析和小组讨论，融入人身保险理赔过程中关于保险合同纠纷、法律争议的典型案例，加强学生对保险法等相关法律的认识，增强学生对人身保险理赔中应当遵循的法律原则的理解和掌握。同时，理论联系实践，提升学生对本课程中思政元素的了解。在实践课环节，提供典型案例，让学生自行分析思考，在实践中学会运用相关法律条款；引导学生收集保险业内热点事件，理赔纠纷的典型事件，分析现有法律体系的不足之处，思考需要完善的保险法律体系的具体内容及完善途径。引导学生积极讨论并分享，在保险实践中，贯彻落实法治精神的具体途径，从而树立正确的法律观念。

（三）课程思政教学理念与设计

1.课前导入及相关思政元素

首先以"保险人的说明义务"切入本章知识点，讲授人身保险理赔应当遵循的法律原则，人身保险合同的订立、生效、基本内容及履行等基本知识。《中华人民共和国保险法》第十六条规定"订立保险合同，保险人就保险标的或者被保险人的有关情况提出询问的，投保人应当如实告知。投保人故意或者因重大过失未履行前款规定的如实告知义务，足以影响保险人决定是否同意承保或者提高保险费率的，保险人有权解除合同……"该规定表明保险公司的说明和询问义务应先于投保人的告知义务，只有在保险公司询问的情况下，投保人才有义务告知，投保人如实告知的义务应限于保险人询问的内容，不应当加重投保人的告知义务，即投保人对该义务的履行是被动的。

通过该案例的导入，一方面引导学生认识到在理赔工作中，要想正确地把握合同效力、清晰地界定保险责任、妥善地处理保险金的给付，都需要以相关的法律知识为依据和指导。引导学生理解在进行保险合同效力判断时，必须考虑法律上关于合同订立的相关规定，让学生认识到掌握《民法总则》《保险法》《婚姻法》等法律规定是理赔人员的必需专业技能。另一方面，引导学生思考在理赔中，理赔人员如何依据证明材料和调查情况，依据法律法规，正确地适用保险条款，妥善解决人身保险理赔中的纠纷。

【思政元素】法律意识，树立依法治国，通过法律来维护正常的经营秩序的法律精神。

案例简介：2017 年 5 月，原告张先生作为投保人在 A 保险公司投保了 B 终身寿险（分红型）、附加提前给付重大疾病保险，保险金额均为 10 万元。2021 年 3 月 5 日，原告在某医院住院治疗 19 天，诊断为：扩张型心肌病、心脏扩大、窦性心律心功能级亚级，个人支付 5000 元。原告治疗出院后向被告理赔时，被告 A 保险公司于 2021 年 5 月 20 日以原告在投保时未履行如实告知义务为由拒绝赔付。

案例分析：①经查明，原告曾于 2014 年 12 月 20 日在某医院住院治疗，诊断为右肺结核；高血压病二级；原发性扩张型心肌病。2017 年 5 月，原告向被告申请的个人寿险投保书（共分为四页）中，仅尾页有原告张先生的签名。被告辩称的原告投保前隐瞒了是否患病并检查治疗的事项，载于个人寿险投保书的第三页，但仅在"否"栏内打"√"，没有原告的签名。

②法院认为，原告张先生与被告 A 保险公司签订 B 终身寿险（分红型）保险并附加提前给付重大疾病保险，两份保险合同系双方当事人的真实意思表示，不违反法律、行政法规的禁止性规定，该合同系有效合同，依法应予保护。合同生效后，双方均应按照合同约定履行自己的义务。当保险合同约定的保险事故发生后，被告应当按合同约定支付原告保险理赔金。

依据保险合同的约定，以及《保险法》十六条的相关规定，证据充分，法院支持。A 保险公司对张先生进行了理赔，赔偿治疗费用 5000 元。

2. 课程内容及相关思政元素

（1）人身保险合同理赔中的常见问题

免责事项的运用。责任免除是保险合同中载明的排除或限制保险责任的范围，保险人不承担赔偿或给付保险金责任的情形。该问题包括以下内容：免责事项的分类，免责条款生效的三个条件，免责事项的实践运用等内容。

【思政元素】法律意识、思辨意识。

免责条款导致的诉讼。案例简介：2010 年，冯某投保了某保险公司的一份重大疾病险，保额 10 万元，年缴保费 5000 元。2013 年，冯某诊断为结肠癌，随即向保险公司申请理赔，保险公司称，根据冯某的出院记录，冯某的结肠癌是家族性息肉癌变，属于家族性遗传疾病。根据保险合同约定，家族性疾病导致的重大疾病或住院事故均不属于保险事故范围。保险公司以其疾病属于遗传性范畴为由拒绝给付保险金。冯某不服，将保险公司告上法庭。

案例分析：法院认为，家族性息肉病一般与遗传因素有关，但并非都是由遗传引起的，被告提供的证据中也记载"家族性结肠息肉病，是一种常染色体显性遗传性疾病，偶见无家族史者"，说明该病有例外情况，并非都是遗传引起的。原告出院记录记载"癌变，侵至黏膜下层"，导致癌变的因素是多种的，对此被告认为原告患的是遗传性疾病，且认为是遗传性疾病导致癌变的，应当提供证据予以证明。本案中被告仅凭原告的出院诊断为"家族性息肉病"及相关文献证明的家族性息肉病导致癌变的可能性较高，从而认定原告患的是遗传性疾病，并是由遗传性疾病导致癌症的结论，法院不予支持。综上，法院判决保险公司按照保险合同支付原告冯某重大疾病保险金共计 10 万元。

（2）案例分析与讨论：人身保险理赔中典型法律相关案例

采用案例讨论教学法，运用人身保险理赔中典型的法律纠纷案例，例如投保人如实告知义务，免责条款效力，免责条款说明义务，自杀身故，受益人的确定等案例，充分讨论保险相关法律在人身保险理赔中的运用。

（四）课程思政实施成效

1. 教学成果

本人在进行知识讲授的过程中坚持致力于教学改革的研究，以期提高教学质量和学生满意度。在教育部全面推进高校课程思政建设以来，对自己所授课程的思想政治资源进行了充分挖掘，努力完善每门课程的育人作用。本门课程考试及格率达到 100%。

2. 特色与创新

（1）采用案例分析教学法与课程思政的整合教学模式，通过"课前导入（激发兴趣）—课堂讲解（深入理解）—典型案例分析（分析实践）"，全面提升学生的团队协作能力、思辨能力和创新能力。

（2）在课程中，依据我国人身保险业发展的实际，将保险法及相关法律贯穿于教学过程中，明确法律对于人身保险理赔的宗旨、原则及具体问题的重要规范和指导作用，对保险公司防范保险理赔风险的重要作用。激发学生的法律思维、创新思维和思辨思维，积极从法律层面探索解决人身保险理赔实践中出现的新问题与纠纷的途径，这些探索对我国保险法律体系的完善起到了积极作用。

（五）课程思政实施反思

1. 教学设计视角

党的十八届四中全会提出，全面推进依法治国，总目标是建设中国特色社会主义法治体系，建设社会主义法治国家。落实依法治国基本方略，全面推进保险法治建设是保险业科学发展的重要基础。特别是，当前保险业正面临前所未有的发展机遇，迫切需要良好的法治环境和坚实的法治保障。长期以来，银保监会深入推进保险法治建设，保险法律制度体系初步形成，依法监管水平不断提高，行业依法合规意识明显增强。但保险法治建设还存在许多不适应、不符合保险市场发展的问题，行业遵法信法守法用法意识不强，有法不依、执法不严、违法不究现象依然存在。因此，在保险经营的具体环节、人身保险理赔中强调法律的运用，贯彻落实法律精神具有重要的意义。但对于接受能力不同的学生怎样才能做到分层次和分重点教学，如何能针对不同学生进行知识学习的定制化教学还有待进一步思考。

2. 学生评价视角

根据课堂效果和作业反馈来看，基本达到教学要求，学生能够认识到法律有助于规范保险经营，推动保险业更快更好的发展；掌握法律知识，是人身保险理赔从业人员的基本专业技能，在未来职场的发展中，要实现自我价值与国家社会发展的统一。

（王慧）

"保险经济学"课程思政教学设计
——以保险市场的产业组织与垄断行为为例

课程类型：专业课程　　　　学科门类：经济学

一、课程简介

"保险经济学"是一门具有很强综合性和系统性的专业基础必修课程。课程综合运用微观经济学、数理经济学、福利经济学、信息经济学、制度经济学、行为经济学和博弈论的原理与方法对保险经济的多个层面进行概括、总结和分析。讲课内容主要包括期望效用、风险与风险态度，保险需求，供给与价格；道德风险，逆向选择；市场结构与组织形式，保险贸易的经济福利分析；保险招标与拍卖，以及保险监管等方面的经济分析。作为一门重要的保险学专业课，内容涵盖了保险经济学的基本知识和基本理论，并通过中国保险经济的现实案例进行深入浅出的阐述，充分体现了课程的专业性和高层次性。从经济发展的实际来看，随着我国保险产业的迅速发展，通过保险经济学的教学引导学生初步了解保险经济领域、掌握基本知识要点，尤其是能利用保险经济学理论对现实保险市场进行分析，加深对保险经营的了解。这将极大地促进我国保险产业后备理论和实践人才的培养。

二、案例简介

以"保险经济学"课程中保险市场的产业组织与垄断行为为例。课程设计以"保险市场垄断结构的合理性"为案例导入。一般认为，保险市场竞争自发形成的保险垄断有其内在的合理性。保险垄断产生的前提条件是自由竞争，其产生的物质基础是规模经济。在讲授保险市场的市场结构与组织形式有关内容时，介绍产业组织理论中的

SCP 范式，即"市场结构—市场行为—市场绩效"的基本理论后，用我国保险产业发展中《反垄断法》作为案例来进行深度的探讨和研究。竞争的生存压力以及规模经济优势会带来效率的提高、交易成本的降低、技术进步的加速。因此，政府在反垄断政策上的重点不再指向在竞争中形成的垄断结构，而是制裁市场中的垄断行为，防止行政割据型垄断。以我国保险业发展和经济安全为出发点，运用案例学习法和多媒体教学手段，从《反垄断法》政策制定过程出发，启发学生理论联系实际，全面而深入地思考中国保险业是否需要垄断结构，培养学生站在国家、民族立场解读政策问题的能力。

（一）教学与育人目标

1. 知识学习目标

（1）了解产业组织理论的主要流派和演进过程，理解国际上主要国家保险业的产业结构，各国保险市场结构的特点。

（2）深入理解中国保险市场结构及其背后的社会经济和法律政策基础，掌握描述产业结构的主要相关指标及其优势和不足。

2. 能力提升目标

（1）通过对中国保险业市场结构的剖析，重点对垄断结构综合影响进行分析，以《反垄断法》为案例，提出"垄断"的含义是什么？中国保险业的发展是否需要垄断结构？帮助学生站在国家立场予以审视，透过表面现象，分析保险业发展的本质特征，提高学生深层次剖析事务、认清本质的能力。

（2）采用案例学习法，以课程内容为依据，结合我国《反垄断法》政策制定案例进行深入分析，理论联系实际，让学生深入了解一项具体政策制定的背景、理解其对于保险业发展的必要性和重要性，理解政策制定过程的科学性、民主性和合理性，从而大力支持拥护政府决策，增强爱党爱国爱社会主义的自觉性。

3. 思政育人目标

（1）培养学生的国事关注度。通过关注《反垄断法》政策制定的原因，让学生意识到每一项国家政策出台与国家利益、企业发展和百姓生活息息相关，拉近学生与国家政策事务的距离，培养学生作为公民关注国家政策的积极性。

（2）促使学生思考如何提升自己的政治参与能力。以《反垄断法》为案例，通过深入分析《反垄断法》政策制定的背景及过程，让学生对政策制定过程具备必要的专业知识和相关信息，作为中国公民，引发学生思考如何提升政治参与的能力。

（3）提升学生对于国家安全的认知感与责任感。保险业走向垄断结构，形成若干有国际竞争力的大型保险机构，必然对金融保险市场的稳定起到积极促进作用。通过教学使学生意识到保险产业有序健康发展有利于提高国家的金融安全。

（二）教学策略与方法

教学过程中将"自主学习＋引导学习＋合作学习＋研究学习"四种方式灵活运用，从课上对于保险业进行市场结构分析，教师引导学习，课下学生拓展到多个金融行业的结构分析，学生自主学习与小组合作学习，共同完成任务，并进行分享，在准备与分享过程中，每组学生锻炼了协调合作能力。

同时，学生运用思维导图对课上讨论保险业市场结构进行梳理，在课下小组之间进行协作，选择某一个金融行业进行深入的市场分析及寻找应对措施，并录制视频与制作PPT，在课堂上分享，为保险市场结构分析搭建起较为完整的科学框架。学生从框架思考到系统分析，强化了应对垄断行为科学部署的意识。

以观大势统全局为主线，从保险行业，拓展到银行业、证券业等多行业，观察多行业的发展规律，发现其中的风险，从全局上把握不同行业的市场结构特征，发现行业间的关联风险，这将为国家层面的金融风险治理观奠定基础。

（三）课程思政教学理念与设计

1. 课前导入及相关思政元素

首先以《中华人民共和国反垄断法》为案例切入本章所学知识点。我国《反垄断法》最大的特点是它将反垄断的范围限制在垄断行为之内，并明确了三种垄断行为：其一，经营者达成垄断协议；其二，经营者滥用市场支配地位；其三，具有或者可能具有排除、限制竞争效果的经营者集中。同时还明确说明：经营者可以通过公平竞争、自愿联合、依法实施集中，扩大经营规模，提高市场竞争能力。显然，我国《反垄断法》针对的是垄断行为，而不是垄断结构。这是中国保险业在《反垄断法》开始实施的背景下，必须清楚认识到并且需要深刻理解的最重要的一点。

国际金融保险界持续的并购和重组是经济集中型垄断的产物，它的直接后果就是"巨无霸"企业越来越多。这些超级企业"帝国"在市场中的作用越来越明显，就像美国的微软、苹果，我国的联想，以及世界500强企业中的那些保险公司，其垄断是市场竞争的自然结果，可以促进社会生产力的发展和科学技术的进步，因而是应该支持的。

我国保险市场正处于一个快速发展和上升时期，大量社会资本正在不断进入保险行业，市场竞争明显增加。但随着市场经济的发展，竞争必然让那些失败者不断退出市场，兼并重组高潮就会到来，现在的大公司可能会进一步扩张。从推进险种创新、获得规模收益以及应对经济全球化条件下跨国保险集团的竞争的角度考虑，还应支持和鼓励一些保险公司通过市场，采取重组、兼并等方式扩大经济规模，形成一批在保险业既占有较大市场份额又具有相当国际竞争力的大保险集团。学界和业界一直期望的"垄断竞争"的市场模式就会形成。而垄断行为则具有超经济的强制性和排斥竞争等特点，只会造成"低效率综合征"，损害消费者利益，阻碍经济的进步和发展，因而是应该坚决反对和取缔的。

【思政元素】国家安全观和增强社会责任感。

作为保险市场产业组织的重要组成部分，《反垄断法》政策制定从一开始就以维护国家利益、社会整体利益为己任，以社会权利本位为宗旨履行着调控经济、平衡利益、缓和矛盾的职能。《反垄断法》本质就是国家为了预防和制止垄断行为，保护市场公平竞争，提高经济运行效率，维护消费者利益和社会公共利益，促进社会主义市场经济健康发展的政策体现。

国家安全观是对国家安全及国家安全相关问题的历史、现状、发展、规律、本质等的认知、评价和预期，包括事实认知、价值评价和主观预期三方面内容。通过相关案例，可以融入当代大学生的责任担当，注重引导学生将个人发展与国家发展、社会发展和民族复兴结合起来。

2. 课程内容及相关思政元素

（1）理论教学：产业组织理论概述

产业组织理论研究的内容是市场结构与企业行为之间的关系，即从市场结构角度研究企业行为或者从企业行为角度研究市场结构。

【思政元素】思辨能力与创新能力。

产业组织理论的主要理论构架是SCP范式。首先，在市场结构分析中，除分析保险产业的市场集中度、产业壁垒外，还要考虑我国保险产业的发展历程；其次，在市场行为分析中，应着重分析在我国经济发展的新形势下，保险产业价格变化规律、保险企业组织调整行为，从而深刻揭示我国保险企业市场行为；最后，在市场绩效分析中，除用定量指标考察我国保险产业的经济效益外，还应考察保险产业对社会福利的改进水平，从而加深学生对我国保险产业发展的整体思考。培养独立思考、允许多样化存在，才能打破常规，刻意出新。

（2）实践教学：保险市场的垄断结构与垄断行为

区分保险业的垄断与自由竞争。由于存在垄断状态下生产者对消费者剩余的剥夺，损害了消费者的福利，造成整个市场的净福利损失。

【思政元素】民族自信和企业社会责任感。

垄断结构造成的福利损失的前提条件假设是具有垄断地位的企业一定会有垄断行为，然而这一假设在现实中未必成立。《中华人民共和国反垄断法》的实施对中国保险业的发展有着长期而深远的影响，这部法律最大的特点是将反垄断的范围限制在垄断行为之中。

每一项国家政策出台与国家利益、企业发展和百姓生活息息相关，是众多利益相关者经过科学、合理的逻辑过程和政治过程制定的。通过深入理解中国政策肯定我党和我国人民的智慧，树立民族自信。鼓励学生既可开展在政策科学、制度理论方面的相关研究，也可积极探索企业社会责任的践行方式。

（四）课程思政实施成效

1. 教学成果

通过课程思政的设计，以贴近现实的实际案例，激发学生学习兴趣，带着思考问题进入学习，实现了师生、生生互动的案例教学的理想效果。在促进学生掌握保险市场产业组织理论知识、提升学生案例分析能力的同时，增强了学生心系国家、关心国事的责任意识，促使学生从公民政治参与的视角更加积极地思考社会现象。

在讲授保险市场垄断结构的合理性时引入课堂思政，通过网络平台与多种教学形式相结合，帮助同学们理解全球化背景下保险业发展的含义及中国当前保险业的发展理念，有助于培养符合新时代中国特色社会主义建设要求的高层次人才。

2. 特色与创新

将产业组织理论与中国保险业实践紧密结合、讲课体例设计与中国实践结合、案例设计与思政育人完美结合、基本知识与前沿知识结合，凸显中国保险业实践的成功经验及其对一般规律的提炼与升华，力求将中国改革开放以来的成功实践融入教学，培养学生将理论知识与中国实践结合的运用能力。通过案例和启发式思考，简明扼要、通俗易懂地讲授课程知识，提高学生对中国保险经济发展的深入理解，从而训练学生的批判性思维能力，提升学生从现象到本质的分析能力，树立有中国特色的社会主义核心价值观。

（五）课程思政实施反思

1. 教学设计视角

好的课程思政教学一定是教学内容与思政建设目标能够进行有机融合，这样才能有水到渠成的效果，真正达到双赢。所以设计教学内容的过程也就是通过合适的教学方法和教学活动设计，使切题的思政建设内容与课程内容进行匹配的过程。本课程通过理论知识和《反垄断法》案例进行分析，不仅使用主流保险经济理论讲好中国故事，同时嵌入思政案例，但是要注意个别学生参与度问题，部分学生对"保险经济学"理论知识未能有效掌握，对实际案例分析背后的理论基础把握不足。

2. 学生评价视角

本课程讲课后对学生展开调查，学生普遍感受到加深了对中国经济社会发展内涵的理解，培养了政治意识、大局意识、核心意识、看齐意识，提升了中国特色社会主义道路"四个自信"。

（杨希）

"风险管理学"课程思政教学设计

——以风险管理的程序为例

课程类型：专业课程　　　　**学科门类：经济学**

一、课程简介

"风险管理学"是高校经济管理类专业一门重要的专业基础必修课程。课程内容广泛，不仅涵盖了基本的风险理论、数理统计知识，而且涉及经济、法律、管理等专业知识和应用。风险管理学是一门研究风险发生规律和风险管理措施的管理学科，风险管理者通过风险识别、衡量和评价，选择最佳的风险管理技术。其最终目的是以最小的成本收获最大的安全保障。随着现代社会风险的不断发展变化，风险管理的重要性日益提高。这就要求学生通过学习，掌握风险管理的基本原理、风险评估的方法和技能，并能理论联系实践，解决生活、工作中遇到的各种风险问题。同时，风险管理属于社会建设的重要组成部分，它关系到社会的稳定和谐，也关系到社会的公平正义，从这个大局观上看风险管理，不仅能够引导学生牢固树立专业思想，而且能够激发当代大学生的社会责任感和勇敢担当的精神。通过教学引导学生系统地掌握风险管理学的理论体系和实践措施，为学生从事该领域更深层次的研究和实际工作奠定良好的基础。

二、案例简介

以"风险管理学"课程中风险管理的程序为例。课程设计从"新型冠状病毒肺炎疫情是'灰犀牛'事件，还是'黑天鹅'事件？"主题讨论为案例引入，通过讨论，加深学生对于风险含义的理解，引导学生重视风险，树立安全观念。通过课堂讲授风险管理的程序，即制订风险管理计划、识别风险、衡量风险、选择对付风险的方法、贯彻和执行风险管理的决策、检查和评价等六个步骤，利用"积极发挥中医药在防治新型冠状病毒肺炎中的作用"案例教学，重点分析选择对付风险的方法中的损失管理措施。引导学生探讨新型冠状病毒肺炎疫情下，哪些群体或组织面临风险？如何应对该风险？在案例中既融入风险管理的相关基础知识，又融入爱国爱民情感教育和社会责任感教育。结合中医药在新型冠状病毒肺炎疫情当中发挥的预防和治疗作用，以增强当代大学生的文化自信、理论自信和民族自信。

（一）教学与育人目标

1. 知识学习目标

（1）了解风险的概念，把握风险的特征及分类，理解风险发生的不确定性和损失性。

（2）深入理解风险的含义，熟悉风险管理流程，明确风险管理的应对方法并能结合案例分析。

2. 能力提升目标

（1）明晰风险的构成要素，理解风险构成要素之间的关系，明确不同类型的风险导致的损失程度并不相同，运用上述知识，去分析疫情之下哪些群体面临着风险，他们又将如何应对？这将提升学生的理论与实践结合的能力，又能够提高风险防控的能力。

（2）结合我们身边的风险，明晰风险的特征，并能够灵活应用风险管理的方法去应对身边的风险。培养学生的风险意识，构建起风险应对的总体框架。同时结合疫情，让学生深刻感悟到新型冠状病毒对于国家、群体和个人的威胁，体会了风险损失性的特征，在这个过程中激发学生的家国情怀和社会责任感。

3. 思政育人目标

（1）培养大学生的安全意识，结合所学知识，激发大学生的安全责任感，牢固树立总体国家安全观，提升安全保障能力。覆巢之下焉有完卵，乱世之局岂能独善其身，个人安全与国家安全紧密相连，国家安全意识观逐步升华。

（2）培养大学生对待风险观大势、顾全局的战略意识，提高学生科学防范化解风险的能力。培养学生树立坚定维护中国共产党领导的信念，坚持社会主义制度优越性，树立爱国主义的家国情怀。

（3）在爱国情感升华的过程中，激发出学生的社会责任感，激励学生要勇于承担社会责任。学生再将精神力量转化为自身行动，与全国人民携起手来，贡献自己力所能及的力量，共同克服困难。

（二）教学策略与方法

教学手段采用理论课和实践课相结合的办法。通过"视频＋案例＋新闻＋讨论"多手段综合运用，提升思政教学成效。以"黑天鹅"和"灰犀牛"事件为导入，引入当前的新型冠状病毒肺炎疫情案例，再到身边风险的讨论，以新闻事件作为总结，每一个手段的运用，都巧妙地融合了安全意识观的思政教学目标。

灵活运用"自主学习＋引导学习＋合作学习"等多种教学方式，在区分黑天鹅和灰犀牛事件与中医药在疫情中的作用这两个环节中，教师发挥了引导作用，在身边的风险识别与应对的环节中，学生通过合作完成学习。学生在自学、师生共学、生生互动中，加深对于安全的理解。

突出强调思政主线。以安全意识为主线，逐级深入情感。从安全概念的界定，到树立安全意识，从安全意识的建立，再到安全防护能力的提升，从个人安全再到国家安全，安全意识观逐步升华。

（三）课程思政教学理念与设计

1. 课前导入及相关思政元素

首先以"新型冠状病毒肺炎疫情是'灰犀牛'事件，还是'黑天鹅'事件？"案例切入本章所学知识点。随着新型冠状病毒肺炎疫情在全球范围内蔓延，许多报道都将 COVID-19 大流行描述为"黑天鹅"（black swan）事件。但有语言学家指出，这是一种误用，对这场危机的恰当比喻应为"灰犀牛"（grey rhino）。黑天鹅比喻一种罕见的、未曾预见的、造成巨大影响的事件。"黑天鹅"这一术语是美国经济学家纳西姆·尼古拉斯·塔勒布在 2001 年创造的。塔勒布将"黑天鹅"一词应用于"9·11"袭击、美国的次级贷危机和互联网的发展等离奇事件。黑天鹅寓意着不可预测的重大稀有事件，意料之外，却又改变一切。灰犀牛比喻发生概率极大，却被忽视的、冲击力极强的风险。灰犀牛是政策分析师米歇尔·渥克在 2012 年希腊金融危机后发明的术语。她提出，灰犀牛不是随机的突发事件，而是一系列预警和明显征兆之后暴发出来的问题。灰犀牛袭击时，极具爆发力，且不可阻挡。因此，可以总结认为灰犀牛是与黑天鹅互补的概念。一个指太过于常见以至于人们习以为常的风险；一个指罕见的、出乎人们意料的风险。而此次疫情，曾有多种迹象预示其暴发，正如一头两吨重的犀牛已经把牛角对准人类。一经暴发便在世界范围内蔓延，一发不可收拾。

2020 年国家中医药管理局发布信息"积极发挥中医药在防治新冠肺炎中的作用"。千百年来的抗疫实践证明，运用中医药方法治疗传染病，临床救治有效。即使在科学技术、信息技术高度发达的现代社会，中医药在预防和治疗现代传染病中仍然发挥着重要作用。近年来，SARS、禽流感等传染病的出现，对西医学提出了严峻挑战。面对一个新的变异病毒或者从未见过的病毒，依靠西医学防治的同时，我们可以用中医药的观点和思维来面对它、认识它、治疗它，采取中西医协同诊疗，使疾病得到控制，病情得到缓解，并且实现好的预后。

【思政元素】思辨能力、安全意识和增强民族自信。

从案例导入中引入安全观念，在风险管理的流程中融入安全意识，风险分析与应对中融入提升应对风险的能力。通过讨论身边的风险，使同学们能够全面认识风险，激发学生的忧患意识，风险随时会发生。在此基础上，总结风险的特征，加深学生对于风险的认识，为有效应对风险奠定基础。最后为不同风险寻求最适合的应对方式，目的是培养学生灵活应用对付风险的方法，提升应对风险的能力。

中医药在新型冠状病毒肺炎疫情中积极作用的发挥，能够增强中国特色社会主义道路自信、理论自信、制度自信、文化自信。通过学习认识到个人的安全与国家的安全是有机的整体，个人安全意识薄弱了，国家的风险指数就升高了。在疫情风险防控中，国家把人民的生命安全放在首位，情感是相互的，人民心中也应将国家的安全放在第一位，疫情期间，国家安全就是个人安全。厚植爱国主义情怀，把爱国情、强国志、报国行自觉融入坚持和发展中国特色社会主义事业、建设社会主义现代化强国、实现中华民族伟大复兴的奋斗之中。

2. 课程内容及相关思政元素

（1）理论教学：中国风险管理的发展历程

由风险管理的起源和发展，到当代风险管理的定义、范围、目标和基本分类。理解风险与风险管理的基本定义和有关基本概念，了解风险的分类。

【思政元素】民族自信与文化认同。

在讲授风险管理的起源时，会导入中华文明的贡献，以增强同学们的文化自信、理论自信和民族自信：我国夏朝后期，人们就知道"天有四殃，水旱饥荒，其至无时，非物积聚，何以备之"。据史料记载，自 1700 年开始，我国在长江从事货运的商人们将一批货物分装在几条船上，以分散风险。

当前的新型冠状病毒肺炎疫情只是众多风险分类中的一种，例如以风险是否会带来经济损失划分，可划分为经济风险和非经济风险；以经济条件是否变化分为静态风险和动态风险；以损失的起因和后果划分为重大风险和特定风险等。

（2）实践教学：风险管理的程序

重点分析选择对付风险的方法中的损失管理措施。损失管理计划分为防损计划和减损计划。防损计划旨在减少损失发生的频率，或消除损失发生的可能性。减损计划是设法控制和减轻损失程度。

【思政元素】社会主义核心价值观和中华优秀传统文化教育。

中医较早就参加了新型冠状病毒肺炎的防治工作。中医药诊疗的参与力度和广度前所未有，4000 余名中医医务人员奔赴一线参与救治，组建了中医病区，确定了湖北省中西医结合医院、武汉市中医医院等定点医院，紧急调集中医医疗队支援武汉，筹建了江夏方舱医院，使病患得到了系统规范的中医治疗，取得了很好的效果。中医药在新型冠状病毒肺炎防治当中，可以起到预防和治疗的作用。

从风险管理方法来看，预防作用就是发挥了防损目标。在这次新型冠状病毒肺炎疫情防治中，中医药一如它这数千年面对大疫时的表现一样，不曾缺席，逆行而上，为抗击疫情发挥了重要作用。课程体现了爱国爱民的情怀。

（四）课程思政实施成效

1. 教学成果

通过课程思政的设计，学生能够掌握风险含义、风险管理的流程，并能够灵活地运用风险的应对方法，分析身边的风险。同时，学生也体会到了，个人安全、家庭安全与国家安全密切相关。

借助于主题讨论的形式，经过课前、课上、课后三个场景的学习与讨论，不难发现，学生对于疫情下的风险的认识，以及风险对我们国家的影响与威胁在逐步加深，由点到面，由浅入深，逐步激发出当代大学生在面对疫情时的爱国之情，逐步认识到他们跳出小家去感受对于国家和民众的社会责任感，从而引导他们怀揣着爱国情怀，去承担在疫情这样的现实背景下，时代所赋予他们的责任与使命。

2. 特色与创新

通过改进教学设计，教学方法得到不断创新。在课程思政教学过程中，结合时代变化和国家发展中的要求，对讲课内容、讲课形式和讲课方法进行积极创新，例如课堂教学采用经典案例教学、社会实践教学、情景模拟教学等多种教学方式；在网络平台上进行课程建设，充分利用网络资源加强教学效果，让学生在学习中切身体会到富强、和谐、诚信、友善、法治等社会主义核心价值观的内涵，促进其思想道德观念转化为思想道德行为，与理论课教育相辅相成，协调发展，培养学生的综合素质。

（五）课程思政实施反思

1. 教学设计视角

通过专业课程教学与思政教育有机融合，形成了"嵌入式"课程思政教学模式。以"风险管理学"中的风险管理的程序这一章为例，结合主讲内容，找出适合融入思政教育的切入点，将"国家安全意识""爱国情怀""社会责任感"的思政元素"嵌入"教学章节的课程内容中，形成思政课程和课程思政的"双轮驱动"，力争实现教学目标的协同效应。但对于教学对象，如何依据学生知识积累程度展开分层次教学，将理论知识学习转化为能力素养的提升，有待于进一步思考和实践。此外，专题研究报告主题的丰富度、多样性以及与中国特色的结合度还有待进一步提升。

2. 学生评价视角

本课程讲课后对学生展开调查，学生普遍感受到了自己在知识、能力和情感上的提升，并对风险管理的重要性和普遍性有了更加深刻的认知，激发了学习兴趣，对"思政元素"接受程度较高。

（杨希）

"精算学原理"课程思政教学设计
——以中国精算职业发展为例

课程类型：专业课程　　　　　　**学科门类：经济学 –02**

一、课程简介

"精算学原理"是一门交叉性和实践性都很强的学科，保险学、数学和统计学等学科在精算学的理论和研究中都具有重要作用。精算学在应用上主要集中于保险领域，同时在金融、投资和风险管理等领域也有积极的作用。本课程的主要教学目标是使保险学专业学生了解有关寿险精算的基本知识，进一步加深对保险领域的理解，令学生更具有实践性，为保险业培养专门人才。讲课内容主要涉及利息基本理论、生命表基础、人寿保险的精算现值、年金的精算现值、期缴纯保费与营业保费、准备金、保单现金价值与红利、现代寿险的负债评估、风险投资理论和风险理论。通过教学使学生初步了解精算领域、掌握基本的寿险精算知识，尤其是有关保费和准备金的基本计算方法和实际应用场景，加深对保险经营的了解。让学生掌握一定的实务操作方法，以应对未来工作的挑战。

二、案例简介

以"精算学原理"课程中中国精算职业发展为例。课程设计以"中国早期重要的精算师人生经历"为案例引入，在进行保险精算教学过程中，把精算师职业特点和精算师考试体系作为切入点，可以在教学过程中激发学生学习的兴趣，引导学生自主学习。精算师被称为金融、保险、投资和风险管理的工程师，他们通过对风险和损失的预先评价，对风险事件做出预先的财务安排，保证风险经营的财务稳健性。最初，精算师只限于在寿险和养老金业务中发挥作用，他们运用数学工具，并结合利息理论和生命表技术，为保险公司的产品定价提供依据。在保险公司，精算师主要就职于产品开发部、精算部、财务部等部门，其工作职责主要有经验数据分析、新产品设计和保费定价、负债评估、利润分析等。在教学过程中将职业规划与保险精算课程联系起来，提高学生对课程的重视程度，激发学习兴趣。结合中国早期精算师的人生经历，进行人生观、价值观教育。

（一）教学与育人目标

1. 知识学习目标

（1）了解精算科学的基本原理和主要内容，熟悉精算科学的发展及其应用，理解保险精算学的基本原理。

（2）了解精算师职业及其发展，明确精算师工作领域及精算师职业考试相关内容。

2. 能力提升目标

（1）在教学过程中以保险实践中的风险问题作为每个保险产品的出发点，引导学生对问题的解决方案进行思考，将保险产品作为问题解决方案，阐述保险产品的精算原理，加深学生对于精算原理的理解，从而培养学生运用精算原理解决实际保险问题的能力。

（2）保险精算原理是基于公平原则，保险产品的价格都是保险人与被保险人经过博弈而得出的结果，其核心是保险产品的合理价格应该是风险引起的所有未来可能损失额贴现值的和。加深对知识点的理解，培养学生独立思考的能力，并且适时引导学生塑造创新精神和包容向善的价值观。

3. 思政育人目标

（1）结合精算学专业特点，从精算的历史和中国早期重要的精算师的经历中，认真梳理精算学专业知识体系中所蕴含的人文知识和精神内涵，旨在通过人生观、价值观教育，增强文化自信。

（2）精算学的发展是靠早期重要的精算师推动的。在中国精算历史上，比较重要的人物有吕岳泉、陈思度、陶声汉、李守坤等，可以从他们取得的超凡卓越成就的角度帮助学生树立"四个自信"，同时树立良好的价值观导向。

（3）从中国早期重要的精算师坎坷又苦难的人生经历中汲取精神力量，培养学生坚强不屈、百折不挠的优秀品格。

（二）教学策略与方法

精算学专业课程具有知识覆盖面广、多学科多专业交叉、难度较大的特点，要求学生具有较好的数学基础。然而实际面对的学生又大多是非数学专业的学生，数学基础并不牢固。在讲课过程中，教师要将知识点讲清楚、讲明白，同时引导学生进行思维扩展，注重培养学生触类旁通、活学活用的能力。

在教学环节中全面贯彻以人为本的思想，培养学生敢于质疑、敢于挑战的精神。由于精算学专业课本中符号较多，在教材的编写中不可避免地会出现打印错误或者计算错误，让学生在课堂教学中自己去发现错误、纠正错误，加深对知识点的理解，培养学生独立思考的能力，并且适时教育学生"尽信书不如无书"，引导学生塑造创新精神和包容向善的价值观。

"榜样的力量是无穷的。"专业教师与本专业的学生接触比较多，正常情况下，讲课机会至少每周有一两次，因此专业教师的一言一行会在不知不觉中影响学生。在知识的传授过程中，也要结合价值观的教育。比如，在课堂上进行保险产品设计的教学环节，在学生讲解设计的保险产品时，适时地提醒学生，该设计是否反映了"以人为本""和谐"等社会主义核心价值观，是否体现了社会责任感，这些思想就会在无形中传递给学生。

（三）课程思政教学理念与设计

1. 课前导入及相关思政元素

以中国早期精算师的人生经历，进行人生观、价值观教育。吕岳泉被誉为"寿险大王"，是近代中国首家民族资本人寿保险公司——华安合群保寿股份有限公司创办人之一。吕岳泉高薪聘用了原永年人寿保险公司精算师英国人第佛礼斯为华安合群保寿股份有限公司总稽核、秘书长兼精算师。与此同时，他从优秀员工中选拔培养精算人才，一位名叫周大纶的年轻人脱颖而出，拜师学艺成为第佛礼斯的助手，不久即擢升为公司副精算师，也是目前已知的第一位从事寿险精算工作的华人。

陈思度被称为"中国精算师之父"，作为海归华人精算师，在业界赫赫有名，同时拥有3种国际认可的精算师资格。陈思度在华安大厦拥有专门的办公室，利用复杂的大数定律数学模型分析风险收益，从事保险额、保险费、赔付准备金、分红、退休金及年金的计算。其不仅在华安合群保寿股份有限公司执业寿险计核员，还深度参与了太平人寿的筹建与运营。陈思度还在精算学术之路上孜孜以求，1932年获美国精算学会准会员资格（AASA），1936年当选为中国保险学会第二届理事，编写了《人寿保险计算书（温带经验表·周息三厘半平衡保费法）》、按美国伊利诺伊州规定的标准计算我国通行寿险责任准备金的《人寿保险责任准备金》及《人寿保险单纯保费表》等精算著作。

【思政元素】坚定"四个自信"、树立正确价值观。

从案例中总结价值观引导，由于家境贫寒，吕岳泉给英国人穆勒做家庭帮佣，借助穆勒招聘助手的机会进入永年人寿保险公司，当了一名营业员，后成为该公司南京分公司的经理；他四处奔走、招贤纳士，创办第一家华商寿险公司，并成为公司总经理，充分体现了百折不挠、顽强不屈的精神。

陈思度早年留学海外，1928年底，应吕岳泉之聘回国赴华安合群保寿股份有限公司就职。他秉承了那个年代知识分子教育救国、实业救国的光荣传统，学业有成即归国效力。厚植爱国主义情怀，不忘初心、牢记使命，心怀"国之大者"。

2. 课程内容及相关思政元素

（1）理论教学：中国精算职业的发展历程

由精算科学的起源和发展，到当代精算师的职业发展，了解此内容有助于从整体上把握保险精算学的基本思想和精算的实际应用。

【思政元素】民族自信与创新精神。

众多的精算大师多成长于"一战"和"二战"期间，他们的人生在时代的潮流中经历了不可抗拒的苦难，但是他们顽强不屈，始终把国家的利益放在首位，秉持教育救国、实业救国的光荣信念，他们的事迹是最好的人生观、价值观素材。不畏磨难，不忘初心，专注为理想而奋斗的精神激励着当代大学生。讲课过程中，通过对案例进行分析，将家国情怀、民族自豪感、文化自信、人文精神等思想政治教育要素融入教学中。联系到精算学创始人的创新精神，培养当代大学生勤于思考、勇于创新的时代精神。

（2）实践教学：从精算职业发展角度，增强学生的职业荣誉

专业教师通过和保险公司的对接，进行产学研贯通，及时了解行业动态，在课堂讲解精算职业发展规划，让学生了解和感受精算师这一职业的发展和工作环境等情况，增强学生的职业荣誉感。

【思政元素】社会主义核心价值观和职业荣誉感。

重视思政元素和职业能力发展的结合，引入保险行业精算师进课堂，与学生近距离接触，提高学生的职业归属感和获得感，充分调动学生的潜力和积极性，以社会主义核心价值观为引导，树立学生的职业荣誉感。在教学中，科学合理地拓展专业课程的广度、深度和温度，从课程所涉专业、行业、国家、国际、文化、历史等角度，增加课程

的知识性、人文性，提升引领性、时代性和开放性。适当引入真实案例，从正面案例中总结经验，从反面案例中吸取教训，并融入爱国主义教育，厚植家国情怀。

（四）课程思政实施成效

1. 教学成果

由于教学中综合运用了短视频播放、小组讨论与 PPT 展示、启发式问答等形式多样的教学方式，让"精算学原理"课程教学不再空泛和枯燥，课堂气氛活跃，学生学习热情高涨。通过鼓励学生主动思考以及教师课堂上的有效引导，教学效果显著。

此外，"中国早期重要的精算师人生经历"案例极大地激发了同学们的民族自豪感和文化自信，随着我国保险业进入全面快速发展时期，精算人才作为稀缺资源，将成为国内和外资保险公司竞相争夺的对象。通过课程思政教育，学生在面对金融市场中的投机诱惑的时候，始终要保持一个清醒的头脑，控制野心与贪欲，珍视国家给予的信任，把保护国家资产不受损失放在首位。促进了思政教育与课程教学的紧密结合。

2. 特色与创新

作为专业课教师，最重要的是培养自身"以德立身、以德立学、以德施教"的能力，通过教师团队协作，共同研讨专业知识中的思政元素，改进教学方法，增强在课程思政教学中的自觉意识，提升思政教学能力。同时，邀请在公司工作的精算师等实务专家走进课堂，聆听他们讲述自己的职业发展轨迹和行业前沿知识，激发学生对专业学习的兴趣，培养学生对成为精算师这一职业的荣誉感。鼓励和引导学生去保险公司进行专业实习体验，通过自己的切身感受，体会精算师这一职业的神圣，激发归属感。

（五）课程思政实施反思

1. 教学设计视角

相对于其他专业来说，一方面，精算学专业作为一个年轻的专业，对各类专业课程中存在的具有思政元素的知识点的挖掘和相关的研究较少；另一方面，精算学专业虽然是理学类专业，专业课程难度较大，但在很多高校又是在保险学院或金融学院设立的，精算学专业培养的人才一半以上会进入保险公司，所以专业课程就必须要和保险业务需求相结合。在课程思政的背景下，需根据精算学专业课程的特殊性，发掘精算学专业课程中的思政元素，以润物细无声的方式实现课程思政教学的目标。

2. 学生评价视角

本课程讲课后对学生展开调查，发现学生对精算师及精算工作职责的重要性有深刻的认识，提高对课程的重视程度，激发学习兴趣，对"思政元素"的接受程度较高。

（杨希）

"保险学原理"课程思政教学设计

——以最大诚信原则为例

课程类型：专业课程　　　　　　**学科门类：金融学**

一、课程简介

　　"保险学原理"是金融学领域非常重要的一门分支学科，是保险学专业的核心技术专业课。作为保险实践的理论概括和总结，保险学有其自身的理论基础，是一门独立存在的兼具理论和应用性的学科。通过"保险学原理"课程的学习，学生能够了解风险与保险，了解保险在中国的产生与发展，了解保险在中国特色社会主义建设中发挥的全面保障作用，能够有起码的风险意识，能够对个人和组织的风险状况做出评估并对其中的纯粹风险进行风险管理，可以运用保险相关原理对实际的保险案例做出分析，并规划人生不同阶段的保险理财计划。"保险学原理"课程的讲课内容包含保险基础理论和保险实务上下两部分。上部分保险理论包括风险与保险、保险及其分类、保险的产生与发展、保险的职能与作用、保险合同、保险基本原则，下部分保险实务部分包括财产保险、人身保险、再保险、保险经营环节、保险精算基础、保险市场、保险监督等。作为风险教育的重要入门课程，"保险学原理"课程思政将通过挖掘保险学课程的隐性教育资源，引入时政热点，培养青年学生风险意识和保险意识，帮助学生理解保险是守护美好生活的重要金融工具，综合运用道德教育与知识讲授相结合，教学与科研相融合等多种教学方式将讲授内容呈现出来，向学生讲授有温度、有厚度的风险和保险相关知识。

二、案例简介

　　以"保险学原理"课程第五章保险基本原则的最大诚信原则为例。课程设计从一个思政案例的引入开始：1997年5月，某公司42岁的员工丁力因胃痛入院治疗，医院确诊他患了胃癌，但家属因害怕他知情后情绪波动，就没有将实情告诉他，假称是胃病。丁力手术后出院，回单位正常上班。7月22日，丁力在保险代理人的鼓动下，向某保险公司投保重大疾病和住院医疗保险。丁力在填写投保单时没有告知曾经因病住院的事实。1998年1月，丁力旧病复发，医治无效死亡。后来，丁力的妻子以指定受益人的身份，到保险公司请求给付保险金。保险公司通过到医院调查并调阅丁力病历档案，发现丁力在投保前就已患胃癌并动过手术，于是拒绝给付保险金。丁妻以丈夫投保时不知自己患癌症因此没有违反告知义务为由，要求保险公司支付保险金。双方争执不下，丁妻将保险公司告上法庭。法院经审理认为，投保人违反了如实告知义务，驳回了原告的诉讼。由此案例引导学生思考保险行业的不对称特点以及道德风险行为，保险公司如何应对道德风险？进而讲解最大诚信原则是解决道德风险的重要举措。顺势引入思政内容：诚信是社会主义核心价值观的重要内容，诚信建设是国家治理体系和现代化建设的重要根基。在课程教学中运用案例教学法，通过一些典型案例的讲解，与学生交流诚信在保险行为中的重要意义，进一步引导学生在日常行为和生活中加强对诚信的认识和履行。

（一）教学与育人目标

1. 知识学习目标

（1）理解保险领域的信息不对称，并了解可能产生的两种后果，即逆向选择和道德风险。

（2）掌握最大诚信原则的含义及内容，理解违反最大诚信原则的法律后果及相关处理，了解最大诚信原则在现实中的意义与应用。

2. 能力提升目标

（1）引导学生思考新型冠状病毒肺炎疫情背景下，个人面临的风险与风险管理办法，以及个人如何在保险关系中做到最大限度的诚实守信。在理论与实践结合的互动教学过程中，提高学生独立思考问题和解决问题的能力，同时让学生有基本的科研意识。

（2）本课程重点在于开阔学生视野，因此课堂讲授过程中不可拘泥于教材，应充分利用最新的知识，从而使学生对保险学的相关知识有更深的了解。

3. 思政育人目标

（1）逐步提高学生的道德修养，形成社会主义和共产主义道德观，助力社会主义核心价值观。培养学生正确的政治方向，形成科学的世界观。培养学生的道德评价和自我教育的能力，养成学生良好的道德行为习惯。培养学生的民族精神，形成正确的理想和信念，弘扬中国优秀传统文化教育，树立中国特色社会主义的"四个自信"。

（2）诚信是社会主义核心价值观的重要内容，诚信建设也是国家治理体系和现代化建设的重要根基。课堂教学中通过运用案例教学法，与学生交流诚信在保险行为中的重要意义，进一步引导学生在日常生活中做到诚实守信。为学生毕业后的以德执业、依法执业打下良好的基础，在保险业务过程中做到严谨认真和诚实守信，满怀正能量服务社会。

（3）在专业知识的推进的逻辑中，采取"模块化"课程思政教学。按照"风险－风险管理－保险原理－保险市场－保险产品"的逻辑，设计风险教育、道德教育、市场教育和政府政策教育等模块。在课堂上运用案例、专家观点，增加案例讨论，用实例和数据实现保险学专业知识的工具理性和思政教育价值理性的统一。充分发挥课堂教学"育人"的主渠道地位。

（二）教学策略与方法

1. 教学策略

坚持以学生为主体、学为主、学习效果为目标"三学"教学理念。通过案例教学法、互动讨论法等，将鲜活的教学案例生动地呈现在课堂中，鼓励学生勤动脑、多开口,多参与实训,以润物细无声的方式浸润学生心灵,从而推动课程思政的卓越教学。

2. 教学方法

通过案例式教学、互动式教学等方法激励学生主动思考课程内容中的思政元素,有助于实现课程思政的育人目标。同时,借助于信息化的教学技术推动课程思政和新媒体技术的有机融合,通过保险专业 qq 群进行互动讨论,超星学习通可以支持多形式教学活动的开展。最终实现学生专业能力、团队协作能力的提升,以及具有社会责任感、服务社会的家国情怀。

(三)课程思政教学理念与设计

1. 课前导入及相关思政元素

以参保人丁力患癌,其家属的索赔遭保险公司拒赔的案例作为本章所学内容的切入点。投保人虽然在保险期间发生保险合同约定的损失,但是索赔却遭到保险公司的拒绝。主要原因是投保人在投保时违反了保险最大诚信原则。最大诚信原则要求投保人和保险人做到最大限度的诚实守信,对投保人的具体要求是告知和保证。告知是要求投保人在投保的时候将自己与保单相关的风险状况如实告知保险公司,如果投保人没有履行如实告知的义务,保险公司在发生合同约定的损失之后可能拒赔。

通过此案例的引入,一方面通过现实的社会问题,让学生意识到风险的普遍性和保险的重要作用。培养学生基本的风险意识和保险意识。另一方面,让学生意识到金融从业工作者也应该树立正确的人生观和价值观,做到诚实守信,即弃权和禁止反言,是指保险公司已经放弃撤销保险合同的权力,后期不能重新以同样的理由撤销合同。

【思政元素】诚信教育和社会主义核心价值观引导。

诚信教育是思想道德建设的内容之一,是提高思想道德素质的重要途径。作为一名大学教师,应该在讲解专业知识的过程中,立足学生实际,结合身边的点滴事例,不失时机地对学生进行潜移默化的教育,为新世纪培养全面发展的人才尽一份力。

这部分内容教学通过案例讨论分析,保险基本知识的讲解,让大学生明白绝大多数的合同都是双务合同,即甲方的责任即乙方的义务。权利和义务是对等的。如果甲方没有履行自己的义务,乙方就不需要承担自己本该承担的责任。那么在本案例和课堂内容中,如果投保人没有履行如实告知的义务,保险公司就可以拒绝赔偿。引导学生明白天上不会掉肉馅饼,绝大多数情形下权利和义务都是对等的,因此任何时候都不要有占小便宜的心理,谨防诈骗。

2. 课程内容及相关思政元素

(1)最大诚信原则的主要内容

最大诚信原则的基本内容一般包含三方面。一是被保险人的如实告知。如果保险产品要求告知健康状况,那么被保险人必须如实、真实、完整回答相关问题,不得隐瞒或伪造等。二是被保险人义务中的保证事项,是指按照行业惯例等,投保人或被保险人应该做和不应该做的事项。三是保险合同当事人放弃自己在合同中可以主张的某项权利，在放弃之后，不能再向另外一方主张该权利。

【思政元素】公民道德基本规范与社会主义核心价值观。

诚信是公民基本道德规范，是从个人层面对社会主义核心价值观基本理念的凝练。它覆盖社会道德生活的各个领域，是公民必须恪守的基本道德准则，也是评价公民道德行为选择的基本价值标准。通过本章内容的讲解，引导学生重视个人信用，在生活中讲诚信，践行社会主义核心价值观。

（2）教学过程中树立科研意识：医疗保险中信息不对称与道德风险

医疗保险涉及医疗市场、医保市场，这两个市场最大的特点是严重的信息不对称，因为医疗领域、医保领域的专业性和复杂性。信息不对称是指交易双方掌握的信息数量或信息质量不同，可能带来逆向选择和道德风险。道德风险是指从事经济活动的人在最大限度地增进自身效用的同时做出不利于他人行动的现象。在保险领域，由于普遍存在信息不对称，个体行为由于受到保险保障而发生道德风险的倾向，是客观存在的，是一种事后的机会主义行为。在医疗领域，道德风险的后果可能导致医疗资源的过度消耗甚至浪费，与逆向选择的结果类似。因此，对医疗资源的过度消耗到底是道德风险带来的还是逆向选择的结果，需要我们做实证来证明。从而理解理论与实际相结合来思考问题。

【思政元素】提升独立思考能力与树立科研意识。

最大诚信原则是重要的保险基本原则之一。其根本原因是保险领域广泛存在的信息不对称，以及信息不对称带来的道德风险将会影响保险经营。引导学生从经济学的更深层次去理解道德风险，而不是停留在道德层面。同时引导学生联系实际，思考医疗费用增长与逆向选择和道德风险的关系，并引导学生从现实中调研定量分析才能得到合理的答案和解决办法。从而提高学生独立思考问题的能力，树立科研意识。

（四）课程思政实施成效

1. 教学成果

（1）互动式课堂教学深受学生好评

课堂讲授过程中坚持以学生为主体、学为主、学习效果为目标的"三学"教学理念，引导和鼓励学生勤思考、多开口。在师生互动过程中，润物细无声地引导学生倡导正能量，理论联系实际，积极深入思考，提高学生思考问题的能力。课堂深受学生好评，教学效果良好，历年学生评教在学院排名前三。

（2）学生的科研意识和科研水平得到提升

通过"保险学原理"课程的师生共同讨论学习，学生的科研意识和科研水平得到较大提升。通过本节的学习，2017级保险学的吴汉辉同学撰写的本科毕业论文获湖北中医药大学校级优秀本科毕业论文，而且该毕业论文在全国人士杯医药卫生管理院长论坛上获本科优秀论文二等奖。

2. 特色与创新

（1）教学与科研相辅相成。教学过程中重视理论与实践相结合，鼓励学生"勤动脑、多开口"，将科研与教学结合起来，从而提升学生分析问题、解决问题的能力，为学生走向社会做好充分的准备。

（2）教书与育人相融。保险作为重要的风险管理方式，有重要的意义。引导学生有基本的风险意识和保险意识。最大诚信原则的讲解不仅仅让学生明白最大诚信在保险领域的基本要求，更重要的是引导学生在学习、生活中时时刻刻都要重视自身的诚信、信用，这是一笔巨大的财产。通过这种引导，将育人贯穿在教学过程中，尽量做到润物细无声。

（五）课程思政实施反思

1. 教学设计视角

运用保险行业的经典案例吸引同学们的兴趣和思考。在"以学生为中心"的理念指导下，注重理论讲解的同时，引导学生联系实际思考，提高学生将经济学的理论运用于实践来分析问题和解决问题的能力。将科研思维融入教学过程中，不仅加深学生对知识的理解，而且提升了学生的独立思考能力。但由于课堂时间是有限的，部分同学并没有参与到课堂互动中。鉴于此，需要设计所有同学都必须动手参与的实践作业。比如结合本节内容，要求学生设计保险产品。在设计保险产品的过程中，首先重视保险需求的调查，并关注到可能的逆向选择和道德风险行为，在此基础上根据调研结果设计出适合某类人群、满足某类需求的保险产品。

2. 学生评价视角

结课后进行思政主题的调查问卷。从问卷结果看86%的同学对相关社会主题达成了一致的价值认同。思政主题调查问卷设计的问题主要有：2019年保险公众宣传日的主题是什么？你认为保险在守护美好生活的哪些方面可以做更多事情？华为的极限生存假说，是风险管理的极佳案例，你体会最深的是什么？2019年的《全球风险报告》提到十大风险，对于企业的跨国经营风险，你认为最需要关注的是什么风险？保险作为风险管理的基本手段，可以通过哪些途径降低损失程度？你认为科技对保险的最大影响是什么？

结课后，通过学生撰写心得体会、课程论文，并结合诊断性评价和形式性评价的结果，给予学生定性和定量的评价。但是这个过程中，少数同学没有认真完成课程论文的写作。后面的教学中需要调动更多数同学的积极性，争取全员参与，保证课堂效果最佳。

（张晓香）

"社会保障学"课程思政教学设计

——以医疗保障体系为例

课程类型：专业课程　　　　学科门类：管理学

一、课程简介

"社会保障学"是劳动与社会保障专业、保险学专业、人力资源管理专业的必修课程，也是公共事业管理专业、行政管理专业、财政学等专业的选修课。"社会保障学"课程是一门研究社会保障领域的现象及发展规律的科学。讲课的主要内容包括社会保险、社会救助、社会福利、补充社会保障、社会保障体系、社会保障法律法规、社会保障基金等。在"社会保障学"课程思政中运用启发式、案例式、探究式、问题式等多种教学方法，组织和引导学生积极参与，引起学生情感共鸣，培养学生的民主意识和社会主义核心价值观，培养学生的自觉性和主动性，从而有效激励学生学习的内动力的产生，进而达到教书与育人有机结合的核心目标。同时通过课堂互动和以学生为中心的教学理念的推行，提高学生发现问题、解决问题的能力，使学生能够适应社会经济建设和发展的需要，能够胜任社会保障管理部门、民政部门、医疗卫生组织、企事业单位人力资源部门的工作。

二、案例简介

以"社会保障学"课程第五讲医疗保障体系为例。课程设计从2020年新型冠状病毒肺炎疫情引入，引导学生思考新型冠状病毒肺炎疫情中确诊患者的救治费用由基本医疗保险和财政负担的缘由及方式，引导学生思考基本医疗保险在突发公共卫生事件中的重要作用，同时思考我国医疗保障体系的构成；通过课堂讲授我国医疗保障体系的构成、项目特点、对象、缴费与待遇，以及基本医疗保险制度覆盖13亿多人口，已然实现全民医保的基本目标，从而创造了当今世界医疗保障制度的中国奇迹，健康中国战略已经取得阶段性重要发展成果；运用启发式、案例式等教学方法，组织和引导学生讨论医疗保障各项目的补偿对象和标准、在健康中国建设中的地位与作用。从而让学生深刻认识世界、理解中国、增强民族自信心和社会责任感。通过讨论我国医疗保障体系在新型冠状病毒肺炎疫情中的作用，激发学生爱党爱国爱社会主义的情怀，增强课堂的育人效果。

（一）教学与育人目标

1. 知识学习目标

（1）了解新型冠状病毒肺炎疫情中我国医疗保障的作用，以及健康中国建设中医疗保障对贫困人群的医疗救助责任等热点问题。

（2）掌握我国医疗保障体系的构成，各个子项目的概念、特点、面向对象、缴费与待遇计发，并能结合案例分析各个项目的功能和责任边界。

2. 能力提升目标

（1）引导学生思考新型冠状病毒肺炎疫情背景下，医疗保障各子项目的功能与作用，以及如何提升医疗保障基金的可持续发展，提高学生独立思考问题和解决问题的能力。

（2）利用案例式、启发式、探究式、问题式、辩论式等多种教学方法，培养学生全面、辩证的思维，提高学生分析解决问题的能力，培养学生的集体观念和协作意识。

3. 思政育人目标

（1）教育学生了解新中国医疗保障制度在短暂的发展历程中取得的巨大成就，形成对政府绩效的认同感。同时引导学生正确看待中国医疗保障制度改革中遇到的困境和政府各方力量为完善医疗保障制度所做的努力，使学生根据目前的医疗保障制度现状和改革来把握中国医疗保障制度未来的发展方向，让学生深刻理解自身命运与社会制度之间的强关联性，从而调动学生的社会责任意识。

（2）提高思想道德素质。在本章医疗保障体系的教学中，引导青年大学生认识医疗保障在减轻城乡居民尤其是困难家庭的就医经济负担方面的积极作用，使青年大学生能够明白党和国家对百姓看病就医问题的重视和巨大的财政投入，进而理解党的执政理念。

（3）树立崇高的理想信念和精准的职业定位。理想信念是当代大学生奋发有为的精神食粮，要将个人的理想追求融入国家富强和民族复兴的大业中，为实现伟大的中国梦履行自己的使命担当。本章关于医疗保障体系的教学，通过专业知识与思想政治教育融合教学让学生树立崇高的理想信念，将个人的职业规划与医疗保障领域的亟须人才岗位相结合，并引导学生制定科学精准的职业发展定位和规划。

（二）教学策略与方法

1. 教学策略

坚持以学生为主体、学为主、学习效果为目标"三学"教学理念。通过案例教学法、互动讨论法等，将鲜活的教学案例生动地呈现在课堂中，鼓励学生勤动脑、多开口，以润物细无声的方式浸润学生心灵，从而推动课程思政的卓越教学。

2. 教学方法

设计多种形式的教学方法并借助现代信息技术。在坚持"三学"的理念下，采取多元化教学方式、参与和体验、协同教学等教学手段，吸引学生参与到课堂教学环节，有助于实现课程思政的育人目标。同时借助信息化的教学技术推动课程思政和新媒体技术的有机融合，通过保险专业 qq 群进行互动讨论，超星学习通可以支持多形式教学活动的开展。最终实现学生专业能力、团队协作能力的提升，以及具有社会责任感、服务社会的家国情怀。

（三）课程思政教学理念与设计

1. 课前导入及相关思政元素

以"新型冠状病毒肺炎疫情中确诊患者医疗费用的解决办法"案例作为本章所学知识的切入点。2020年初，武汉暴发新型冠状病毒肺炎。政府为做好确诊、疑似新型冠状病毒肺炎患者的就医保障工作，避免因医疗费用问题影响规范救治和疫情防控，武汉市新型冠状病毒肺炎疫情防控指挥部下发文件，明确提出新型冠状病毒肺炎疫情期间，凡在武汉地区住院的新型冠状病毒肺炎确诊病例、疑似病例、核酸双阴患者，住院期间所产生的个人负担医疗费用，由基本医疗保险、大病保险、医疗救助等按规定支付之后，个人负担部分由政府负担。对未参加基本医疗保障的患者，相关医疗费用由政府负担。同时上述患者在医院留观、住院、隔离、康复驿站观察期间，由医院、隔离点、康复驿站可参考120元/人/天的标准提供免费伙食。

通过此案例的引入，一方面通过现实的社会问题，让学生意识到党和国家始终坚持人民至上、生命至上，保护人民生命安全和身体健康可以不惜一切代价，彰显了共产党以人为本的执政理念。另一方面，让学生意识到我国医疗保障的政策体系及其在医疗卫生领域发挥的重要作用，在很大程度上缓解了老百姓的就医经济负担。

【思政元素】逻辑思辨能力和文化自信。

随着时代新潮流的涌入，有些年轻人在思想觉悟上有了很大的改变。他们崇洋媚外，认为外国的空气都是香甜的。而这些年轻人对我国的社会政策却不甚了解。

这部分内容教学通过分析党和国家为了人民所付出的巨大财政投入，我国的医疗保障政策所起到的重大作用，引导青年大学生认识医疗保障在减轻城乡居民尤其是困难家庭的就医经济负担方面的积极作用，使青年大学生能够明白党和国家对百姓看病就医问题的重视和巨大的财政投入，进而理解党的执政理念，从而提高青年大学生的思想道德素质，增强学生对生在华夏的民族自豪感，引导学生努力学习，为投身到我国的社会保障事业建设而奋斗。

2. 课程内容及相关思政元素

（1）我国医疗保障制度体系框架

医疗保障是实现健康中国战略的重要制度体系保障。经过改革开放以来的不断探索，由城镇职工基本医疗保险、城乡居民基本医疗保险、医疗救助、居民大病保险、补充医疗保险等构成中国医疗保障体系。13亿多人口被基本医疗保险制度覆盖，全民医保的目标基本实现。老百姓的疾病防治风险大大减小。中国创造了当今世界医疗保障制度发展的奇迹，健康中国建设取得了阶段性成果。另外，我国的医疗技术和质量也在快速提升，是世界上医疗质量提升速度最快的国家之一。

【思政元素】制度自信与文化认同。

改革开放至今，我国医疗保障制度从无到有，逐步发展成为体系完善的医疗保障制度体系。让学生领略到我国在经济、社会、文化的传承与快速发展，切实感受到我国医疗保障制度在医疗卫生领域承担的责任，以此让学生切实体会"四个自信"，即中国特色社会主义道路自信、理论自信、制度自信和文化自信。

（2）教学过程中树立科研意识：医疗保险中信息不对称与逆向选择

医疗保险涉及医疗市场、医保市场，这两个市场最大的特点是严重的信息不对称，因为医疗领域、医保领域的专业性和复杂性。信息不对称是指交易双方掌握的信息数量或信息质量不同，可能带来逆向选择和道德风险。逆向选择是交易双方在合作之前的机会主义行为，医疗保险市场上的逆向选择表现为健康状况好的人群不参保，而健康状况差的人群热衷于参保。逆向选择的结果理论上会影响医疗保险基金的收支平衡。为了规避逆向选择问题，我国城镇职工基本医疗保险采取强制参保的原则，但是城乡居民基本医疗保险则采取自愿参保的原则。城乡居民基本医疗保险本质上是一种福利制度，而不是保险制度。因为城乡居民医保的缴费一方面来自参保人的缴费，另一方面是政府财政的补贴。既然是福利，参保人的参保积极性就很高，从理论上分析也很大程度上规避了逆向选择。

【思政元素】提升独立思考能力与树立科研意识。

城镇职工基本医疗保险采取强制保险的方式规避逆向选择问题，城乡居民基本医疗保险则采取自愿参保的原则。但是城乡居民基本医疗保险的福利性质吸引城乡居民积极参保。引导学生理论联系实际，深入思考我国现行的医疗保障制度，从而提高学生独立思考问题的能力，树立科研意识。

（四）课程思政实施成效

1. 教学成果

（1）课堂教学深受学生好评

课堂讲授过程中坚持以学生为主体、学为主、学习效果为目标的"三学"教学理念，引导和鼓励学生勤思考、多开口。在师生互动过程中，润物细无声地引导学生倡导正能量，理论联系实际，积极深入思考，提高学生思考问题的能力。课堂深受学生好评，教学效果良好，历年学生评教在学院排名前三。

（2）学生的科研意识和科研水平得到提升

通过"社会保障学"课程的师生共同讨论学习，学生的科研意识和科研水平得到较大提升。通过本节的学习，2015级公共事业管理（医疗保险方向）的张鸥同学发表一篇论文《大学生医保逆向选择的实证检验——基于A校的实证》在《社会政策研究》2019年第9期。同时，张鸥同学撰写的本科毕业论文获湖北中医药大学校级优秀本科毕业论文，而且该毕业论文在全国人士杯医药卫生管理院长论坛上获本科优秀论文三等奖。

本门课程考试及格率达到100%。在课程学习期间，多名学生参与大挑、小挑等各种竞赛，并取得了可观的成绩。

2. 特色与创新

（1）教学与科研相辅相成。课前导入从学生熟悉的身边事入手，引导学生一步步深入思考，鼓励学生"勤动脑、多开口"，通过相关专业理论知识与现实的结合和师生互动讨论，将科研意识慢慢渗透到教学中，来促进教学质量的提升。同时提高了学生分析问题、解决问题的能力，提高了学生的科研意识，为更好适应社会、适应工作打下基础。教学也为科研的发展奠定了基础。学生在课堂上思考和提问，推动教师科研的进展和研究的深入。

（2）教书与育人相融。客观、全面的医疗保险政策讲解与国家社会经济发展相结合，引导学生关注党和国家为了民生，为了缓解人民群众看病就医的问题所付出的巨大代价和压力，为我国医疗保障取得的成绩而感到骄傲，从而关注党和国家的政策、热点，并深入社会保障领域的专业学习，为我国的社会保障事业发展做出自己的贡献。

（五）课程思政实施反思

1. 教学设计视角

教学案例来自社会热点话题，吸引同学们的兴趣和积极思考。在师生互动讨论过程中，注重理论的讲解和理论联系实际。一方面引导学生关注社会热点话题、关注国家民生相关政策、体会到"人民至上、生命至上"的执政理念的贯彻落实，从而培养学生的社会责任感和民族自豪感。另一方面，提高学生将经济学的理论运用于实践来分析问题和解决问题的能力。

这种将科研思维融入教学的教学设计，加深了学生对知识的理解，提升了学生的逻辑思维能力。但是也存在一些同学跟不上课堂节奏的问题。有些同学基础薄弱或学习态度不端正，导致课堂上跟不上老师的思路。以后的教学过程中，需要尽量照顾到更多同学，尽量多关注基础薄弱同学，通过保险专业交流qq群将课前准备、课后思考和相关文献参考资料传递给学生继续学习，争取更多学生在课堂上收获满满。

2. 学生评价视角

本课程授课结束后对学生进行了调查，学生普遍感受到了自己在知识、能力和情感上的提升，并对基本医疗保险在突发公共卫生事件中的重要作用、全民医保的基本目标的实现有了更深刻的认识。

（张晓香）

"医疗保险学"课程思政教学设计
——以我国城乡居民基本医疗保险制度为例

课程类型：专业课程　　　　　　学科门类：经济学 –02

一、课程简介

"医疗保险学"是研究医疗保障的基本理论和基本方法，并总结了我国和国际医疗保险管理经验的学科，是保险学专业的主干课程之一。本课程的主要任务是通过教学全面阐释医疗保障的基本理论和基本方法，并大量引用国内外医疗保险改革的最新研究成果，以帮助学生建立对我国医疗保障制度的全面认识，并通过案例讨论等参与式的教学方法，使学生能够将有关的理论和方法应用于实践。要求学生能充分理解医疗保险的学科体系和工作内涵，掌握重点内容，并且能从整体上把握这门学科的发展方向，为他们从事该领域更深层次的研究和实际工作奠定良好的理论基础。

本课程全面阐述了医疗保险理论，重点介绍了中国城乡的医疗保障系统的改革及其影响因素，并介绍了医疗保险的基本理论与基础知识，结合案例介绍了医疗保险技术层面的理论、方法和具体操作技术。

二、案例简介

以第十六章我国城乡居民基本医疗保险制度为例。课程从我国基本医疗卫生制度入手，在健康中国战略背景下，党和政府高度重视我国居民的健康福祉，在 2003 年建立了新型农村合作医疗制度，2017 年建立了统一的城乡居民基本医疗制度，不断提高对这两个制度的财政补偿标准。通过介绍城市和农村居民医疗保险的历史发展，引导学生思考我国城乡居民医疗保险在制度建设方面的进步，在我国基本医疗保险制度中的作用，对人群健康起到了怎样的保障作用。通过课程讲授城乡居民基本医疗保险的背景、历史发展、制度安排、制度特征等，重点讲授居民医疗保险的制度安排，以及这些制度安排与城镇职工医疗保险的差别、与传统保障制度的差别，理解我国政府在医疗保障方面的投入、责任与担当。课本主要描述了制度的现状，给学生展示的是现象。在课程讲授中，向学生深入讲授了制度形成的背景、制度设计的原因，以及一些地区在制度实践方面的特色创新，带领学生思考作为制度的设计和执行者，应该注意哪些方面的问题，研究制度实施的环境与制度设计的关系。全面培养学生的实践分析能力、表达能力及思辨能力。加深对我国社会医疗保险制度的认识和理解。

（一）教学与育人目标

1. 知识学习目标

（1）掌握城乡居民基本医疗保险的概念、内涵、特征，我国城乡居民基本医疗保险的基本内容及其与城镇职工基本医疗保险制度的比较。

（2）熟悉城乡居民基本医疗保险制度设立的背景，与传统农村合作医疗进行比较。

（3）了解与城乡居民基本医疗保险相关的大病医疗保险、城乡医疗救助等医疗保障制度与该保险之间的联系和区别。

2. 能力提升目标

（1）引导学生思考和探究在"健康中国"战略大背景下，在新型冠状病毒肺炎疫情常态化的社会背景下，城乡居民基本医疗保险如何更快更好的持续发展；讨论城乡居民基本医疗保险如何助力健康中国和健康扶贫。

（2）利用案例教学、小组讨论以及"翻转课堂"等教学方法，利用思维导图等学习工具，培养学生的分析能力、表达能力、团队协作能力及逻辑思维能力。

3. 思政育人目标

（1）健康是促进人类全面发展的必然要求，也是最具普遍性的民生诉求。党的十九大报告明确提出"人民健康是民族繁荣昌盛和国家富强的重要标志"，这充分体现出党和政府对人民群众健康的重视，也表明了政府积极处理与人民健康相关问题的态度与决心。引导学生对我国社会医疗保险发展问题进行多方面思考，在明确发展社会医疗保险重要价值和意义的基础上，对我国商业健康保险发展现状、存在问题进行详细分析，并提出针对性的对策建议，以期推动我国健康保险发展，助力"健康中国2030"规划实施。

（2）树立正确的世界观、人生观、价值观，树立较为远大的个人发展目标；理解个体与社会发展、国家发展之间的关系；培养学生的大局意识、宏观意识，将专业学习融入社会发展、国家发展的整体战略中。通过多种教学方法和课程思政的整合应用，激发学生对专业的学习兴趣，提升学生的思辨能力，适应新时代对大学生的要求。

（3）升华爱国情感，促进学生理解政府在社会医疗保险制度建设中的责任担当，激发学生也要勇于承担社会责任的社会责任感，在与其他国家比较中，体会到作为中国公民的自豪感。

（二）教学策略与方法

强化"课程思政"协同育人的理念，"课程思政"理念的终极价值在于育人为本、以德为先，旨在促进学生全面发展。从视频入手，让学生对城镇居民基本医疗保险对居民医疗费用分担的作用有感性认识，进而给予具体的地方制度演变让他们对制度的发展有深刻的理解。通过"视频＋案例＋讨论"的多种手段，提升学生的兴趣。

在教学过程中，注重引导学生思考，通过对农村传统合作医疗和新型农村合作医疗制度之间的比较，引导学生参与讨论，寻找两者之间的区别点，通过比较深化学生对制度内容的理解。通过筹资数据的对比，让学生理解政府在筹资中的责任担当，让学生在课堂学习中加深对制度和政府责任的理解。

课后学生还需要完成相应的实践任务，在农村和城市分别实施不同的居民医疗保险十多年之后，政府决定进行城乡整合，给学生布置的作业是课下收集城乡整合的材料，课上讨论城乡整合的难点和重点，以及未来城乡居民在医保管理方面怎样克服城乡整合的问题。

通过对制度的课堂学习和课下实践以及讨论，让学生对城乡居民基本医疗保险有深刻的理解。

（三）课程思政教学理念与设计

1. 课前导入及相关思政元素

首先播放视频"我国城市特色医保制度　缓解百姓看病贵看病难"切入本章知识点。在视频中的胆结石患者，已经有十几年的患病经历，经常发作，总是打针保守治疗就过去了，需要做手术，但是家里没有钱，等到有了城镇居民基本医疗保险之后，有了医保的报销，做了胆结石和胆囊切除手术，提高了健康水平，减少了疾病困扰。

医疗保险是根据法律法规和合同，向受疾病风险威胁的人群预先收取医疗保险费，有参保人患病并到医院就诊支付了医疗费用后，给予医疗费用补偿的制度。在全世界范围内，各个国家广泛建立了医疗保险制度，以分担本国居民的疾病风险，进而维护了公民的健康权益。社会医疗保险制度普遍都是由参保人缴费为主，形成医疗保险基金，由于风险发生的概率，真正出现风险事故的人才需要得到补偿，可以在参保人群之间形成互助共济。都是缴费才能参保，政府会给予一定的补贴，但是主要的经费都是来自参保人的缴费。我国的居民医保从 2007 年试点、2009 年的全面铺开，制度设计中主要的筹资来源都是政府的财政补助。

表 6-1　我国城乡居民基本医疗保险的筹资结构

年份	财政补助标准（元 / 人 / 年）	个人缴费标准（元 / 人 / 年）
2011	120	30
2012	200	50
2013	240	60
2014	280	70
2015	320	90
2016	380	120
2017	420	150
2018	450	180
2019	490	220
2020	520	250
2021	550	280
2022	580	320

【思政元素】思辨能力、增强对政府的信任感。

从视频导入中引导学生理解居民受到疾病风险的威胁及由此带来的生活质量下降、健康状况降低的状况，以及在建立了居民医疗保险制度之后疾病治疗的变化及健康状况的提高。引导学生理解医疗保险在社会生活中的重要性。结合疾病风险的特征，理解医疗保险的特征。

我国的居民保险建立弥补了我国医疗保障中非就业人口的空白地带，是我国建立和谐社会的重要保障制度之一。制度的设计充分体现了政府的责任和担当。通过对制度中的资金筹集、基金管理、费用支付等环节的介绍，以及地区具体实施方案的案例分析，与城镇职工医疗保险制度和传统农村合作医疗比较，发现现在的财政支持力度更大。让学生增强对政府的信任感，增加民族自豪感。

2. 课程内容及相关思政元素

（1）理论教学：中国居民医疗保险制度的内容

从我国社会医疗保险的建立过程开始，介绍了我国城乡居民基本医疗保险的目的、制度内容，让学生掌握城乡居民基本医疗保险的参保对象和制度设计的内容，了解制度发展的历程。

【思政元素】民族自信和文化认同。

在讲述制度内容时，特别强调了政府在筹资上承担的财政补助责任，在与其他国家社会医疗保险制度中资金来源的比较，增强同学们对政府的信任感。在中国的传统文化中，就有着大家齐心协力共担风险的理念，在现代我国政府的转移支付和对居民医保的补助上，能体现得特别明显。

（2）实践教学：我国城乡居民医疗保险的整合

我国在农村的制度以前主要是新型农村合作医疗，城市的制度是在2009年才开始建立的城镇居民基本医疗保险。由于是两个制度系统、两个管理机构，会导致制度之间有一定的待遇差别，可能会出现不公平的现象。为此，国家从2017年开始整合城镇和农村的制度，统一建成城乡居民基本医疗保险制度。将城乡居民医疗保险制度的整合作为学生的实践学习和讨论的内容。

【思政元素】政府对我国居民是平等的、负责任的共同对待。

由于农村的医疗卫生服务水平低，新型农村合作医疗的三个目录、就诊的医疗机构以及待遇水平均低于城镇居民。制度之间的不公平会导致不同人群的生活质量的差别。在此，针对国外对于我的农村生活的抨击言论，让学生理解党和政府并没有放任农村居民的不公平情况，通过制度整合，让农村居民和城镇居民享有同等的待遇水平。激发和鼓励学生辨识一些不负责任的言论，通过具体制度的分析去做判断。

（四）课程思政实施成效

1. 教学成果

通过课程思政的设计，学生能够掌握我国城乡居民基本医疗保险制度的演变、存在的问题。通过将新旧制度、国内外制度的比较，让学生理解我国城乡居民基本医疗保险具有相当高的公益性和福利性。通过理论教学、案例分析、实践教学等手段，让学生理解城乡居民基本医疗保险的具体内容都体现着政府的管理理念，出发点是为了让居民公平地使用医疗卫生资源，保障居民的医疗服务消费。

2. 特色与创新

通过教学设计，课程的教学方法不断创新。在课程思政教学过程中，结合时代变化和国家新医改的政策，积极创新了授课内容、授课形式和授课方法。在课堂上先引入现实案例，再结合课本上我国城乡居民基本医疗保险的制度演变和制度内容，通过与其他国家保险制度的比较，以及学生实践作业分析我国居民基本医保的城乡整合，让学生在学习中深刻理解政府为居民能够公平地进行医疗服务消费所进行的政策设计和财政补贴，促进学生对政府产生信任感。

（五）课程思政实施反思

1. 教学设计视角

通过专业课程教学与思政教育有机融合，形成了"嵌入式"课程思政教学模式。以"医疗保险学"课程中的城乡居民基本医疗保险这一章为例，结合主讲内容，找出适合融入思政教育的切入点，将"政府信任感""法治治理""社会责任感"的思政元素嵌入教学章节的课程内容中，形成思政课程和课程思政的"双轮驱动"，实现教学目标的协同效应。但对于教学对象，如何依据学生知识积累程度展开分层次教学，将理论知识学习转化为能力素养提升，还有待于进一步思考和实践。

2. 学生评价视角

本课程授课后对学生展开调查，学生认为在学习过程中能感受到"思政元素"，普遍感受到了自己在知识、能力和情感上的提升，并对我国城乡居民基本医疗保险的公益性、福利性有了更加深刻的认知。

（陈曼莉）

"海上保险学"课程思政教学设计

——以海上保险概述为例

课程类型：专业课程　　　　学科门类：经济学

一、课程简介

现代保险制度起源于海上保险，"海上保险学"是保险学专业的重要专业理论课程之一。本课程立足于海上保险理论深厚和国际性强的特点，用专业术语中英文对照的形式介绍了海上保险的基础理论和基本知识，主要包括海上保险的产生和发展历程、海上保险的特征和作用、海上保险遵循的基本原则、海上保险合同的分类特征、海上保险业务种类。同时，本课程还根据海上保险实务性和应用性强的特点，设置模拟实训教学环节，帮助学生掌握海上保险业务流程，熟悉不同险种的英语表达，掌握批单、索赔函的英文写作。力求系统、详尽、清晰地展示海上保险学的知识体系，为学生的海上保险实践奠定良好的基础。

二、案例简介

以"海上保险学"课程第一章中的海上保险概述为例。该章节包含"海上风险""海上保险的特征与作用""海上保险的产生与发展""海上保险的分类"四节知识点。以"中国第一艘万吨远洋轮跃进号首航撞上苏岩礁沉没"为案例资料，通过教学知识点和思政教育结合的教学设计，挖掘海上保险产生与发展历程相关知识点中的思政元素，充分发挥该节课程的育人功能。通过"中国第一艘万吨远洋轮跃进号首航撞上苏岩礁沉没"案例分析，深刻感受保险作为风险管理工具凭借经济补偿功能，发挥平衡或增加外汇收入、保证企业正常经营和贸易正常利润的独特作用；采用启发式提问、头脑风暴法、课堂讨论的方式引导学生思考和总结在保险行业在国民经济发展战略中定位的背景下，海上保险服务行业存在哪些矛盾、发展困境。

（一）教学与育人目标

1. 知识学习目标

（1）掌握海上风险的概念，理解海上风险的分类。

（2）掌握海上保险的概念和作用，理解海上保险的分类。

（3）掌握共同海损的内涵，理解共同海损与海上保险产生的关系。

（4）理解海上保险的形成和发展历程，了解我国海上保险的发展历程。

2. 能力提升目标

（1）通过小组讨论和头脑风暴法，增强学生发散思维、语言表达、团队协作能力。

（2）在案例资料的基础上，通过启发式提问和讨论法，引导学生独立思考、分析和解决问题的能力。

3. 思政育人目标

（1）习近平总书记多次强调要增强忧患意识、防范风险挑战。海上保险作为海上风险管理的重要手段，具有补偿经济损失、维持社会再生产正常运转、平衡外汇收入和支出的作用。通过对相关知识点与思政元素的融合，可以增强学生的客观的投保意识和社会责任感，有效防范和应对海上的"黑天鹅"事件。

（2）互助利他思想在中国传统文化中占据重要地位，也是现代社会公序良俗所倡导的精神。海上保险自形成之初就蕴含着"一人为众，众为一人"的经济互助、利他思想。通过对相关知识点与思政元素的融合，可以帮助学生深刻理解海上保险的本质，树立正确的职业价值取向。

（二）教学策略与方法

根据在各类专业课的教学过程中融入思政元素，将思政教育与专业知识深度融合，使专业课程与思政理论课产生协同效应的要求，以学生感兴趣的时事热点新闻为案例资料，采用理论讲授和案例分析、小组讨论相结合的教学方法，坚持"不单向灌输，不强加观点，坚持恰当、自然渗透"的原则，努力达到"教师在不知不觉中实施教育，学生在不知不觉中深受教育"的育人效果。

（三）课程思政教学理念与设计

1. 课前导入及相关思政元素

首先，以 2021 年 3 月，一艘名为"长赐"号的货轮在苏伊士运河搁浅的系列新闻报道为案例资料，设置"船东保赔保险、船舶险、货运险和责任险是什么险种""苏伊士运河管理当局向船东索赔 9.16 亿美元、船舶因搁浅造成船体及设备损坏的维修费用、货物的泡水损坏、货物延期导致的损失会得到保险的赔偿吗"等问题，导入本次课程，增强学生对海上保险课程的学习兴趣。

【思政元素】 理解海上保险在应对国际贸易的风险事件中扮演的重要角色。

既要高度警惕"黑天鹅"事件，也要防范"灰犀牛"事件；既要有防范风险的先手，也要有应对和化解风险挑战的高招；既要打好防范和抵御风险的有准备之战，也要打好化险为夷、转危为机的战略主动战。"长赐"号搁浅苏伊士运河就是一个典型的"黑天鹅"事件。海上保险作为一种有效的风险管理手段应广泛应用于国际贸易、海运行业。通过海上保险相关知识的学习，可以培养学生的社会责任感、客观的投保意识。

2. 课程内容及相关思政元素

（1）海上保险的作用

该部分课程主要讲解海上保险作为财产保险的一种形式，同其他财产保险一样，具有经济损失补偿的作用。同时，又发挥着增加或平衡外汇收入与支出、保障企业正常经营和贸易的正常利润的独特作用。以"中国第一艘万吨远洋轮跃进号首航撞上苏岩礁沉没"案例为资料，引导学生深刻理解海上保险经济补偿、平衡外汇收入等作用，增强学生对海上保险课程的学习兴趣。通过揭示国际贸易、海上运输和海上保险的内在联系，引导学生思考和分析在我国成为全球第一大货运险市场、第二大船舶险市场、上海国际航运中心建设的大背景下，海上保险市场的发展面临哪些机遇和挑战。

【思政元素】理解海上保险在补偿经济损失、平衡外汇收入和支出等方面的作用。

通过"中国第一艘万吨远洋轮跃进号首航撞上苏岩礁沉没"的案例分析帮助学生理解海上保险是国际贸易中必不可少的风险管理手段，具有补偿经济损失、维持社会再生产正常运转、平衡外汇收入和支出的作用。同时，保险所具有的经济补偿等作用体现了深刻的人文关怀和伦理价值，让学生体验有温度、有厚度的海上保险相关知识。

（2）共同海损是海上保险的萌芽

该部分课程的知识点主要是介绍共同海损起源于前9世纪的爱琴海文化，被前2～3世纪的《罗安第法》列为法规而后得到广泛运用和发展，重点讲解共同海损的构成条件、共同海损与海上保险形成的关系。

【思政元素】理解互助利他的道德与海上保险的诞生，树立正确的职业价值取向。

互助利他思想在中国传统文化中占据重要地位，如孟子倡导"老吾老以及人之老，幼吾幼以及人之幼"的互利社会秩序。同时，互助利他行为广泛存在于自然界不同物种的个体之间，如鼺蝠的血液反哺行为、清洁鱼与鲨鱼的互助行为。而由共同海损原则发展演化而来的海上保险本身就蕴含着"一人为众，众为一人"的经济互助、利他思想。帮助学生理解互助利他是保险行业得以产生和发展的社会基础，是保险行业的伦理规范。在保险服务行业自利和利他的现实冲突下，引导学生树立正确的职业价值取向。

（四）课程思政实施成效

1.教学成果

本人在进行知识传授的过程中坚持致力于教学改革的研究，以期提高教学质量和学生满意度。在教育部全面推进高校课程思政建设以来，对自己所授课程的思想政治资源进行了充分挖掘，努力完善每门课程的育人作用。本门课程考试及格率达到100%。

2.特色与创新

（1）采用案例分析教学法与课程思政的整合教学模式，通过"课前导入（激发兴趣）—课堂讲解（深入理解）—典型案例分析（分析实践）"，启发学生思考，增强学生能力。

（2）将海上保险专业知识和经世济民的情怀有机结合起来，引导学生深刻理解海上保险互助利他的社会属性、经济补偿的作用，增强民族自信心和专业认同感；引导学生思考和分析从国家监管、行业自治、人才培养多个层次促进海上保险实践面临的困境和存在问题，增强学生理论学习应用于实践的能力。

（五）课程思政实施反思

1. 教学设计视角

灵活施教、润物无声是课程思政教学的一个重要原则。该课程以海上保险学核心专业知识点为纲，确定德育主题，结合导入案例情境，拓展教学内容，充分发挥专业课程和思政课程的协同效应。但对于参与积极性、接受能力不同的学生怎样才能做到分层次和分重点的教学还有待进一步思考。同时，该课程与中医药的结合度还有待进一步提升。

2. 学生评价视角

学生在学习过程中能感受到"思政元素"对自身知识、能力和情感上的提升，并对我国海上保险的形成和发展有了一定认识。但感觉海上保险的理论和现实中的保险实务之间存在差异，还需加大课外知识的补充和实践训练。

（龚光雯）

"海上货物运输保险"课程思政教学设计
——以海上保险遵循的原则为例

课程类型：专业课程　　　　　学科门类：经济学

一、课程简介

中国进出口货运总量的约 90% 都是利用海上运输。船舶在海洋上航行遭遇到恶劣气候、暴雨、雷电、海啸、浮冰等人力不可抗衡的自然灾害和意外事故的风险较高。并且，一旦船舶发生风险事故，其造成的损失程度将巨大。海上运输需要海上保险这一风险管理工具来应对概率高、损失大的海上风险，因而"海上货物运输保险"成为物流管理学科的专业理论课程之一。一方面，本课程立足于海上货物运输面临的自然灾害、意外事故和外来风险的现实，用专业术语中英文对照的形式介绍海上保险的产生和发展历程、海上保险特征和作用、海上保险遵循的基本原则、海上保险合同的分类特征、海上保险业务种类等基础理论知识。另一方面，本课程通过丰富的案例教学、设置模拟实训教学环节，帮助学生掌握保险业务流程，熟悉不同险种的英语表达，掌握批单、索赔函的英文写作。力求系统、详尽、清晰地展示海上保险学的知识体系，为海上货物运输的保险实务奠定良好的基础。

二、案例简介

以"海上货物运输保险"课程第二章海上保险遵循的原则为例。以"物流公司的货物运输险和责任险错配"为例，通过教学知识点和思政教育结合的教学设计，挖掘海上保险最大诚信原则和保险利益原则知识点中的思政元素，充分发挥该节课程的育人功能。

（一）教学与育人目标

1. 知识学习目标

（1）理解最大诚信原则的内涵及其应用。

（2）掌握保险利益的定义和作用。

（3）了解基因的内涵及其意义。

（4）掌握补偿原则与代位追偿原则的内容及其应用。

2. 能力提升目标

（1）通过小组讨论和头脑风暴法，增强学生发散思维、语言表达、团队协作能力。

（2）在案例资料的基础上，通过启发式提问和讨论法，引导学生独立思考、分析和解决问题的能力。

3. 思政育人目标

（1）通过讲授、案例教学等方式，使学生掌握最大诚信原则、保险利益原则的内容，了解违反该原则的法律后果，加强对学生的诚信教育，提升学生专业知识素养，有助于学生树立正确的价值观。

（2）通过对各种违反保险合同基本原则的案例讲解，强化学生日常生活中知法守法的公民基本道德观念。

（二）教学策略与方法

根据在各类专业课的教学过程中融入思政元素，将思政教育与专业知识深度融合，使专业课程与思政理论课产生协同效应的要求，以学生感兴趣的时事热点、保险司法案件为案例资料，采用理论讲授和案例分析、小组讨论相结合的教学方法，坚持"不单向灌输，不强加观点，坚持恰当、自然渗透"的原则，努力达到"教师在不知不觉中实施教育，学生在不知不觉中深受教育"的育人效果。

（三）课程思政教学理念与设计

1. 课前导入及相关思政元素

以"我眼中的保险"这个话题导入本次课程。首先，选取"知乎"网站上对保险看法的话题为资料，揭示保险行业中存在不诚信、不合法的行为；接着，引导学生思考在国家政策将保险定义为现代经济的重要产业和风险管理的基本手段，是社会文明水平、经济发达程度、社会治理能力的重要标志，为促进经济社会发展和保障人民群众生产活做出了重要贡献的背景下，为什么社会普遍存在保险在中国声誉不好的看法；再者，指出重要原因就是保险服务行业从业人员没有树立正确的价值观；最后，提出通过海上保险遵循的基本原则的学习可以帮助保险从业人员树立怎样的价值观。

【思政元素】通过社会对保险行业的评价，引导学生树立正确的价值观、职业观。

价值观是一个人对自己的定义，塑造了自己的信仰、态度和行为，是人生的基石。课程思政的目标之一就是要引领学生形成正确的价值观，增强学生价值判断能力、价值选择能力和价值塑造能力。海上保险遵循的最大诚信、保险利益、近因、经济补偿四项基本原则贯穿于保险服务实践全过程，发挥着指导和约束保险服务的实践的作用。通过对四项基本原则的学习不仅可以让学生获得保险专业知识技能，还能帮助学生树立正确的价值观、职业观，是保险服务实践不偏航的保证。

2. 课程内容及相关思政元素
（1）最大诚信原则
该部分课程主要讲解最大诚信原则的定义、内容以及订立和履行保险合同时违反最大诚信原则的法律后果。

【思政元素】理解诚信与最大诚信原则的联系，树立正确的价值观、职业观。

诚信是社会主义核心价值观的道德基础。最大诚信原则是保险服务行业的根本原则，贯穿保险合同的订立、履行、承保和理赔的每一个环节。只有建立在诚信原则基础上的保险，才能发挥"分散风险、补偿损失"的基本职能，发挥着社会稳定器和经济助推器的巨大作用。可见，保险学的课程内容处处体现了诚信的社会主义核心价值观。

（2）保险利益原则
该部分课程主要讲解保险利益原则的定义、内容以及订立和履行保险合同时违反保险利益原则的法律后果。以"物流公司的货物运输险和责任险错配"为案例资料，设置原告作为物流公司本应当投保承运人责任险而不是货物运输险，但是保险公司在明知投保人对货物运输险没有保险利益却收取了保费，一旦投保人出险又以投保人没有保险利益而拒绝给付保险金的冲突情景，引导学生思考当如何处理实践中的保险利益原则和最大诚信原则在适用上的冲突。

【思政元素】引导学生思考当如何处理实践中的保险利益原则和最大诚信原则在适用上的冲突，树立正确的价值观、职业观。

案例中保险人拒赔的做法虽然符合保险利益原则的要求，但是在订立合同的阶段没有尽到说明和提示义务而违背了最大诚信原则，因而法律判决结果指出应当由保险人一方承担缔约过失责任。在保险从业实践中，保险从业人员拥有专业知识的信息优势，而投保人作为信息劣势的一方往往不清楚如何选择合适的险种。保险从业人员应利用自己的专业能力给投保人选择合适的险种，而不是为了争取业绩而利用信息优势造成保险错配的结果。由此，加强学生的诚信教育、守法意识，树立正确的价值观。

（四）课程思政实施成效

1. 教学成果

本人在进行知识传授的过程中坚持致力于教学改革的研究，以期提高教学质量和学生满意度。在教育部全面推进高校课程思政建设以来，对自己所授课程的思想政治资源进行了充分挖掘，努力完善每门课程的育人作用。本门课程考试及格率达到100%。

2. 特色与创新

（1）采用案例分析教学法与课程思政的整合教学模式，通过"课前导入（激发兴趣）—课堂讲解（深入理解）—典型案例分析（分析实践）"，启发学生思考，增强学生能力。

（2）将海上货物运输保险的专业知识和经世济民的情怀有机结合起来，引导学生的深刻理解海上保险所遵循的最大诚信、保险利益原则，增强学生的诚信意识和守法意识，树立正确的价值观。

（五）课程思政实施反思

1. 教学设计视角

灵活施教、润物无声是课程思政的一个重要原则。该课程以海上保险学核心专业知识点为纲，确定德育主题，结合导入案例情境，拓展教学内容，充分发挥专业课程和思政课程的协同效应。但对于参与积极性、接受能力不同的学生怎样才能做到分层次和分重点的教学还有待进一步思考。同时，该课程与中医药的结合度还有待进一步提升。

2. 学生评价视角

本课程授课后对学生展开调查，学生普遍感受到了自己在知识、能力和情感上的提升，并对海上保险遵循的原则有了更加深刻的认知。在学习过程中能感受到"思政元素"，接受程度较高。

（龚光雯）

第七章　学生管理 ▷▷▷▷

以志愿服务为路径构建高校党建与社区协同育人的探索与实践
——以"健康社区·岐黄当归"中医药特色社区卫生健康志愿服务为例

　　党的十八大以来，习近平总书记对弘扬雷锋精神、发展志愿服务事业做出一系列重要指示，对高校青年志愿服务给予高度肯定和积极鼓励，先后给华中农业大学"本禹志愿服务队"、复旦大学"《共产党宣言》展示馆党员志愿服务队"回信，鼓励志愿者们弘扬志愿服务精神，肯定青年学生志愿者们坚持与祖国同行、为人民奉献，以青春梦想、用实际行动为实现中国梦做贡献，反映了党中央对志愿服务的高度重视。

　　近年来，通过党组织"下沉"到户到人、引领广大群众参与共建共治、各类组织积极协同，群众获得感不断提升，党员参与的社区志愿服务是基层社会治理队伍中一支重要的力量。但是，随着社区居民需求的日益增长和公共卫生事件的突发，社区党员志愿队伍和社区志愿者能力都无法较好地满足社会需要，制约社区基层治理。通过发挥党建引领作用，将高校党建与社区志愿服务结合，对构建实践育人平台、提高社区志愿服务水平和社区基层治理能力有着重要的作用。鉴于此，湖北中医药大学管理学院通过发挥党建引领作用，开展了以学生支部党员骨干和社区党员骨干参加的"健康社区·岐黄当归"——中医药特色社区卫生健康志愿服务项目，充实社区基层治理的队伍，开展卫生健康方面的志愿服务，不仅满足了社区居民对健康的多元需求，也让学生党员得到了实践成长的平台，达到协同育人的效果。

一、相关概念

1.学生党员

　　中国共产党党员是按照《中国共产党章程》规定的入党条件和程序被批准加入中国共产党的工人、农民、军人、知识分子和其他社会阶层的先进分子。学生党员是高校大学生中的优秀分子，经过个人申请、组织考察与推荐等规定程序，最终加入中国共产党的党员。一般具有综合素质高、服务同学积极、担任班干等主要特征。

　　据中组部2021年党统数据显示，截至2021年6月5日，中国共产党党员总数为

9514.8 万名，比 2019 年年底净增 323.4 万名，增幅为 3.5%。全国有学生党员 306.7 万名，发展高校学生党员 187.2 万名，占全年发展党员人数的 60% 以上。

2. "健康社区·岐黄当归"中医药特色社区卫生健康志愿服务项目

"健康社区·岐黄当归"——中医药特色社区卫生健康志愿服务项目是在湖北中医药大学管理学院学生第三党支部和武汉市张家湾街道 X 社区党支部结对共建的基础上，由下沉社区党员志愿者、社区网格员、学生党员骨干参与的中医药特色社区卫生健康志愿服务项目，项目及团队获得湖北省"梦想社区志愿公益创造营 2020"创新型志愿服务项目及实施团队、团中央"共创美好社区"——青年志愿者服务社区行动试点。在社区中以"中医药特色社区卫生健康"为主线，针对不同服务对象，定期在社区中开展中医药文化知识宣传、居民公共卫生健康知识普及和宣传、太极拳免费教学、社区义诊及社区康复医疗跟踪等志愿活动，推动中医药进社区、进家庭，满足社区居民卫生健康的需求，建立高校学生党员、社区党员联动协同的社会公益实践育人服务。

二、以志愿服务为路径构建高校党建与社区协同育人的重要性

志愿服务是现代社会文明进步的重要标志，是加强精神文明建设，培育和践行社会主义核心价值观的重要内容。以志愿服务为路径构建高校党建与社区协同育人模式，既是立德树人、服务社会的必然要求，也是高校加强和改进大学生思想政治教育的重要内容。

1. 高校党建中开展志愿服务是落实新时代志愿服务事业发展的重要内容

党的十八大以来，习近平总书记对弘扬雷锋精神、发展志愿服务事业做出一系列重要指示，对高校青年志愿服务给予高度肯定和积极鼓励，先后给华中农业大学"本禹志愿服务队"、复旦大学《共产党宣言》展示馆党员志愿服务队"回信，反映了党中央对志愿服务的高度重视，尤其是对高校青年志愿服务的关注。以高校青年学生党员志愿者为骨干，积极开展的社区公益志愿实践服务，是高校践行新时代志愿服务精神的重要体现，是提升高校基层党建质量的有效载体。

2. 在高校党建与社区协同开展志愿服务是高校实践育人的重要途径

陶行知先生说，生活即教育。让教育回归生活，从生活中汲取营养、获得力量，始终是重要的教育命题。在社区开展志愿服务社会实践，架起了学校与社会的桥梁，教育与实践意义日益凸显。根据教育部印发的《高校思想政治工作质量提升工程实施纲要》，实践育人是其中的重要内容，要求高校广泛开展社会调查、生产劳动、社会公益、志愿服务、科技发明、勤工助学等社会实践活动，构建实践育人协同体系，培育建设一批实践育人示范基地。《国家教育改革和发展纲要（2010—2020）》也提出，要着力提高学生服务国家、服务人民的社会责任感，勇于探索的创新精神和善于解决问题的实践能力，要注重知行统一，鼓励学生积极参与志愿服务和公益事业。积极开展高校青年志愿服务与社区联动是高校实践育人的趋势和重要方向，积极构建社区高校结对共建志愿服务模式，探索社区、高校联动协同的实践育人机制，为高校实践育人提供了重要载体。

3. 以志愿服务为路径构建高校党建与社区协同育人是充实基层社会治理力量和提高基层社会治理能力的有益探索

根据社区组织的不同属性，有研究人员将社区社会组织划分为兴趣类社区社会组织、互助类社区社会组织、志愿类社区社会组织、治理类社区社会组织。志愿类社区社会组织是基层社会治理队伍中一支重要的力量，在党建引领社区治理中，志愿类社会组织服务质量的高低直接影响着各类社区社会组织的治理参与度和服务满意度。近年来，社区通过党组织"下沉"到户到人、引领广大群众参与共建共治、各类组织积极协同，群众获得感不断提升。但是，随着社区居民需求的日益增长和公共卫生事件的突发，社区志愿队伍和社区志愿者能力仍然无法较好地满足社会需要，一定程度上制约社区基层治理。高校在社区通过开展志愿服务，带来青年学生志愿者，充实了社区基层治理的队伍，通过高校高素质志愿队伍满足居民多元社会需求，从而提高了社区基层社会治理能力。

三、以志愿服务为路径构建高校党建与社区协同育人志愿服务项目实践

湖北中医药大学管理学院将学生党建和社区党建结合，深入发掘中医药传统文化中的精华，充分发挥中医药的独特优势，整合学院的党建资源、中医药文化资源，以志愿服务为切入点，学院学生第三党支部与 X 社区进行党建共联共建行动，积极宣传中医药文化，普及中医药知识，为社区的公共卫生健康服务提供中医药文化知识和公益服务，开展了"健康社区·岐黄当归"——中医药特色社区卫生健康志愿服务项目。

1. 项目开展的社区和党建基本概况

截至 2021 年年底，武汉市洪山区张家湾街道 X 社区面积 5.2 平方公里，居民小组 6 个，户数 1983 户，人口总数 5399 人，党员总数 102 名，是党委建制，下辖 6 个支部，13 个党小组。

X 社区是城中村改造型新社区，社区的服务理念是"社区以居民为本，居民以社区为家"。X 社区以党员群众服务中心为主轴，以干部、党员、代表联系户制度、小组包干责任制、社区志愿者服务队伍等形式，发挥优势力量，形成了健全的基层网络化管理服务体系，实现了党组织服务全覆盖。社区目前成立有维稳工作小组、党代表工作室、居家式养老中心、社区志愿服务队等。

湖北中医药大学管理学院学生第三党支部有学生党员 44 名，其中有 25 名学生党员为学院同心圆青年志愿者协会成员，多次开展社区志愿服务，具有丰富的社区志愿服务实践经验，可为社区居民提供相关养生知识讲座和宣讲，太极拳拳法、养生功法等免费教学，中医义诊志愿服务。

2. "健康社区·岐黄当归"——中医药特色社区卫生健康志愿服务项目内容

"健康社区·岐黄当归"——中医药特色社区卫生健康志愿服务项目积极发挥学院学生党建引领作用，与 X 社区党支部开展共联共建，深入挖掘传统中医药价值，将传统中医药与满足人民群众的卫生健康需求结合起来，将学生党建、社区党建、志愿服务精神融合，开展社区居民中医药文化知识宣传和普及、社区居民公共卫生健康知识普及

和宣传、居民中医药健康养生知识讲座及养生拳法免费教学、社区义诊及社区康复医疗跟踪服务四个方面的志愿服务内容。

（1）开展学院社区党建共联共建，建立以志愿服务为路径的协同育人机制

学院党支部通过与社区党支部进行结对共建，在党员下沉社区、党建管理、志愿服务方面进行深入合作，建立了志愿服务需求调研、志愿服务邀约应答、志愿服务激励保障、志愿服务培训等制度。以学生党员、社区下沉党员、社区网格员为骨干，积极构建以"学校牵头、学院主导、发挥特色、服务社区"的区校结对共建志愿服务模式，打造"学校青年志愿服务"和"社区志愿服务"两块志愿服务阵地，专门为学生党员、社区党员开展活动提供培训场地和活动阵地。项目积极邀请学校"推拿协会"、国医堂坐诊专家为学生党员青年志愿者、社区党员提供专业知识、志愿服务活动方案策划等培训，为学生党员青年志愿者、社区党员赋能。

（2）建强社区党员志愿服务队伍，引导学生党员充实社区志愿服务力量

通过社区党建结队共联共建，通过海报招募、社区网格员推荐、下沉党员自主报名等形式，学院学生党支部与社区党支部一起，落实社区志愿服务项目化运营、队伍体系化建设，确保从志愿者招募、培训到志愿者管理、激励、宣传等全流程有章可循。积极建强学生党员青年志愿者服务队、社区下沉党员服务队、社区健康大使三支志愿服务队，积极动员医学专业大学生党员、社区下沉党员、晨练健身爱好者、社区网格员加入其中，充实社区志愿服务力量。

（3）以"赋能社区健康"为核心理念开展志愿服务内容，全面赋能社区居民健康

以学院学生党员为骨干，下沉社区党员、网格员为辅，以"赋能社区健康"为志愿服务核心理念，在社区居民中积极开展中医药文化知识宣传、社区居民公共卫生健康知识普及和宣传、太极拳免费教学、社区义诊及社区康复医疗跟踪服务四块特色中医药卫生健康志愿服务，全面提高社区居民中医药知识和社区公共卫生理念，掌握一定的健康养生知识和技能，赋能社区居民健康。

3. 项目取得的成效

（1）学生党建和社区党建引领作用明显增强，党员管理和教育内容更加丰富

项目自开展以来，社区党支部共招募下沉党员100余名投入到社区志愿服务中，下沉党员参与度增加，积极性得到提高。通过社区支部对志愿者队伍的组建、志愿服务培训、志愿激励的实施等，让支部更有号召力，群众也从实际的志愿服务中感受到了社区党员的引领作用，给予志愿活动和活动中党员高度评价。社区党建加入了青年学生党员，激发社区党建活力，活动内容既有中医药文化知识宣讲，也有手工体验和义诊等多种形式，社区党建内容也更加丰富，党员教育与管理的抓手也更多，社区下沉党员参加意愿明显增强。

（2）社区志愿服务队伍持续壮大，社区基层治理力量多元发展

项目开展一年以来，投入到社区的青年学生党员志愿者近150名，多名学校医院坐诊专家加入社区义诊行列，社区下沉党员100余名参与，10名网格员积极组织协调，共有12名晨练爱好者成功学习太极拳法，被聘请为社区健康大使，多种社区力量形成

社区志愿服务合力，将社区志愿服务开展常规化、专业化，通过志愿者们的相互影响，社区志愿者队伍还将持续增加。

（3）社区居民归属感获得感提高，居民社区公共卫生理念明显提高

项目过程中举办多场社区公共卫生健康知识讲座，发放社区常见疾病预防及公共卫生健康知识宣传手册 1000 余册；为社区居民提供"太极拳"等养生拳法免费教学 80 余课时；联合社区卫生服务中心（社区卫生室）定期开展中医社区义诊活动；为社区康复患者的康复提供专业的康复指导志愿服务，共计服务社区居民 1000 余次，满足居民对健康知识的需求，居民的公共卫生理念和幸福感明显提高。

（4）学生党员和社区党员实践能力有所提高，为学生成长成才提供了良好平台

通过志愿服务的开展，搭建高校党建与社区协同育人平台，学生党员将自己的理论知识应用到志愿服务实践中，真正做到学以致用、知行合一。志愿服务过程中不仅锻炼了学生党员的组织能力、协调能力、策划能力、沟通交流等综合能力，也通过实践提升了学生的专业能力，将学到的医学知识、管理学知识、护理学知识等应用到实践中，以专业促实践，以实践强专业。该项目 2019 年被评选为洪山区"十佳志愿服务"公益项目；2020 年入选湖北省"梦想社区志愿公益创造营"并获得公益创新型志愿服务团队，获得 5000 元扶持资金；2021 年获得全国"美好社区"青年志愿者服务社区行动试点，并获得 5 万元资金扶持。

四、以志愿服务为路径构建高校党建与社区协同育人经验

1. 以党建为引领，突出思想引领和价值塑造

在学生党员教育管理工作中，始终要坚持以党建为总领。学生党建贯穿在理论武装、文化引领、社会实践、志愿服务、学风创建、团员建设、寝室文明建设等各个方面，突出思想引领和价值塑造，充分发挥党建的政治引领作用，用新方式、新内容不断引领学生党员进行党性建设，全面提升学生党员理论素养和实践能力，真正成为"有理论的实践者"和"会实践的思考者"，在学习实践中形成正确的价值观、世界观、人生观。

2. 健全体制机制，推进高校党建与社区党建协同育人机制

高校基层学生党建工作需要各个支部、各个党员目标和责任明确，才能充分发挥基层党组织的政治核心作用、战斗堡垒作用。对学生党建工作要按照学校、学院党委相关要求，把握学生党员规律，提前谋划，自上而下做好顶层设计，建立相关体制机制，保障党员教育与管理的正常运行。高校学生党员流动性大，主要是传帮带，由上一届学生党员传带下一届学生党员，党建体制机制不成熟，党建工作没有明确目标，党建活动就会没有系统性和连贯性。通过与社区党支部开展党建共联共建，形成结对共建机制，在党员志愿者招募、活动开展、激励措施等方面均有明确制度，有专职人员负责落实，多方形成志愿服务合力，活动开展就更加务实连贯。

3. 立足学校学科特色，推动学生党建工作向深度和广度发展

中医药学包含着中华民族几千年的健康养生理念及其实践经验，是中华文明的瑰

宝，凝聚着中国人民和中华民族的博大智慧，为增进人民健康做出了重要贡献。学院学生党建牢牢抓住湖北中医药大学中医药优势资源，深入挖掘中医药文化价值，将中医药文化知识和志愿精神相互融合，在志愿服务实践中，学习中医药知识，弘扬中医文化，丰富学生党建工作的内涵，构建完善的"学校牵头、学院主导、发挥特色、服务社区"的社区、高校志愿服务结对共建模式，推动学生党建和社区党建工作向深度和广度发展。

4. 以需求为导向，增强高校学生党建吸引力和社区服务对象的黏附力

学院学生党建工作要在内容上、空间上、对象上打破思维局限，将学生党建内容从理论知识学习延伸到社会实践服务、志愿项目上，把学生党建空间从教室、办公室、寝室等扩大到社区，把党建服务对象从校内扩大到校外，拓宽学生党建工作渠道和平台，增强学生党员对党建工作的吸引力和参与度。志愿服务项目和主题要符合青年党员大学生兴趣特点，能够使学生在志愿服务过程中达到知、情、意、行合而为一，使学生得到内化和提升，将志愿者在社会服务中的认知、明理和发展与青年大学生的自我教育融合在一起。相对于服务对象，志愿服务项目要符合社区居民需求，以居民密切关心的健康养生为切入点，开展相关志愿服务，能够得到广大社区居民的积极响应和支持，增强志愿服务对象的黏附力。

（杨联　张应钱）

疫情常态化背景下中医药院校思政教育质量提升研究

新型冠状病毒肺炎疫情发生以来，在党中央的坚强领导下，全国打响了疫情防控的人民战争，包括中医药院校师生在内的广大民众，充分发挥中医药在疫情防控中的独特优势和重要作用，迅速形成全面部署、全体动员、全民参与的抗疫工作"一盘棋"。如何化危为机、主动出"机"，紧抓时间节点，因势利导地把握思想政治教育契机，因时而进丰富思想政治教育内容，是每一位思政教育工作者的责任。

一、化危为机，学好中医药抗疫故事，坚定理想信念和文化自信

习近平总书记在 2015 年 12 月 22 日致中国中医科学院成立 60 周年的贺信中指出："中医药学是中国古代科学的瑰宝，也是打开中华文明宝库的钥匙"，要"充分发挥中医药的独特优势"，"切实把中医药这一祖先留给我们的宝贵财富继承好、发展好、利用好"。习近平总书记强调，做好高校思想政治工作，要因事而化、因时而进、因势而新。高校思政教育工作者要有捕捉时机的敏锐意识、把握时机的育人能力，学会利用党和国家成功举办大事、妥善应对难事的时机，因势利导地开展各类教育活动。

1. 党中央统一部署，彰显中国特色社会主义制度的显著优势

衡量一个国家的制度是否成功、是否优越，一个重要方面就是看其在重大风险挑战面前，能不能号令四面、组织八方共同应对。我国社会主义制度具有非凡的组织动员能力、统筹协调能力、贯彻执行能力，能够充分发挥集中力量办大事、办难事、办急事

的独特优势。面对来势汹汹的新型冠状病毒肺炎疫情，在以习近平同志为核心的党中央坚强领导下，我们坚持全国一盘棋、举全国之力实施规模空前的生命大救援，用 3 个月左右的时间取得武汉保卫战、湖北保卫战的决定性成果；迎战具有传染性强、传播速度快、隐匿性高等特点的奥密克戎变异株，我们坚持科学精准、动态清零，不断提升分区分级差异化精准防控水平，取得了阶段性成效。实践充分证明，中国特色社会主义制度所具有的显著优势，是抵御风险挑战、提高国家治理效能的根本保证。

2. 秉持人类命运共同体理念，彰显疫情之下大国担当形象

大国担当，体现在对本国人民和全人类生命高度负责的态度上。疫情防控不只是中国的事，更是全球性的公共卫生问题。中国秉持人类命运共同体理念，既对本国人民生命安全和身体健康负责，也对全球公共卫生事业尽责。世界卫生组织专家评价："中国新冠肺炎疫情的下降显著地保护了国际安全，构建起了防止疾病国际传播强有力的第一道防线。"

3. 集中力量办大事，中医药彰显中国特色的抗疫优势

新型冠状病毒肺炎是近百年来人类遭遇的影响范围最广的全球性大流行病，对全世界是一次严重危机和严峻考验。在疫情防控斗争中，充分发挥中医药治未病的优势，坚持边实践、边研究、边探索、边总结、边完善，让中医药全程参与、深度介入疫情防控。中医药对轻症患者实施早介入、早使用；对重症和危重症患者实行中西医结合；对医学观察发热患者和密切接触者服用中药提高免疫力；对出院患者实施中医康复方案。中医药参与救治确诊病例的占比达到 92%。

二、主动出击，不断强化中医药院校思想政治教育新动力

习近平总书记在 2019 年学校思想政治理论课教师座谈会上强调思想政治理论课要坚持理论性和实践性相统一。习近平总书记指出，要不断增强思政课的思想性、理论性和亲和力、针对性。我们在思想政治教育实践中，必须努力贯彻落实这一要求。中医药院校肩负着弘扬中华医药国粹、培养救死扶伤医务人员的重任，只有加强和改进思政课程教育教学，才能培养出业务精通、品德高尚的医务工作者。我们唯有主动出"机"，坚定信心，锐意进取，完善疫情之下疫情思政的布局，才能提升疫情防控常态化背景下中医药院校思政教育质量。

1. 强化新媒体手段提升中医药文化传播新动力，多种形式传播中医药文化

习近平总书记指出，要运用新媒体新技术使工作活起来，推动思想政治工作传统优势同信息技术高度融合，增强时代感和吸引力。这为高校推进网络思政提供了基本遵循准则。疫情下的思政工作同样需要借助网络开展创新。让中医药文化走进校园，使学生掌握部分中医基础知识以及蕴含其中的中华文化，进一步培育中医思维，在完成知识传授、能力培养的同时，把思政教育理念贯穿于教育教学全过程。通过微信、哔哩哔哩和腾讯视频直播等新媒体平台开展"云"课堂，"云"互动，"云"直播，运用网络学习资源，加强沟通互动，广泛开展中医药文化与疫情防控知识宣传，带领学生学习了解健康卫生知识，分享中医药抗疫经验和故事，坚定学生理想信念，强化学生责任担当，坚定

中医药文化自信。

2. 赋予中医药文化新的时代内涵，推动中医药文化融入大众生活

抗击新型冠状病毒肺炎疫情的实践再次证明，中医药这个祖先留下的宝贵财富，屡经考验、历久弥新，已成为"中国方案"的一大亮点和特色优势。国医大师晁恩祥表示，希望每一位中医药工作者，讲好中医药故事，传播好中医药养生保健理念，让中医药知识、方法真正走进千家万户，用自己的实际行动为中医药文化的繁荣发展做出贡献。在疫情防控常态化背景下，持续开展"中医传统保健操锻炼行""中医药发展课题研究""中医药趣味短视频征集展播"等活动，弘扬中医药文化，让中医药惠及师生，成为师生促进健康的文化自觉。

3. 注重疫情常态化背景下的思政教育新机制

疫情期间发生了许多故事，而这些都为我们开展思政教育提供了鲜活的教材。中医药院校思政教育需要常态化，同时更需要精准化，这种精准体现在如何做好疫情常态化背景下思政教育的同时，实现中医药文化传播与思政教育的有机结合，增强思政教育的亲和力和感召力。因此必须深刻总结经验，建立思政教育常态化与精准化共存的工作机制。

4. 在国际化视野里找准自身定位，加强中医药文化海外传播

文化是民族进步的重要前提，努力倡导中医药文化在全球范围的影响力是提升文化自信的重要方式，有利于提高国家软实力，加快推进中医药事业蓬勃发展，在当前教育国际化、竞争国际化的大背景下，我们必须有勇气有见地地以国际化的视野，做强自己，找准自身定位，让我们的思政教育有足够力量，变被动应对为主动出击，让中国传统文化在学生心中牢牢扎根。

（唐心怡）